シングルのつなぐ縁

シングルの人類学 2

椎野若菜 編

シングルの人類学2・もくじ

序　シングルという視線で家族・社会をみる

椎野若菜

結婚ありき、という前提

「シングル」――英語のsingleが日本語に入り、和製英語として落ち着き二〇年あまりたつ。英語の意味は主たる用法は「ひとつの」、「ひとりの」、の意であるが、和製英語の「シングル」はより具体的に、「結婚していない人」を主に意味するようになった。しかし、現代社会における個人の生き方は多様化してきている。出稼ぎ、単身赴任、留学、宗教的理由、また被災、少子高齢化といった要因で頻繁に人は移動し分散し、こうした社会的環境の変化によってライフスタイルや人と人との関係性も大きく変化している。「結婚していない人」の状況もさまざまで、結婚のありかたもつねに変化しているので、「結婚している人」「結婚していない人」という単純な分類は、あまり意味をなさなくなってきている。「シングル」とは、ひとりである、孤独であると感じる心理的状況をふくむ、社会のある特定の状態の人をさす語、つまりカテゴリーをさすという役割だけではなく、シングルに注目するというその視線そのもの、であることがとりわけ有用であると思う。シングルという視点で社会をみていくと、その社会の抱える別の側面がみえてくるのだ。

どの人間社会にも、その社会集団が滅びず存続するために、再生産という文脈において制度とよびうる結婚が存在する。ここでいう結婚とは、必ずしも近代国家の民法によって定められた法的結婚だけでなく、個々の社会で伝統的に形作られてきた慣習的な結婚の形態を含む。そのありかたはさまざまであれ、多くの社会において、誰もがある年齢に達したら結婚し子を成し家族をつくり、当該社会の出自体系の存続が維持されるのが当たり前とされ、そうすることが期待された。そもそも、社会学や社会-文化人類学（以後人類学と記す）では、地球上に暮らすあらゆる人間のつくった社会組織のしくみを明らかにするため、積極的に再生産に携わるいわゆる中心的な人びとに、ことに注目してきた。それゆえに、その組織を支えるために、実はひとり者でいることを余儀なくされる人、組織になじめず外に出る人、追い出される人等については、あまり視線が注がれてこなかった。結婚という制度そのものが、社会の枠組みをつくる重要な制度であるという前提のもと、その制度がもつある種の暴力性、それに苦しめられる人びとについては好意をもっては考えられてこなかったのである。むしろ、社会のありかたをそのように強調して描いてきたのが社会学者・人類学者であったともいえるだろう。

家族・親族研究と「シングル」

人類学が学問として成り立って以来、人間社会の構造、集団としての再生産を考えるベースは結婚制度、そして家族・親族組織であった。皆婚であることが前提の議論が多く、所与としての親族組織から逸脱する者については、注目されてこなかった。だが人間が誕生してから死ぬまでのライフサイクルを想起しても分かるように、結婚しないでひとりのときもあるし、人生のどこかの時点で結婚した場合も離別、別居、死別、という出来事は多くの人が経験することである。そうした個々の人生のステージによってひとりで、二人で、あるいは多くの家族とともに暮らし、その都度、人間関係の持ち方も変わる。人生のなかでのこうした状態の変化に沿って、というだけではなく、ある社会から様々な理由で脱出、移動する、あるいは空間を変えることで新たな生きる場を構築し、人間関係をつくっていく場合もあった。

『シングルの人類学1　境界を生きるシングルたち』では、家族・親族組織の特徴、歴史、国家・政治体制、地域文化、宗教、性的指向についての思考等、さまざまな背景をもつ社会において、「シングル」、すなわち「ひとり」の意味を問い、人びとがどのように制度や思想の狭間で、あるいは境界のような領域で生きているかを描いた。そのうえで、なんらかの理由でひとりである人びとがどのように既存の家族・親族とつきあっているか、そのやや複雑な距離や関係も示された。

また、シングルである人びとのなかには、必ずしも社会を形成する親族関係からの「逸脱」でなく、その主たるシステムを補完するような役割をもつ人びともいた。私が『シングルの人類学1』の序でとりあげた、人類学でレヴィレート（夫の兄弟の意であるラテン語の levir に由来）と呼ばれる、夫を亡くした妻が代理の夫をもつという慣習的規範は、夫を亡くし寡婦というシングルになった女性を、ひとりにしないシステムであった。そしてそれは、代理の夫が寡婦と生活を維持するというメインの結婚制度を補完するものであった。

また逆説的であるが、家族親族の関係性のなかから脱した血縁家族をつくらないシングルたちが、疑似的家族、擬似的親族関係を求めて築く傾向にあることは、しばしば観察されている。インドのヒジュラが典型的な例である。男性として生まれながら、父系の系譜継続の担い手という重要な地位を捨てて女神の帰依者としてヒジュラになった人たちが、ヒジュラたちの世界における縁で擬似的家族、親族を築いて社会生活を営み、あるいはまた地縁をはじめとする縁で友人・恋人関係をむすび互いに尋ねあうプライベートな生活を営んでいる。彼らの具体的な性関係の在り方も、ヘテロの社会に倣っているかのようである（國弘 二〇〇九：一六九―一九六、本書國弘論文）。「シングルの人類学」第二巻である本書でとりあげるのは、こうした「シングル」がどのように自分たちの縁を築いているのか、ということである。

近代化、都市化とともに人びとの生き方が大きく変化するなかで、伝統的な家族・親族から積極的にはずれる人びとも多くなってきた。このように新たに生まれてきたひとりのありかたとして、「シングル」であるとは自称で、かっこいい、時代をさきどる生き方、都会的イメージだったこともある。だが近年は晩婚化、孤独化、少子化などと結びつけられ、多くの場合、そのような人びとは「問題化」されてきた（椎野 二〇一四：七―八）。他方で、雇用条件などの理由からパートナーがいながらも「シングル」である、別居カップルなど、さまざまなスタイルのカップルや家族、シングルが出現してきている。したがって、「シングル」が社会問題、社会現象としてでてくるその背後の状況を、「シングル」をとりまく人間関係、ひいては社会との関係を問うことでみていく必要がある。この双方を具体的なフィールドからの事例で考えていくのが人類学者による「シングル」の視点である。

ひとりで生きるってなに？　ひとりで生きるために必要なつながりって何？　そして既存の親族って、家族ってなに？と問うことで、昔から存在して強く、抜けだせない関係、新しくつくる関係等、重層的な人間関係のありかたと、その社会的背景をみなおすことができる。

ひとり者を想定した社会

私の調査地ケニア・ルオの村落では、一見ごく普通の、父と母と子どもたちの世帯、とみえる家族でも、じつは少々複雑な事情を抱えている場合がある。ある程度長く滞在しなければ、気づくこともないかもしれない。

その事情とは、さきにも言及した、ルオ語では「テール（*ter*）」とよばれるレヴィレートによるものである。夫を亡くしひとりになった寡婦が、代理の夫をもって亡夫の土地で亡夫の子どもと、ときに新たに代理夫との子どもをもち、いずれも亡夫の子どもとして育みながら暮らす――これが、レヴィレートという制度である。一夫多妻を行う社会であるルオでは、男性の結婚年齢が高く夫と妻で一〇年以上離れている場合がほとんどであり、寡婦になる確率が比較的高い。また複数の妻をもつ男性の場合、一人の既婚男性が亡くなると、二人以上の寡婦が生まれてしまうことになる。ルオ社会では、ジェンダーに基づいた生業活動、近親の冠婚葬祭や農事暦にそって夫婦が儀礼的性交を行うことになっており、こうした慣習は実施し損なうと不幸が起きる、という宗教的信念によって支えられている。そのため、寡婦になった女性は夫の死後は代理夫をもち、儀礼的事項をせねばならないのである。もちろん代理夫による経済的バックアップ、寡婦とその子どもたちの、家のセキュリティの役割も期待される。こうした状況で、テール関係による家族が、村のなかには多いのである。

代理夫は子どもにとっては「父」と呼ぶべき存在であり、代理夫も儀礼のときを始め、社会的な場で父としての役割を果たすことになっている。子どもが「お父さん」、男性が「息子よ」と呼びあう家庭を目の前でみた外部から来た人間には、この「家族」は、ごく普通の関係にみえる。実際、私のもっとも親しかった友人の父が、じつは代理夫だったことを、彼が亡くなってから知ったということがあった（椎野 二〇〇六）。ルオ村落社会では、レヴィレートという「家族」に組み込まれた制度によって、既婚男性の死のあともその妻子は路頭に迷うことなく、その死んだ男性の名のもとに、その男性の生まれ育った土地を拠点に生き、また子孫を育み続けることができるのである。

多くの場合、代理夫になる男はすでに正式な結婚をしている男であり、寡婦の家に通う形態をとる。なぜなら代理夫は寡婦とともに生物学的な子どもはもうけたとしても、その子どもたちは彼自身の名前をつぐのではなく、死んだ男の名前をつぐことになっているからだ。男性として生まれてきたならば、先に死んだ男の代理としての人生だけに終わらず、婚資を支払って嫁になる女性にきてもらう正式な結婚をして、自分自身の名前をつぐ子どもをもつべきなのである。それでも、時折、正式な結婚をする前に寡婦と一緒になりともに暮らして、自らの正式な結婚をせずに人生を全うする男もいる。これはしばしば、若くして死んだ兄弟のために、互いにキョウダイとよびあっていた間柄（人類学で類別的兄弟という）である男が、代理夫となった場合が多い。寡婦のほうも見知らぬ土地に結婚してきて間もなく夫に死なれ、あらたに代理夫とともに生活を始めたという場合が多い（椎野 二〇〇八）。

伝統的社会ではよく見られることだが、結婚は人生儀礼のなかでもとても重要で、また責任も重い。結婚するには当該社会でもっとも重要とされるものを婚資として女性側の両親、親族に支払って来てもらう。これは男性にとって、大変な重荷でもある。両親も自身も貧しい場合は、婚資が支払えずにシングルでいる場合もありうる。こうして一度も正式に結婚していない男性、また妻に逃げられたか、あるいは妻に先立たれた後も婚資が払えずシングル、といった男性たちが必ず村には存在する。ルオではシングルでいる男性はミスンバ（*misumba*）と呼ばれ、ややさげすまれた身分である。だが、彼らも老年になって異なる状況におかれる場合もある。

ニャネゴという老人がいた。彼は若いころに妻をもっていたが逃げられてしまったらしく、もう何十年もひとりでいる。老いて、もうほとんど盲目で弟家族の隣に暮らし、食事等の世話になっている。目が不自由にもかかわらず、働き者のニャネゴは自分が一年食べるくらいのトウモロコシは鍬でこつこつと畑を耕し、播種し、雑草をとり、収穫している。私がフィールドワークを始めてから一度、若い女性が彼のところに居るところが目撃され、嫁だという噂もあったが、一、二週間で彼女はまた消えてしまった。おそらく、どこかから何らかの理由で逃げてきた女性だったのだろう。そのニャネゴ老人は、数えきれないほど何度も、代理夫になったことがある。いざというときの、寡婦たちのお助けマン的な存在になっているのだ。ルオ社会では、テール関係を初めに結ぶとき、また冠婚葬祭や、農事歴によって夫婦が行うべきとされている儀礼的性交がある。またジェンダー分業がはっきりしており、それを守らないとチラという不幸が訪れると考えられている。よって、夫の死後初めての喪明けの性交、息子の結婚のための性交、トウモロコシの播種のための性交、などというときに代理夫がいない寡婦が、ニャネゴにお願いに訪れるのである。村内で寡婦たちにインタビューしていると、しばしばニャネゴ老人の名前がでてきた。

結婚できなかった、妻に去られ長くひとりでいた老人が、晩年になって人気者になる、ということもあるのだ。これは、一見皆婚であるかのようなルオ村落社会が実はひとり者の存在、役割を想定した社会構造をもっていることを表している。つまり、結婚できなかったシングル男が代理夫になることによって、ルオの文脈では社会的な本物の家族ではないが、実態としての生物学的父と子を含んだ（儀礼的家族ともいえる）自分の家族をつくることができる、ということも表している。

シングルと家族、そして縁

本書では、「縁」（えにし・えん）という語を「シングル」につづくキーワードとしているが、そもそも人と人との関係性、つながりについての研究は、社会学・人類学が初期から注目していたことである。とりわけ社会人類学の初期から存在し、一九八〇年代くらいまでの主流であった親族研究は、血縁をもとにした、まさに人間同士のつながりについての研究であった。

やがて、アメリカ人の親族関係とその認識についての例をあげながら、「血」のつながりといった身体的な連続性のイメージにもとづいた欧米的な親族観を前提とする親族研究のありかたをシュナイダーが批判して『親族研究の一批判』を上梓して以来（Schneider 1984）、しばらく欧米、そして欧米の影響を多大に受ける日本のアカデミズムでも親族研究は下火であった。そののちカーステンが、従来の親族論が社会的関係と生物学的関係を対立したものととらえていた前提に疑問を呈し、生物学的関係の重みもみてとるものの、たとえばマレーシアの漁民社会では共住と共食という日常の行為を通して人びとは親族になりうることが強調され、親族とはつねに創造され、変形されると分析した（Carsten 1997: 27）。そして各社会において親族的関係が生物学的関係の観念の上に立っていない可能性、たとえば日常的な関わりあいをつうじて親族関係が生まれる場合を探り、親族的な関係をrelatednessという語を使ってあらわし、『つながりの文化：親族研究の新しいアプローチ』（Carsten, ed. 2000）を上梓した。

日本における人間のつながり、関係性の研究は、欧米の親族研究の流れに影響され、それに沿う形でなされてきた（中根千枝『タテ社会の人間関係』など）。その際に血縁、地縁という日本語がごく自然に使われてきた。日本の戦後の農山村、戦後の都市における祭、また一九五〇年代後半からアフリカ各地の調査を行ったうえで論考を多く出した人類学者・米山俊直は、人間集団の組み方を、「血縁」・「地縁」・「社縁」の三つに分類した。伝統的な社会では、血縁をもとにした親族関係、また前者と大きく重なることもあるが居を構えた土地における地縁、そして結社、会社などの社を通じた社縁がある（米山 一九九四：一二一―一二六）。また近年、これにあてはまらない選択的な人間関係を女性たちがつくりだしている、それは「女縁」である、と上野千鶴子が新たな用語をあてた（上野 二〇〇八［一九八八］iv）。

私たちが本書でいうシングルのつなぐ縁とは、こうした縁の分類のなにに相当するかというと、血縁と地縁ではない、という意味において社縁であり、さきにあげたヒジュラの例などは疑似的血縁といえるだろうか。もちろん、縁という語には、偶然性といった意も備わっている。

網野善彦は日本中世史家であるが、日本の中世だけでなくヨーロッパ中世〜近代史の事例も概観しながらアフリカ等のいわゆる「未開社会」にも目をむけ、とりわけ「無縁」については興味深い論を展開している。網野によれば、日本の日本文化の源流には定住化の歴史的伝統である「有縁」ばかりでなく、「無縁」ともよびうる非定住民のつくりだした都市型の文化・伝統があるという。前者は伝統的な慣習、しがらみにくくられた縁であり、後者は都会的な拘束性のない、新たに人間関係をむすぶ縁である。そしてそこから新しい文化や運動などが誕生してきた。そうした縁は、新しいものをつくりだす原動力でもあったという（網野 一九九六）。

シングルの存在自体が可視化してきたのが最近である場合も多いが、近代化、都市化といった影響で新しく出てきた、しがらみをもたないシングルのつなぐ縁は伝統的でないものが多い。だが伝統的な社会組織の内外でも、さきのケニア、ルオの事例のように、シングルの存在を前提として社会全体が営まれていた事例がある。いずれにしても既存の血縁関係を遠ざけざるを得ず、あるいは自ら関係を断って、自らひとりで選択した関係性である。

周辺的な存在であることも多いシングルは、家族との対比、あるいは家族との関係性のなかで如実に現れ、シングルという存在自体がしばしば社会の「家族」の構造を逆照射していると考えられる。親族関係に関する議論は、今にいたるまで生物学的定義を優先する傾向にあるが、ここでは親族関係を特権化することなく、「縁」という日本語を軸にシングルをとりまく関係性を考えたい。縁の一部に親族関係を位置づけることによって、他の社会関係や実践との関係の中で、その特徴をあらわにしていこうとするのである。ひとりでありながら孤独ではないポジティブな縁、敵対関係にあるなどネガティブな縁、双方を念頭に考えていくこうした、異なる背景のシングルたちのつむぐ総体的な縁が、本書の描く縁である。髙谷・沼崎のいう、「つながり」研究の流れでいえば、「シングル」という存在を通文化的にみていく、という点でエティック的といえるかもしれないが、私的な個々の「シングル」の状況から縁を、彼／彼女らをとりまく社会、制度等の状況をみていくという点においてエミック的なつながり研究といえる（髙谷、沼崎 二〇一二）。

本書の目的

本書では「ひとり」を、既存の漠然としたといったカテゴリーにとどまらず、そのように規定してしまう、いわゆるこれまでの家族・親族論からはみ出た人びとを包摂する形で描きたい。こうした思考のもと、「ひとりでいる」ことを考えることから始め、このような状態を総称的に「シングル」とよび、人類学者の各フィールドの多様な事例をみてきた。そしてひとつの結節点として、『「シングル」で生きる』と題し結婚をめぐるシングルを考えた（椎野編 二〇一一）。つぎに、さきに出版した一巻目の本で「シングル」の捉え方をよりひろく設定し、「社会」の中のさまざまな形の「シングル」のありかたへと広げてみてきた。社会全体からみた単身者、孤独者、単独者、厭世者の視点から、「個」もしくは「孤」から「シングル」と社会をみたのである。二巻目である本巻では、家族とのかかわりから「シングル」を、また「シングル」をみることで家族や親族を、そしてそのあいだにあるさまざまな縁について考えていく。

とりわけ本書がめざしたいのは、日本の読者に日本をはじめとする、世界のリアル「シングル」について考えてもらうことである。できれば「ひとりでいる」とはどういうことか、個／孤の生き方とその周辺との関係性から「シングル」の一面を描いた一巻から読んでいただきたい。人類学において確立している／きた研究領域でさえ、シングルという存在、視点ではみてこなかったところが多く、シングルに注目することでいままでは異なった社会構造、制度、思考体系、歴史を描くことになるのである。

いったん崩壊したかにみえた近代家族だが、それをモデルにした「家族的」なもの、擬似的家族を求め、近年、人びとがつながりだしている事象がみられる。他方、３・11の東日本大震災のあとの日本の状況は、「家族は一緒が一番」

と美化される言説が広まり、絆、つながりの一元的な強調がなされてきた。このなかで、離婚したい、ひとりでいたいと思っていた人も、家族・親族、行政・NPOなど周りからの要請でそれが難しい状況が生まれている事実がある。このことからも、友人や家族、また国家との関係性、シングル同士がどうつながっているか、シングルであることを保ちつつ他者とどうつながろうとしているか、といったことも視野にいれる必要があることは明らかだ。

本書の構成

Ⅰ部の「シングル神話をこえて」は馬場論文、八木論文、田中論文、田所論文からなる。

馬場論文は、あるひとりの男性の生き様をおうことで、人生と他者との縁の結び方を考える。大学出のサトウさんは、メーカーに就職、つぎに教員になり結婚し子どもを授かり、マイホームをもつという全うな人生を送ってきた。だが妻とのコミュニケーションがうまくとれず離婚。母の介護が理由で職をやめ実家の奥会津に帰るが、それもやめて家を出てしまう。彼は第一の人生と決別し、第二の人生は、自分の経験を断片的に使いながら嘘に嘘を重ねて他者との縁をむすびつつ、これまで何の縁もなかったX町ですごした。過去やしがらみから逃げ、制度をすりぬけながら、それでも、最期をみとってくれる縁は築いていた。

八木論文は、夫の暴力に耐えかねて実家に戻りNGOで働いていたモルギーさんを例に、シングルの女性が北インドにおいてどうとらえられているのか、女神信仰のかかかわりから考察している。シングル女性は、宇宙を動かす創造的力、エネルギーであり女性原理、男性の配偶神として現れるシャクティが多い、といわれていたという。三〇代の女性はまだシャクティが多く「熱い」ので再婚する必要がある、というように過剰に身体とセクシュアリティが過剰に意味づけされることが、「シングル」女性へのまなざしに大きな影響を与えていると指摘する。

田中論文は、日本人セックスワーカーへのインタビューをもとにセックスワーカーが恋人と客をいかに区別しているのか、また客が恋人になる過程について考察した。「セックスワーカーはまともな結婚はできない」という「シングル神話」がある。そもそも、セックスワーカーは妻と対置していると考えられているので、結婚に縁がない、子どもがいても自動的にシングルマザーとみなされる。だが彼女たちの実態をみれば、恋人をもち、ときには客を恋人にする場合もあり、必ずしも神話どおりシングルではない。セックスは労働のひとつにすぎず、彼女たちは誰にも経済的に依存することのない一個の自立したシングルでありたい、のである。

田所によると、ニューギニア社会では、結婚は人生においてなすべきこと、とされており、実際に年配で未婚男性は村にひとりしかいなかったという。テワーダの社会では、個々人が畑を持ち、自立した経済的単位となっている。よって、同じ家屋で寝泊まりするメンバーが感情的な結びつきをもついわゆる「家族」はなく、たとえひとりで暮らしていても、親族の相互扶助関係が発達しているため、寡婦などのひとり者が社会生活で孤立することはない。しかし孤独・孤立を意味するひとりの状況を感じない人がいるかというとまた別で、家族がいても感じる人もいる。内在的状況としてのひとり、も存在すると考えられる。よって「シングル」、ひとり、という状態を比較する場合は、単身や未婚という制度による状況比較だけでなく、孤立や孤独という個人の内在的状況をあわせて状況比較する視点の必要があると思われる。

Ⅱ部「独身者はつらいよ」は岡田論文、村上論文、妙木のエッセイで構成される。

岡田は、自らのフィールドである韓国農村を一九年の年月を経て訪問し、外国人の嫁が多いという異変に気付く。韓国人女性のシングル・都会生活志向により、農村の男性の結婚が難しくなり、労働力というよりも父系出自に基づく系譜の継承のために近隣の東南アジアからの外国人女性との国際結婚を促した。そうした伝統にもとづくシングル忌避への強い欲求が、異質文化を韓国の「民族文化」の原風景にもたらす、というパラドクスを産むことになった。

村上論文は、トルコの都市貧困層の女性たちがもつ「誰にも守ってもらえない」、「お金に困っていると誰も寄りつかない、人との関係はお金しだい」ゆえに「一人ぼっち」であるという、貧困からくる女性の嘆き、寂しさを現代トルコにおけるシングルの様態としてみていく。彼らにとって重要なのが「ナームス」という、親族の女性のセクシュアリティの保護／管理を通じて維持される個人や集団（家族・親族、村落共同体など）の名誉であり、女性が自らの家族・親族らからどう扱われているのかを感じとる指標になっているが、自由主義的経済政策のもとで、相互扶助や妻子の扶養は難しくなり、そうした仕組みに変化が起きている。

妙木は、現代日本の男女がおかれた結婚のありかた、すなわち専業主婦願望、子育てと仕事の両立の悩み、結婚願望の内容等の流れをまとめている。現在の日本の結婚カップルは、家事の負担も女性にのしかかり、その逃避願望から専業主婦願望が強くデータに表れているという。カップルのどちらかが、結婚・子育て、どちらかが仕事を選択せねばならない状況――家庭と仕事の両立がなりたたない働き方を強いる社会のしくみの批判は七〇年代にされているが、いまだ変化がないことが明らかである。結婚が難しくなった現代、人びとがシングルでいることを選ぶとき、どのような関係を築くかが、いっそう重要な課題となる。

Ⅲ部「絆を再編する」は、植村、花渕、谷口論文から成る。

植村論文は、フランス・パリ地域のマグレブ系移民たちの直面する状況と彼女たちの生き方の試みについてである。第二次世界大戦後の経済成長期に低賃金で働く多くの単身男性移民を受け入れ、七〇年代になると家族移民が主流になるなど時代によって、フランスの政策に大きく影響されながら、移民の暮らし方は変化してきた。帰国しない単身高齢男性、フランス生まれのマグレブ移民のシングル女性が多いという実態がある。結婚に関する考え方も世代により異なるが、彼女たちはフランスの社会構造を知りつつ、同時に自分をとりまく親族の伝統的なマグレブ文化のはざまで揺れながらひとりであり、シングルのまま、養子にとるという形で「家族」をつくろうとする試みもでてきている。

花渕論文は、あるコモロ人女性が移民先フランスへ、故郷(インド洋コモロ諸島)に残した子どもたちを呼び寄せる話で始まる。シングルマザーであった彼女は困窮に陥り、子どもを育てるために、子どもとともに生きるために単身故郷を離れたのだった(花渕 二〇一四)。お金を貯め、子どもたちには仕送りをつづけ親子の縁をつなぎながら、一〇年後にやっと子どもたちを呼び寄せ家族を再統合すると、ついには故郷で親族をあつめた伝統的大結婚式まで実現させた。移動先で社会保障をはじめとする制度をフルに使い、ときにはしたたかに新しい縁をつくり、新たな夫、子どもを得ながらトランスナショナルな家族の縁を生みだしている事例である。

谷口論文は、二〇〇四年一〇月に新潟県中越地震で被災した山古志村での五年にわたるフィールドワークに基づいている。被災した村に戻るか、村を出て新たな場所に住まうかという決断は家族単位で行われた。その選択にあたって、人びとの「震災前の山古志」への愛着や帰属意識は年々強くなっていくことが観察され、郷里との縁をどうつないでいくかというそれぞれの家族の、個々の問題にもなった。またあえて災害のなかの利点をみいだすならば、災害を機に、日常生活が分断されてしまったものの、新たな関係、縁をむすぶ機会にもなりうることがあった。

Ⅳ部「『家族』をつくる」は、新ヶ江、國弘、小池、椎野論文から成っている。

新ケ江論文は、ゲイ男性の家族へのカミングアウトの実際と家族の受容について分析する。ほとんどのゲイ男性は男／女というジェンダー規範によって支えられる、異性愛の父母からなる核家族（ヘテロノーマティブな家族）で育った。その場合、ゲイ男性は血／家を断絶する存在である、病気である、であるとか黙殺されることもある。しかし調査によると、親の離婚、別居、父の他界などで従来のヘテロノーマティブな家族形態でないところに育った場合、息子がゲイであることの受容がスムーズである。死別や離婚等で血縁家族が解体されいったん個＝シングルとなり、同性がつくる家族をふくめた新しい家族形態への可能性があるのではないか、と新ヶ江は推察する。

國弘論文は、結婚を否定する現世放棄の思想にのっとり男性であることを辞めたインドのヒジュラの共同体を分析する。彼らは、親族とのつながりを剥離し世俗の生を捨てたものの、受け入れてくれた師との関係を軸に、父系親族の関係名称にそった序列関係のなかに組み込まれていく。師弟の関係は夫婦関係に喩えられ、弟子は妻のように献身的に、ときにセクシュアルな関係をもつことが期待される。ヒジュラは世俗世界を捨てたシングルであるが、その世界は、状況に応じた可変的な親族関係を築き、死ぬときまで誰も孤立させない、しかし複数のなかで個を確立することを要請する世界なのである。

小池は、本来反白人・反キリスト教主義であった米国のオリシャ崇拝運動だが、時代により形が変化している結社のアフリカ系アメリカ人の宗教的家組織に注目して、地域社会や家族についての彼らの思考をみた。米国における規範的家族のありかたとは、家族をめぐる人種と階級の交錯と、人種と性（ジェンダー、セクシュアリティ）の交錯である。つねに人種の問題が入りこむ。結社の方針は規範的な家族形成には執着せず、離婚歴、子の有無等々が人の価値を定めることはせずひとり者を認め、ひとりのまま他者との関係を築く場を提供する。今後、性別をとわず地域社会に開かれた活動を目指しているという。

椎野論文は、村から町、都市と、ケニアのシングル女性の生きる道を素描する。伝統的慣習や親族関係のしがらみが強い村落にいるか、便利で匿名性の高い都市にいるか、どこまで教育を受けたか、未婚で出産したかどうか……といった諸要素で人生が大きく異なる。前者から逃げ出して町や都市にやってきた女性たちはどう生きているのか。都市のキャリアウーマンと村から何らかの理由で出た女性たちの生きるための諸条件がマッチングし、ともに生活する同居家族が、近年みられるようになってきている。セクシュアリティ、また都市・町・村落という空間と文化的基盤のギャップと、それを利用しながら生きる場を見出しつつあるシングル女性の姿を描いた。

以上が、二巻の構成である。アメリカ、アフリカ、ヨーロッパ、トルコ、インド、オセアニア、韓国、そして日本、とさまざまな地域で、さらに異なった角度で「シングル」に注目していく。ひとり者であることが、なにかと社会問題化されている今日の日本。それを選んだか、そうなってしまったかはともかく、シングルとして、あまたある既存の「縁」とどう付き合うか。あらたに、どう「縁」をつむいでいくか。人類学者の緻密な長期にわたる調査による報告から、その答えの糸口を、見出していただきたい。

参考文献

網野善彦　一九九六　『無縁・公界・楽—日本中世の自由と平和』平凡社ライブラリー。

上野千鶴子　二〇〇八［一九九八］　『「女縁」を生きた女たち』岩波現代文庫。

國弘暁子　二〇〇九　「ヒジュラとセックス——去勢した者たちの情交のありかた」、奥野克巳・椎野若菜・竹ノ下祐二編『セックスの人類学』、一六九—一九六頁、春風社。

髙谷紀夫、沼崎一郎　二〇一三　「序章」、髙谷紀夫・沼崎一郎編『つながりの文化人類学』九—三一頁、東北大学出版会。

椎野若菜　二〇〇六　「くらしに埋め込まれた『レヴィレート』——ケニア・ルオ社会」、椎野若菜編『やもめぐらし—寡婦の文化人類学』三八—六三頁、明石書店。

——　二〇〇八　『結婚と死をめぐる女の民族誌——ケニア・ルオ社会における寡婦が男を選ぶとき』世界思想社。

——編　二〇一一　『「シングル」で生きる——人類学者のフィールドから』御茶の水書房。

——　二〇一四「序　日本の『シングル』から世界をみる」、椎野若菜編『境界を生きるシングルたち』五―一九頁、人文書院。
花渕馨也　二〇一四「移動するシングル女性――コモロにおける越境と出産の選択」椎野若菜編『境界を生きるシングルたち』二二七―二五二頁、人文書院。
米山俊直　一九九四『新版　同時代の人類学――21世紀への展望』ＮＨＫブックス。
Carsten Janet. 1997. *The Heat of the Hearth: The Process of Kinship in a Malay Fishing Community*. New York: Oxford University Press.
———, ed. 2000. *Cultures of Relatedness: New Approaches to the Study of Kinship*. Cambridge and New York: Cambridge University Press.
Schneider, David M. 1984. *A Critique of the Study of Kinship*. Ann Arbor: University of Michigan Press.

Ⅰ　シングル神話をこえて

ウソと縁
——あるホームレス的存在者の虚実

馬場　淳

1　サトウさんを求めて

二〇〇八年の秋、ある居酒屋の座敷では、すでに齢六〇を超える四人の大人たちが、二〇〇円を賭け、黙々と「七並べ」をしていた。彼らは、楽しそうな笑顔を浮かべるわけでもなく、真剣そのものだ。この界隈ではよくある光景だと居酒屋の主人は言う。そのなかに、身なりのいい男がいる。紺のジャケット、白いシャツにスラックス姿の出で立ちは、くたびれたカジュアル姿の仲間に比べて、目立つ。彼が本章の主人公、サトウさんである。

ここは、埼玉県越谷市の郊外である。仮にX町としておこう。X町に、サトウさんの過去や境遇を正確に知る者はいない。彼は、常連客ではあるが、他の常連客と違って、ほとんど自らについて語らないからだ。そこでやることといえば、黙って酒を飲み、口を開いたかと思えばカラオケに入り、ときに七並べをするくらいである。自分の現状や過去の「栄光」を誇らしげに他人に語るわけでもなく、相手の悩みを聞くこともなく、何を考えているのかわからないという印象を相手に与えるタイプの人である。居酒屋の主人や常連客は、そうした厭世家のような彼を「変なおじさん」と呼ぶ。なかには、段ボールの中や酔いつぶれてそのまま路上で朝を迎える彼の姿を何度か目撃したこともあり、「身なりはいいけど、実はホームレスだ」と言う人もいる。

団塊の世代が次々と退職する昨今、退職後の新たな生活／人生を指示する言葉として「第二の人生」が使われる。サトウさんは千葉県内でも一、二を争う有名進学校の英語教師として「第一の人生」を送り、X町でホームレス的存在者(1)

として「第二の人生」を生きていた。二つの「人生」が異なるのは当然としても、その落差に驚きを隠せなかったというのが筆者の第一印象である。調査を進める筆者をさらに驚かせたのは、「第二の人生」がリストラや何らかの「失敗」によって不可抗力的に陥ったものではなく、サトウさんが選択的・主体的に創り上げたものだったということである。ただしどのような経緯や「ロマン」があったとしても、筆者はいつしかそこに無縁社会の「悲劇」をみるようになっていた。

周知のように、二〇一〇年、無縁社会という言葉が人々に不安や恐怖、寂寥感を惹起しながら世に広まった。[2] 世のあらゆる縁を失った果てにあるのは、孤独死／無縁死――死を看取る者がなく、死の発見も見過ごされるような死――である。そして他者とのつながりや絆が薄弱な人々――シングル／おひとりさま、ひきこもり系、ホームレスなど――が、真っ先にその予備軍だとされた。

サトウさんがそのような予備軍だというのは、彼が単にホームレス的存在者だからだけではなく、「第一の人生」で関わった人々（家族でさえ）との関係を断ち切り、「第二の人生」においてはいかなる者とも親密な関係を打ち立てていないように思えたからだ。このような人生の終焉には、無縁社会の「悲劇」がちらついている。ところが、結果的には、サトウさんはその「悲劇」を免れた。彼は〝彼なりのやり方〟で他者と縁を構築していたのであり、その縁がサトウさんを「悲劇」から救ったのである。

本章では、サトウさんが送った二つの人生の差異を明らかにしたうえで、X町で他者と縁を構築する〝彼なりのやり方〟を検討する。その際、筆者が注目するのは、ウソである。ホームレスやホームレス的存在者がしばしば対面的なコミュニケーションにおいてウソをつくことはよく知られたことだ（e.g. 加藤 二〇〇一：宮下 一九九九）。サトウさんもまた、X町でさまざまなウソをついていた。「第一の人生」を特徴づけるのが真正な――真実にもとづく――縁であるとすれば、「第二の人生」を特徴づけるのはウソによる縁である。

とはいえ、ある言動をウソだと識別するには、真実を知っていることが前提となる。筆者は、サトウさんの親族であり、幼いころから彼を知り、サトウさんの家族やキョウダイとの付き合いがある。もちろん、サトウさんに関する筆者の知識はまだまだ断片的であるが、本章ではそれらの断片をつなぎ合わせることでサトウさんの人生の虚実を描いてみたい。その前に、まずは調査にいたった経緯について触れておこう。

大学進学を機に上京したサトウさんは、教員の職に就いて以来、故郷の福島県奥会津に暮らす親に毎月欠かさず送金し、親孝行を果たしていた。一九八〇年代後半、サトウさんの父が亡くなり、二〇〇四年には新潟に住む姉が寡婦の老母を引き取ってからも、送金は続けられた。送金の継続は「サトウさんがこれまでどおり」だということを物語り、誰もサトウさんの境遇を気にせずにいたという。しかし二〇〇七年頃に送金が止まると、キョウダイたち（とくに母の面倒を見ていた姉）は、サトウさんの境遇を案じるようになり、知る限りのあらゆる関係者に尋ね回った。そしてキョウダイたちは、サトウさんが離婚したこと、定年間際に退職したこと、所定の住所にいないことを知って驚いた。二〇〇七年の夏のことだ。サトウさんの携帯電話番号を知ると、しつこく問い詰め、ようやくサトウさんの居場所を突き止めることに成功したのだった。それがX町である。

キョウダイたちは、サトウさんがどんな暮らしをしているのかの「調査」に乗り出した。それを任されたのが、当時は大学院生で時間の融通がきく筆者だった。しかしこの「調査」は、想像していたほどには容易ではなかった。サトウさんが母を安心させるためにキョウダイに教えた住所は、すぐに偽りだと判明したからだ。住所のアパートには、まったく別の人間が暮らしていたのである。X町の人々は、筆者が尋ねる人名に心当たりさえないような反応を示した。このままでは示しがつかないと、根気強く電話をかけ続けると、サトウさんは筆者との面会をようやく／しぶしぶ承諾してくれたのだった。二〇〇八年一〇月のことである。

駅から居酒屋に向かう途中、まずサトウさんは筆者に「ここでは、俺はサトウ・ヒロシっていうんだ。適当に合わせろよ。みんなに余計なことをしゃべるんじゃないぞ」と念を押した。サトウという名字は偽名である。ヒロシは、なんと弟の名前である。どうりで探し出せなかったわけだ。筆者はこの瞬間、思わず噴き出してしまったが、その名前はこの町に確かに息づいていた。

2　サトウさんのライフヒストリー――「第一の人生」

サトウさんは一九四九年一〇月一七日、福島県南会津郡の山深い小さな村に生まれた。長男だが、上に二人の姉がおり、六歳下に弟がいる。以下に述べるサトウさんのライフヒストリーについては、表にまとめてある。

新潟県との県境に近いその村は、夏になると伊南川に群生するアユの釣人で、冬になるとスキー客で、少し活気づく程度で、過疎化が進む日本の典型的な田舎である。この山奥の僻村から、東京の有名私立大学に通える人は、当時としては一握りだった。ここには、サトウさんの父の並々ならぬ教育への熱意と投資があったようだ。父は、太平洋戦争でフィリピンに赴《おもむ》き、戦後は村会議員を長く務め、この村でも名士といわれる存在であった。キョウダイによれば、父は土地の一部を売ってでも、子どもたちの学費を捻出したという。かくして田舎の川で釣りをしていたサトウ少年は、都会の大学で英文学を専攻するようになったのだった。

一九六七年、大学進学とともに上京してほどなく、サトウさんは学生運動にのめり込んでいった。あるとき「機動隊から逃れるために、俺は御茶ノ水にある外堀に飛び込んだことがある」と、実《まこと》しやかな武勇伝を語ってくれたことがある。本当かどうかわからないが、確かなのは彼もまた学生運動に青春を捧げた一人だったということである。実際、サトウさんは、高橋和巳による多数の著作のほか、倉橋由美子の『パルタイ』や柴田翔の『されどわれらが日々』などを愛読していたようだ。これらの蔵書は、サトウさんの長男の家に保管されている。

英文科を卒業したサトウさんの就職先は、家庭用品を扱うメーカーだった。当時、シンガポールに支店を出す計画があり、英語が使える人材として採用されたようである。しかし結果的には、その計画は頓挫し、日々繰り返される営業に嫌気がさして、退社した。元妻によると、その後、仕事を二、三変え、中学・高校の非常勤講師として英語を教えるようになったという。一九七四年、結婚。相手はサトウさんと同い年、千葉大学卒で都立高校の教師をしていた真面目な女性だった。学生時代から付き合っていたという。翌年、長男が誕生したあと、千葉県に引っ越した。「昔〔結婚当初〕は、小岩に住んでいました。それから千葉県の古い家を購入したんです。一室を使って、塾を開いていました。非常勤講師が終わり、夕方には地元の小中学生相手に教えていました。ときどき私も手伝いましたよ。その後、都内の大学に進学した彼の弟が私たちの家に下宿するようになったのですが、彼も塾を手伝ってくれていました」と元妻は語る(3)。

人生の転機は、突然訪れた。「彼の授業は、ただ教科書をなぞるだけではなく、とても独創的だったらしいんです。するとあ、る非常勤先の校長が、私立の中高一貫校を紹介してくれたんです。あの人のスタイルは、公立よりも、私立のほうで活かせるんじゃないかって……」（元妻）。こうして、一九八〇年代初頭、彼は、千葉県でも有名な中高一貫制の進学校に就職したのだった。その校長の予想通り、勤務校でのサトウさんの評判はよかった。またいつの間にか忘却していた学生運動時代の「正義感」が再燃したのか、職場の仲間とともに組合活動にのめり込み、最終的には千葉県私立学校教職員組合の副委員長にまでのしあがっていく。

表　サトウさんのライフヒストリー

年	出来事
1949年10月	福島県に生まれる
1967年	大学進学
1974年	結婚
1980年代前半	中高一貫制進学校に就職
1985年	マイホーム購入
1996年	協議離婚
2003年３月	退職
６月	帰郷
12月末	Ｘ町へ
2004年	Ｋさん，Ｉさんと出会う
2007年	退職金が底をつく
2008年12月	セドリック廃車
2009年９月	Ｉさん：借金未払い問題を警察に通報
2010年	年金の受給開始
2011年３月	吐血
６月	肝硬変・コルサコフ症候群との診断
2012年３月	逝去

家庭生活についていうと、長男のほか、長女（一九七七年）と次男（一九八二年）が千葉県への引っ越しの後に生まれており、計三人の子どもにめぐまれた。そして団塊の世代が享受した「豊かな日本」の中流生活を、彼もまた実現していった。一九八五年には、古い家を売り、新築の家を購入。夫婦そろって教員だったこともあり、夏休みと冬休みにはそれぞれ海水浴とスキーに行くことが家族の恒例行事となっていた。車を三、四年単位で買い替え、家の中にはそれなりに「豊かさ」を象徴する家財道具が揃っていた。一九九〇年前後のこと、筆者はサトウさんの家にＮＥＣのパソコンがあったのを記憶し

ている。サトウさんは「これからの時代、パソコンだよ」と平然と語ったが、中学生にあがったばかりの筆者には正直なところその先見性がよくわからなかった。サトウさんやその子どもはパソコンでもゲームができると示してくれたが、当時の筆者は密かにファミコンの方が面白いと思っていたものだ。

一九九〇年代も半ばにさしかかる頃、ごく普通の中流生活をしていたこの家庭は、すでに破綻していたようだ。一九九六年には、協議離婚している。当時、大学に通っていた長男は、このことを知らなかったという。元妻は言う――「夫婦間のコミュニケーションがまったくできない人でした。大切な話があると言っても、聞いてもくれないし。すぐに俺は忙しいとか言って、逃げるんです。そのくせ、〔サトウさんの〕母の介護は嫁のおまえがやれって言うんですよ。おまえは長男の嫁なんだからって。こんな人と一緒にやっていけないと何度、思ったことか。末っ子がまだ中学生でしたが、耐えきれず離婚の手続きに着手しました。子どもたちには事後報告です」。伝統的な家父長を自明のように体現するサトウさんと、フェミニスト的な発想をもつこのキャリアウーマンの元妻は、どうみても不釣り合いなカップリングである。

しかし「離婚が成立しても、なかなか家から出ていってくれなかった」ため、元妻は大学生の長女を連れて近くのマンションに賃貸で暮らしはじめたという。こうして、サトウさん、長男、次男の男だらけの家は、各自バラバラの生活リズムのなかで「荒んでいった」。元妻がその〈家の〉管理能力を問い詰めた結果、サトウさんは家を出た。一九九九年度が終わろうという時のことだった。元妻はそれを機に、家に戻ってきた。

サトウさんは二〇〇二年度をもって、二〇年勤務した私立高校を退職した。退職の理由は、老親の介護だったという。実際、二〇〇三年六月、彼は借りていたアパートから逃げるように奥会津の実家に帰り、母とともに暮らしはじめた。この経緯について、筆者は直《じか》に関わりがあるため、サトウさんの人柄を理解する一助としてエピソードを記したい。その数ヶ月前、サトウさんは筆者に愛車セドリックを「あげる」と言ってきた。理由は、飲酒運転による免許取り消しである。スナックで他の客と喧嘩になり、怒ったママが密かに警察に通報し、車で帰宅しようとしたサトウさんはあえなく捕まったのだった。確かに、筆者の幼いころを思い返すと、彼は昔から酒を飲むと、ひどくタチの悪い人間になってしまうという印象がある。酔うと決まって世間や職場への不満をぶちはじめ、やがて周囲の人々と口論してしまう。実に、元妻は、結婚に際して、サトウさんのキョウダイらに「こんな飲兵衛と本当に結婚する気なのかい？」とまで言われたことがあるという。「チクショー！　あのママが（警察に）チクリやがったんだ！」と怒りを交えて語るサトウさんには、そもそも飲酒運転がルール違反だという反省や常識が感じられない。何より、チクられるほど嫌われていたことを話題にしないサトウさんに、筆者は憐れみを感じてしまったのだった。とにかく、筆者は、もろもろの手続きは後回しということで、タダでセドリックを手に入れたわけである。

六月にサトウさんから電話がかかってきて、筆者は車で田舎まで送ってほしいと頼まれた。セドリックに関する手続きもあったため、この要請を引き受けた。当日、すべての荷物をセドリックに押し込み、夜逃げ同然で奥会津の山村に向かったが、あくる日、筆者は「車を置いて、電車で帰れ」と追い返されたのだった。なんともめちゃくちゃな話である。サトウさんは最初から、筆者を運転手として利用しようとしていたわけだ。「免許がないのだから、車を持っていても仕方ないのではないか」と言っても、「田舎の生活には車が必要だ。老いた母もいるし……」と筋違いの反論がなされ、まったく会話がかみ合わなかった。おそらく、サトウさんはこんな田舎で免許がどうのこうのいう人間などいないと思っていたのだろう。みんな顔見知りなのだ。

驚いたことに、故郷に帰ったはずのサトウさんは、セドリックに乗って（無免許のまま！）栃木県から埼玉県あたりをさまよい、二〇〇三年の暮れにはX町に流れ着いたようだ。というのは、サトウさん行きつけのスナック店経営者によると、サトウさんがはじめて来店したのが二〇〇三年の暮れだったからだ。故郷を出たことについて、サトウさんは「病院を探していた」と言うが、サトウさんの母も「（サトウさんの）体の調子が悪くなり、郡山《こおりやま》の大病院に診てもらってくると言って家を出たまま、それきり戻ってこなかった」と述べていることから、事実かもしれない。当初、故郷を捨てるなどとは考えていなかったはずだが、結果的には、それ以来、彼が奥会津の故郷に帰ることはなかった。退職理由の介護はどうしたと言いたくなるが、話を聞いていると、サトウさんの早期退職には、組合への失望、人間関係での「裏切り」や衝突、勤務校の劇的な再編（男子校から男女共学に変わった）にともなうストレスなどが複雑に絡んでいたようだ。ちなみに、この事態を受けて、新潟の姉がサトウさんの母を引き取った。ほどなくして、誰も住まなくなった奥会津の家は壊され、更地になった。現在、村に残っているのは、家族が名義人となっている分散した土地、村会議員を務めた父の名、そして家族のお墓だけだ。

以後、人生の舞台は、X町に移る。冒頭で述べたように、そこでサトウさんに関わる人々は、以上見てきた「第一の人生」をまったく知らない。それはサトウさんが語らないからであり、たとえ語られたとしても、断片的なエピソードが脱文脈化され、新しい「話」(ウソ)に都合よく利用される程度である。それだけではない。サトウさんは、まるでわずらわしい縁の拘束から逃れるかのように、「第一の人生」で得た家族や仕事関係(職場と組合)をはじめとする多くの縁とも決別したのだった。その自由への逃走は、選択的ホームレスの心性に近いものがあるかもしれない(e.g. 岡本一九九九)。とにかく、サトウさんは、「第一の人生」と完全に決別し、X町でまったく新しい人生=「第二の人生」を歩むことになったのである。

3　X町とサトウさん

ここでは、まずサトウさんが流れ着いたX町を概観し、サトウさんにとってのX町の意味について検討してみたい。

越谷市は、埼玉県の東南部に位置し、武蔵野台地と下総台地の間にはさまれた沖積地帯の一角として、河川(古利根川、綾瀬川、元荒川)や多数の水路が通じており、古くから「水郷越谷」と呼ばれてきた(越谷市教育委員会社会教育課編一九八一:二)。X町は、元荒川が蛇行しながら流れている流域沿いにある。越谷の一帯は古来より農業地帯として発展してきた。それは、桃や梅を産出する畑作地帯と、徳川幕府の新田開発によってできた水田稲作地帯に分けられる。

一八七三年から学校が各地に漸次的に設けられていき、一八九九年には東武鉄道が南北を貫くかたちで開通し、一九一三年には電灯がひかれ、近代化の波が押し寄せてきた(越谷市教育委員会社会教育課編 一九八一:二)。とはいえ、この農業地帯が大きく変化していくのは、一九六三年以降のことである。越谷市は、一九六三年頃から人口が急激に増えはじめ、東京のベッドタウンとなっていったのである。一九六〇年代初頭には一〇%を超える人口増加率と連動するように、住宅地への農地転用が激しく進んだ(山本 一九七一:三〇三)。一九六五年の二・三次産業就業者をみると、その半分近くが越谷市外へ通勤し、その通勤先の八割以上が東京であった(島与 一九七一:二六八)。そして一九七三年には武蔵野線（当時は国鉄）が開通し、越谷は人やモノの移動の結節点として衛星都市の性格を強めていった。

X町は、こうした越谷のなかでも周辺地域にあたる。駅前のアーケード型歓楽街は、かつての賑《にぎ》わいを感じさせるが、今では公共の自転車置き場になっている。バブル崩壊以降、閉店するスナックや居酒屋が相次いだのだ。その一本先にあるもう一つの通りは、地元の常連客たちの間で、「ネンキン（年金）ドオリ」と呼ばれて親しまれている。ネンキンドオリの由来は、年金を手にした高齢者が安く飲み歩くことのできるストリートであるからだそうだ。ここに点在するスナックや居酒屋が生き残ってきたのは、地元の常連客に、冒頭で見たようなインフォーマルな社交と安い酒代を提供し続けてきたことにあるかもしれない。サトウさんが流れ着いたのは、こうした地元の人々が支える「世界」だった。この点を踏まえれば、なぜ彼が常連客のあいだで「変なおじさん」と呼ばれていたのかがわかるだろう。地元の人々が濃密に交流するなかにあって、自らを多く語らず、人々の輪に入ろうともしなかったサトウさんは、明らかに浮いた存在だったのだ。

ここで注意を促しておきたいのは、サトウさんとX町を結びつける必然的な理由がないことである。実に、X町には（サトウさんが求めた）大病院があるわけでも、サトウさんの親類縁者がいるわけでもない。だから、サトウさんの子どももキョウダイは、彼がX町にいることを知って、こぞって驚いたものだ。しかしそれこそが、これまでの人生に縛られない新しい世界を求めたサトウさんにとっては都合が良かったのではないか。だとしたら、サトウさんにとって、誰も彼のことを知らない町であれば、どこでもよかったはずである。では、何がサトウさんをX町に引きつけたのか。

サトウさんは、奥会津を出立してからいくつかの場所を移動したという。そのなかで、二人の女性（IさんとKさん）との出会いは、結果的にみると、X町を居心地の良いものにしたのだろう。Iさん（一九四八年生）はサトウさんとほぼ同年代で、スナックの店員であった。サトウさんとはカラオケ仲間としても交流を深めていく。Kさん（一九四四年生）はサトウさんよりも年上で、行きつけの居酒屋経営者である。サトウさんがX町で飲み歩くなかで知り合ったこの女性たちは、異なるかたちではあるが、サトウさんの人生の最後まで関わりを持ち続けることになった。サトウさんがX町にこだわる必然性はなかったが、彼女たちとの出会い＝縁によってX町はサトウさんの「第二の人生」の舞台となっていったのだ。

ところで、X町が東武線上にあることは、意外にも象徴的な重要性をもつ。サトウさんがさまざまなエピソードで列挙する地名の多く――浅草、竹ノ塚、草加、越谷、新栃木など――は、東武線上に位置する。これは、X町に定着したサトウさんにとって、当然のことなのかもしれない。しかしサトウさんが東武線にこだわる理由を考えたとき、そこには彼を東武線につなぎとめておく、ある種の「運命的なつながり」があるように思えてならない。東武線の行きつく先を目で追うと、会津田島という駅が目に止まるはずだ[4]。その駅は、サトウさんの故郷への玄関口に他ならない。つまり東武線とは、彼にとって、故郷へとつづく「道」なのである。サトウさんは、東武線上にいることで、どこかで故郷とのつながりを感じていたのではないか。

4　「第二の人生」と縁

ここでは、X町におけるサトウさんの生活／人生を記したうえで、そこにIさんとKさんがどのように関わっているのかを明らかにしたい。

X町で生きるサトウさん

サトウさんは、ここで日本のありふれた名字と弟の名前（ヒロシ）を名乗り、別人格を演じている。職業は、スナックや居酒屋ごとに外資系会社員、都内の銀行マン、塾講師など一貫していない。株の投資をやっていたとも言う。教師だったことを知る筆者には、大手学習塾に予想問題を提供する「模擬テスト予想問題作成者」だと言っていた。そして住所は、駅前一等地のマンション、最上階の部屋とのことだった。独りで暮らしているのは、「今現在、離婚調停中」だからである。ちなみに、この時点ですでに協議離婚していることは、先に述べたとおりである。こうした虚構は、しかしながら、彼の「第二の人生」の諸要素であり、X町ではサトウさんを知る者が誰もいないことによって信じられ、リアリティを獲得したのだった。ここに、「第二の人生」へのサトウさんなりの入り方を見てとることができるだろう。

さて、「金持ち」っぽい肩書きは、サトウさんの身なりによって説得力を得ていたようだ。確かに、サトウさんの身なりは、ネンキンドオリを闊歩《かっぽ》する中高年たちとは異なる。例えば、サトウさんとの交流を深めていくことになったスナックの店員Iさんは、こう語る。

「出会ったときは、紳士だった。こんなところで飲むような人には見えなかった。それくらい立派だったわよ。女性に優しくて、すごく気前がいいの。……でも、時が経つにつれて、ボロボロになっていったけど。」（二〇一一年七月一日）

行きつけのスナック店員やKさんも、口を揃えて同じ語りを繰り返す。X町において、当初のサトウさんは、気前よく金を落としていってくれる金持ちだった。いかにもスナックの女性たちに好かれそうな人物像だ。この語りの中のサトウさんは、一見すると、元妻が語る家父長的権力をふるう人物と大きく異なる。しかしそれは、家父長的な人物のもう一つの顔にすぎない。そこに隠れているのは、結局のところ、金を払えば（＝養えば）女を支配できると考える家父長の典型的な姿なのである。

サトウさんの資金源は、退職金だった。これは、X町での生活費、Iさんとの交際費、Kさんの事業への投資（後述）、毎月一〇万円ほどの母への送金に使われた。しかし収入がなければ、終わりは見えている。二〇〇七年には送金が止んだというキョウダイの話を踏まえると、退職金は二〇〇七年には底を尽きたとみられる。

サトウさんには、マンションに暮らしているという生活感がまったくなかったとKさんは当時のことを振り返る。後になってIさんやKさん（そして筆者）は、サトウさんの住居が車（セドリック）だったと考えるようになった。車内には、サトウさんがもつ最低限の洋服、期限切れのパスポートや印鑑を入れたバッグ、そして古いアルバムなどが保管されていた。これは、長男とIさんが確認している。場所は適宜変えていたと考えられるが、サトウさんのキョウダイや長男が確認したとき、車はパチンコ店の広大な駐車場の隅に置かれていたという。車上生活をしていたとすれば、廃車はサトウさんの住処を奪うことを意味する。不幸にも、二〇〇八年の暮れ、筆者の報告を受け、姉二人がサトウさんのセドリックを廃車にすべくX町にやってきた。無免許・飲酒運転そのものというよりも、それによって人身事故を起こし、キョウダイがそうした責任問題に巻き込まれるのを懸念してのことだった。理由はどうあれ、廃車はサトウさんの生活に大きな影響を与えた出来事の一つだったのだ。

さて、サトウさんの財政状況も深刻な危機にあった。退職金の底が尽きて以来、サトウさんはIさんにお金を借りるようになっていた。廃車後、キョウダイたちは、彼の状況を勘案して何度か財政的な支援を行ったが、サトウさんにとってはスズメの涙に近かった。調布に住むもう一人の姉に金を借りにきたこともあったという。ただ興味深いのは、このような状況にあっても、サトウさんが実子たちには金銭的な援助を求めなかったことだ。三人の子どもたちは、父親（サトウさん）から支援の要請を受けたことはないという。

二〇一〇年になると、彼の経済問題は解消する。後述するように、Iさんがサトウさんの借金未払いを警察に通報したことで、警察が千葉県に住む長男のもとを訪ねてきた。長男はこのときから自分の父親が深刻な金銭問題を抱えていることを自覚し、解決の手立てとして、年金の受給を考えた。サトウさんが六〇歳になったことを確認すると、長男は、二〇一〇年の初夏に年金受給手続きをサトウさんとともに行っている。サトウさんの住所をさしあたり長男のもとにしておくことで、サトウさんが年金を取得できるような態勢を整えたのだった。

なおこの手続きのなかで、サトウさんが日本の市町村のいかなる住民でもなかったことがわかった。会津に里帰りする際、彼は「転出届」を出したが、転入先の奥会津の役場には「転入届」を出していなかったのである。つまり彼は、約七年間、住所不定の人間だったことになる。住民登録がなされていないため、当然のことながら、国民健康保険証も発行されていない。運転免許証は剝奪され、パスポートはとっくに期限が切れていた。こうして「第二の人生」の八割の期間、彼は、自分を証明するいかなるものも持っていなかったことになる。

さて、二〇一〇年の暮れになると、サトウさんは行きつけの居酒屋店主Kさんの家に転がり込み、実質的な同棲状態に入っていく。二ヶ月に一度支給される年金は、Kさんが管理するようになった。男が同居していることをよく思わない常連客に配慮して、KさんはサトウさんのF存在を隠し、サトウさんも、警察やIさんらから逃げるように、Kさんの家にひきこもるようになった。ほどなくして、X町の飲兵衛やスナック・居酒屋の人々は、サトウさんがX町から「消えた」と考えるようになった。その決定的な理由は、サトウさんの体調の変化だった。それはまず、二〇一一年三月下旬、明確なかたちで現れた。血を吐き、鼻血が止まらず、歯茎からも出血した。彼の布団は血の斑点で色づいていたという。深夜にもかかわらず、長男に連絡したというから、Kさんの驚きは相当なものだったと推測される。しかしサトウさんは落ち着き、「血を吐いたのは一回だけで、大丈夫。鼻血はまだ止まらないけど、そのうち止まるだろう。病院には行きたくない」と語った。この件以来、サトウさんはX町の表舞台から完全に姿を消した。養生したせいか、容態は一時的に落ち着いたものの、三ヶ月後、再びサトウさんは吐血し、救急車で近くの病院に運ばれたのだった。そこで担当医は、サトウさんの病状を肝硬変と診断した。

サトウさんの肝硬変は、アルコール性肝障害が原因であった。彼の症状には、肝硬変が引き起こす食欲不振や体重減少のほか、黄疸、腹水による腹部の膨満がみられた。吐血は食道静脈瘤の破裂、鼻血は凝固因子欠乏によるものだろう。意識障害や昏睡状態までには至っていないが、これらはいずれも重症であることを示す。実際、担当医は、サトウさんの肝硬変が末期症状を示していると言い、余命半年を宣告したのだった。筆者が病院を訪れると、ベッドに横たわるサトウさんは、余命宣告へのショックというよりも、宣告した医師への怒りを表明した。

「なんなんだ、あの医者は！　あの医者は嫌いだ。威張りやがって。人に向かって平然と、あと半年ですなんて……ふざけんじゃねぇ。だからケンカしたんだ。もう顔も見たくない。」（二〇一一年六月一七日）

もちろん、この語りは、余命宣告を受けたサトウさんの動揺や悲嘆を否定するものではない。むしろこうした乱暴な語り方は、サトウさんの動揺や悲嘆を反映しているようにも思える。そうであったとしても、彼が怒っていたことは確かだ。サトウさんは、冷静に――匙《さじ》を投げたかのように――余命宣告する医師の態度に強い憤りや怒りを感じていたのである。それは、かけがえのない人生を生きているという自覚や（彼だけが知っている）これまで自分が為してきたことへの誇り、命の尊厳などが、今の落ちぶれた外見だけで軽視されたことへの憤りだったのかもしれない。退院後、数ヶ月に一度は薬をもらいに行くことになったが、毎回サトウさんは「あの医者には診てもらいたくない」と子どものように駄々をこね、担当医がいない曜日をあえて選び、病院に足を運ぶことになった。

入院の間、長男が越谷の病院に駆けつけ、今後の処遇について担当医と話し合った。このまま病院にいるか、それとも家族とともに余生を過ごすのか、決断を迫られたのである。長男はサトウさんの希望をくんで自宅療養を決めた。もちろん実際の住処は、今まで通りKさんの家だ。以後、Kさんの監視のもと、サトウさんは以前よりも酒を飲まなくなったものの、それは死へのカウントダウンを止めることにはならなかった。

Iさん

サトウさんがX町で初めにつきあった女性Iさんには、夫と娘がいる。夫とは別居して久しい。昭和の匂いが漂う彼女の楽しみは、何といってもカラオケとボーリング、そして週末、娘とお買い物やお茶をすることだという。酒が飲めないにもかかわらず、夕方から地元（X町）のスナックでバイトしている。人と交流し、カラオケができるからだ。

Iさんにとって、サトウさんは店にやってくる客であり、またカラオケ仲間でもあった。オフのときは、サトウさんが他の店に連れていき、ひたすら二人でカラオケを楽しんでいたという。今でも「あのころは、とても楽しかったわ。二人で昭和の歌を何度も歌ったの」と回想する（二〇一一年七月一日）。Iさんがサトウさんとこうした間柄になっていったのは、二〇〇四年のことである。

Iさんにとって、サトウさんは外資系会社員という肩書きをもっていた。しかしサトウさんに対する疑惑がなかったわけではない。Iさんは、時々サトウさんの言動が信じられなくなることがあったと語る。次のエピソードは、その一つの例だ。

「あるとき、アフリカか中東の方に海外出張に行くっていう話があったわ。長い出張になるんだとか。それで、私が働いていたスナックで、サトウさんの壮行会をやったのよ。楽しかったんだけど、二、三日経つと、ふとスナックに現れたのよね。え?って感じ。出張はどうしたのって訊いたら、やめたっていうのよ。それも、平然と。普通そんなことある?航空券も、ホテルも、向こうの人とのお付き合いってあるでしょ。そんな簡単になくなるのかしら。理由は行かないことにしたっていうだけで、詳しいことは話してくれなかった。こっちもそれ以上は問い詰めなかったけど、スナックのみんなはサトウさんを疑ったわ。私も……普通にしゃべっていることがウソなのかもって。ちょっと怖くなったわ。」（二〇一一年七月一日）

店を貸し切りにしてまでやったことを考えると、スナックの人々がサトウさんの言っていることを真実だと信じていたことがわかる。それだけに、数日後サトウさんが現れたときの驚きは、察しがつく。

退職金が底を尽いた二〇〇七年になると、サトウさんへの疑惑はさらに深まっていった。というのも、Iさんが金を貸す側に回ったからだ。日々の交遊費はすべてIさんがもつようになり、ときに「株の投資をやっているので、そのうち返す」と言ってまとまった金も懇請されたという。Iさんは「外資系のエリート・サラリーマンがなんで飲み代も払えないのって思ったわ。ここらへんの居酒屋って、そんなに高くないわよ。おかしいわ」（二〇一一年七月一日）と、当時の不信感を語っている。そしてキョウダイがセドリックを廃車にすべくここに来たとき、サトウさんのウソは決定的になった。よりによってちょうどそのときサトウさんと一緒にいたIさんは、姉たちから、彼が偽名を使っていること、家族のこと、教員を退職したこと、無免許運転であることなどを直接聞かされたのだった。ただそのショックは、疑念を強めていたIさんの想定の範囲内だったという。サトウさんは必要な書類をビジネスバックに入れ、Iさんはサトウさんが保持していた三冊のアルバムを預かり、セドリックの姿はX町から消えた。別れ際に姉たちは「これからも〇〇（サトウさんの本名）をよろしくお願いします」と言ったが、Iさんは内心「冗談じゃないわ」と思っていた。これ以降、サトウさんとIさんの関係は急速に希薄になっていった。Iさんは交際をやめ、これまで自分が払った金額を勘定して「借金」を催促しはじめた。それに応じて、サトウさんはIさんを避けるようになったという。

借金が一向に返済されないことを悟ると、二〇〇九年九月頃、Iさんはこの件を警察に通報したのだった。千葉県に住む元妻や長男のもとに警察がやってきたが、そこにサトウさんの姿があるはずもなかった。元妻や長男のもとにIさんから直々に電話が何度かかかってきたこともあったという。Iさんは「こちらには借用書があるので、裁判に訴えることも考えている」と告げたが、元妻や長男は「すでにサトウさんとは縁が切れているので、私たちには関係ありません」と返答した。

筆者は、Iさんが持っている二通の借用書を確認させてもらったことがある。一つは、二〇〇九年八月の日付のもので、そこには（二〇〇七〜二〇〇九年まで貸した）総計五〇万円について、直筆で返済の誓約、サインと指紋が記されている。警察に通報した際の「証拠」は、これである。もう一つは、二〇一一年一月の日付のもので、内容は同じである。駆けつけたIさんは、再びサトウさんに借用書を書かせたのである。ちなみに、五〇万円を証拠立てる領収書などは一切ない。

サトウさんは膨大なお金をIさんとの交際費に費やしたが、Iさんはサトウさんとの交際費を（どのように算出したかは不明だが）「借金」と語った。借金の返済は、サトウさんが亡くなった現在、長男に向けられている。長男が「お互い〔カラオケで〕楽しんだんでしょ。あるときはサトウさんが払い、あるときはIさんが払った。友だちとして。そういう理解じゃいけないんですか？」と諭したところ、Iさんは「今の私にとって、五〇万は大きいわ。私に泣き寝入りしろってことですか」と反論してきた。裁判も辞さない覚悟を仄《ほの》めかすIさんに対して、長男は「女のしたたかさと狡さ」を感じずにはいられないようだ。

以上から、Iさんとの縁は退職金の枯渇を機に一転したことがわかる。サトウさんをX町につなぎとめた縁の一つは、借金をめぐる腐れ縁というかたちに転換したのだった。この経緯をみると、Iさんとサトウさんの縁は、金でつながる——所詮スナックの女と客の——関係の域を出なかったというべきだろう。

Kさん

一人娘は外国で暮らし、夫に先立たれたKさんは、居酒屋（一階）と住居（二階）を兼ねたアパートで独り暮らしをしている。スナックや居酒屋が相次いで潰れるなか、三〇年近くもこの店を支えているのは地元の常連客である。クリスマス会やバス旅行を企画するなど、常連客の心をつなぎとめる努力をしている。

二〇〇三年の暮れか二〇〇四年のはじめ、サトウさんが客としてやってきた。狭い居酒屋ですべての客に対応している状況から、ほぼ毎日通ってくるサトウさんに対する親近感はIさんよりも早く醸成されている。当時の印象は、「気前がいいので、立派な職業に就く人」とのことで、Iさんらと同じである。そしてこれは、イギリスやシンガポールへの出張というサトウさんの言動によって裏打ちされていた。Iさんや他のスナックと違うのは、サトウさんがKさんに「海外出張」のお土産を渡し、お土産話まで聞かせていた点だ。サトウさんが贈った（額縁に入っている）「ビッグ・ベン」（ウェストミンスター宮殿の大時計）の絵は、古き良き日本をイメージした居酒屋の内装にはそぐわないが、今でも店に立てかけてある。そしてサトウさんの語るイギリスやシンガポールの話は、妙にリアリティがあったという。だから、KさんはIさんと違って、サトウさんに疑念を抱くことがなかったのだ。

しかし筆者からすれば、それらの話はサトウさんが過去の経験を流用したものだと考える。実に、有名私立の中高一貫校で英語を教えていたサトウさんは、ときに外国（それもイギリス）に生徒を引率することがあった。Iさんが保管しているサトウさんのアルバムには、生徒をイギリスに引率している写真が何枚も残されている。シンガポールの事情は、おそらくかつての就職先（家庭用品メーカー）で得た知識であろう。土産の「ビッグ・ベン」の絵は、生徒の引率でイギリスに行った際、買ってきたものだ。筆者は、昔、サトウさんの書斎で同じ絵を見たことがある。彼は、実家を出る際、それを持ってきたのだろう。つまりサトウさんは、過去の経験やモノを断片的につなぎ合わせ、巧みに「海外出張」話を装ったと考えられる。

Kさんとの関係では、サトウさんの退職金を激減させる出来事が生じている。Kさんは、スナック経営に手を出したことがあった。その資金として、サトウさんは七〇〇〜八〇〇万円ほど出したという。しかしこの経営は一年ももたず失敗に終わった。客は来ないのに、従業員に払う給料や家賃に追われ、閉店を余儀なくされたのだった。マネージメントの問題もあったのだろうが、X町では新しくオープンしたかと思えば、いつの間にか閉店してしまうスナックは決して珍しくない。

退職金が底を尽きた頃、サトウさんはKさんに自身の経済状況の悪化を説明した。具体的には、定年前の早期退職と偽り、それに伴う退職金は友人同士で新栃木に新しい（学習塾関連の）会社を立ち上げるための準備資金に回すので、これまでのような暮らしができないと主張したのだった。しかしほどなくして、何を思ったのか——経済的には問題ないとKさんを安心させ、彼女との縁を継続させようとする思いからか——彼は銀行マンとして再就職したと法螺《ほら》を吹いた。一体、どこの銀行が経験も身分証もない人間を雇うのだろうか。

Kさんがサトウさんのウソを知ったのは、借金問題を心配した長男がKさんの居酒屋を訪れてからだ。Kさんは、サトウさんを知る情報源を欠いていた。Kさんは、Iさんと違って自身の居酒屋経営が夜遅くまであるため、サトウさんの立ち入る居酒屋やスナックを訪れたりはしない。いちはやくサトウさんへの疑念を抱き、真実を知ったIさんとは仲が悪く、交流はなかった。だから、長男からサトウさんの虚実を聞いたとき、Kさんは「もう何が本当なのかわからない！」と述べ、困惑と驚嘆を隠せなかったという。

しかしそれでもなお、Kさんは、二〇一〇年の暮れには、サトウさんの居候を受け入れた。Iさんは「Kさんはサトウさんのことがずっと好きだったのよ。私と一緒に遊んでいるとき、Kさんはよく嫉妬していたもの」（二〇一一年七月一日）と語るが、二人が一緒に暮らすようになったのは単に感情的な問題だけではなかろう。居候と引き換えに、Kさんはサトウさんの年金（二ヶ月で約二〇万円）を得るようになったのである。これによって、居酒屋兼住居の賃貸料だけでも月九万円かかるKさんの生活が支えられたことは否定しえないだろう。その一方で、セドリック＝家もなく、警察やIさんに追われていたサトウさんにしても、自分を匿《かくま》ってくれる人と場所が見つかったことは幸いだった。Kさんは「客が来なくなっちゃうから、サトウさんがここにいることは絶対に言わなかった」と語るが、それはサトウさんにとって好都合だったのだ。こうした二人の関係が、サトウさんの病気が「発覚」してから、より相互依存的なものとなっていったことは言うまでもないだろう。年金と介護の交換は十分等しいもののように思えるが、サトウさんはKさんの介護に対して感謝や負い目を感じていたようだ。ほとんど寝たきりになってしまったサトウさんは、「株をやってるから、そのうちうまいもんでも食わしてやるよ」と、懲りもせず明らかなウソをつき続けていた。

なおKさんは、時々、筆者に介護の疲れや不満を漏らすこともあった。とくに酒の問題に関して、サトウさんがまったく言うことを聞いてくれないことに困っていたようだ。入院後、Kさんは、医師の勧めに従い、サトウさんに禁酒を課したが、サトウさんは深夜コンビニに出歩き、ワンカップの酒を買って飲んだりしていた（ちょっとした小遣いはもらっていたらしい）。小遣いを禁じると、なんと店の酒に手を出しはじめたという。あるとき、客が、キープしていた酒を飲もうとすると、ほんの一杯しかないことに気づき、この問題が発覚したのだった。サトウさんはいないことになっているため、Kさんが言い訳に窮したのは想像に難くないだろう。サトウさんへの抑圧がこのような事態を生んだと考えたKさんは、一日数杯という条件でサトウさんの飲酒を認めることにしたのだそうだ。

以上のように、Kさんは、長い間サトウさんの虚構の世界を信じ、それらのほとんどがウソだとわかった後も、そしてサトウさんに介護が必要になった後でさえ、サトウさんとの関係を断ち切ろうとはしなかった。むしろ、両者の間には、時が経つにつれて、生活／生存をめぐる強い共生関係（年金と介護の交換）が成立していったと言えるだろう。確かに、Iさんと同様、金が二人の縁を担保していたと理解することはたやすい。しかし、Kさんは、彼との生活に金以上の意義を見出していた。サトウさんが亡くなったあと、Kさんは次のように語っている。

「旦那が死んでから、他人と一緒に暮らすということから離れていたわ。ずっと独りでやってきたのよ。だから、サトウさんとの生活は、私にとって、いいリハビリだったような気がする。サトウさんは、楽よ。うるさいこと何も言わないし。飲み屋に来る人ってときどきギラギラしていて、気持ち悪いって思うことがある。その点、サトウさんはおとなしい。私に合う人ってそういう人なのよ。そういう人と一緒にいたことが、私のリハビリだった。」（二〇一二年四月二三日）

Kさんもまた他者との縁を希求していた。長い人生からみればほんの短い間ではあったが、他者との確かなつながりを実感できた時間だったのだろう。この背後には、身内のないKさんが――サトウさんと同様に――シングルとして生きているという現実がある。ここが、サトウさんとの縁が多様な縁の一つでしかなかった社交好きなIさんと、大きく違うところだったのである。

5　ウソと縁

ここでは、ウソをつくサトウさんの行為主体性について考察し、他者と縁を構築する〝サトウさんなりのやり方〟を明らかにしたい。

二〇一一年六月の入院のとき、担当医は、診察を通じてサトウさんに「虚言癖」があることに気づいた。サトウさんは、以前から肝臓に関わる疾患を危惧しており、かつて東京・大森の病院で治療を受けたことがあると語ったらしいが、その詳細な治療過程や病院名などは出てこなかった。その他の話も同様に、証拠や詳細な説明がなく、真実味が感じられなかったという。かくして担当医は、サトウさんがコルサコフ症候群を患っていると判断した。

コルサコフ症候群——それは、主としてアルコール依存症に由来する栄養失調（ビタミンB1の欠乏）を原因とし、脳の機能障害（視床背内側核または両側乳頭体の障害）によって生じる中枢神経疾患であり、症状としては健忘症を示す。知的能力が低下するわけではないため、健忘に対して作話でつじつまを合わせようとするのが特徴である。したがって担当医は、サトウさんの話を一切信じず、精神病院に送り、断酒会に参加させることも考えていたという。

この医学的判断が正しいとしても、それだけでサトウさんがウソをつく理由を理解したとするのは早計かもしれない。サトウさんは、過去を忘れたわけではなく、これまでの「第一の人生」と決別したからこそ、過去を語らないのだ。だから新しい縁を結び、「第二の人生」を生きようとするとき、彼はウソと過去の断片的な流用に頼るしかなかったのである。つまり彼は自覚的に虚構を演じていたと言うべきだろう。それは、「余計なことをしゃべるな」と筆者に念を押すときや、筆者がKさんの前でサトウさんの言動を確認するとき、目くばせをして「今はそんなこと聞くな」という趣旨の合図を送ることから、看取される。よってコルサコフ症候群の典型的な患者のように、過去の記憶と妄想の区別がつかないというわけではないのである。

ここで、ホームレスがウソをつくことについて、上野公園で暮らすある女性ホームレスの語りは、参考になるかもしれない。

「私の語ることの3分の2は嘘なのよ。他人様にそう簡単に真実を語れるものじゃないでしょう。……どんな嘘つこうと必死に幸せになりたいからつくんじゃないの。相手がじいさんだろうと若い人だろうと、ホームレスだろうとサラリーマンだろうとみんな人間でしょう。いい人と一緒に生きていきたいじゃない。」（宮下　一九九九：一八三―一八四）

サトウさんもまた「幸せになりたいから」ウソをついたのかもしれない。サトウさんの「幸せ」のかたちや内実が明確に語られたことはないが、「いい人と一緒に生きていきたい」という上記の語りはサトウさんについても言えるのではないか。つまりある縁を断ち切ったサトウさんはまた、別の縁を希求していたということである。彼にとって、その構築方法がウソであったというだけのことである。サトウさんの身近にいたKさんも、おそらく、こうした彼の「思い」に気づいていたはずである。彼女がウソを知っても、縁を断ち切ろうとしなかったのは、そのためだ。病院に付き添ったKさんは、担当医について次のように述べている。

「ちょっと、あの先生は無神経すぎるわよ。頭がおかしくなっているなんて言うのよ。確かに、サトウさんはメチャクチャでよくわからないけど、何もそんな言い方しなくってもいいじゃない！」（二〇一一年六月一七日）

医師はウソをつくことそのものを問題化したが、Iさんはウソの先にあるものを見ていた。コルサコフ症候群としてコード化してしまうことは、ウソをつくサトウさんの意図や欲望を無化することになる。

虚構を演じることに関連して注目したいのは、サトウさんが真実をほとんど語らず、そのことによってウソを保全していたという点である。ウソは、真実のもとで構築される。サトウさんはウソのような事をウソにしないために、真実を語らなかったのだ。実に、サトウさんは「それはウソなんだ」とも「本当は……だ」とも、語らない。よって聞き手（筆者も含む）は、最後までウソと真実、虚構と現実の同定を留保せざるをえない。

例えば、Kさんが「サトウさんはときどき居なくなる」と述べることから、サトウさんはX町の外で何かをしていたのかもしれない。それについて、サトウさんは「仕事をしていた」ことの他に、次のような実しやかな説明をしていた。新栃木で旧友と新しい会社（学習塾）を立ち上げようとしていた。しかし社長となる友人が病で倒れ、結果的にこの計画は頓挫した。友人の葬式は、伊豆の方で行われ、列席した。ときどき悲しみに暮れる寡婦の見舞いに行った。Kさんによると、このそれぞれのプロットが「ときどき居なくなる」理由なのだという。筆者は、これらの証拠を集められないでいる。サトウさんが出来事の具体的な日時や固有名などをまったく教えてくれないからだ。だからといって――真偽を裏付ける証拠がないからといって――それをウソだと断定することはできないだろう。実は「〔何かの〕仕事をしていた」というサトウさんの語りについても同じことが言える。要するに、聞き手は、サトウさんの話がウソとも本当とも判別しかねる。問題なのは、このことによって、他者がサトウさんを捕捉することを不可能にしてしまうということだ。サトウさんは、他者の理解から、常にすり抜けていくのである。

　このようなサトウさんの生き方を理解するにあたって、ドゥルーズとガタリが『アンチ・オイディプス』（一九九七）のなかで提唱したノマド（遊動民）の姿勢／あり方（ノマディズム）は一つの手掛かりになるかもしれない。周知のように、ドゥルーズらがいうノマディズムは、文字通りの遊牧民ではなく、（欲望が）スキゾに向かう運動そのものを示している。スキゾとは、我々のもっている概念やルール（ドゥルーズらの言葉では「資本主義機械の公理系」という）では捕捉不可能な生《なま》の欲望の経験である。現代社会ではそれが至るところに、かつ断片的に漏出しているものの（脱領土化）、社会は常にそれを抑圧したり、理解の範疇に取り込み、利用したりしようとする（領土化）。例えば、スキゾが病的な状況として現れた場合、社会（具体的には、精神分析医）はそれを「精神分裂病」と名づけ、捕捉する。コルサコフ症候群もまた、スキゾを捕捉するこの社会の公理系である。よってノマドは、社会の公理系によって捕捉されないように——スキゾを維持するために——絶えず「逃げて」いかなければならないのだ。

　サトウさんの「第二の人生」は、「第一の人生」とは逆に、この意味での「逃走」として特徴づけられよう。身分証をもたず、名前や肩書を偽り、所定の住所にいないサトウさんの「第二の人生」は、個人の同定（同一性）と登記を要求する近代的な国家社会の秩序から漏出する生である。その他、社会のルールに従わず（飲酒・無免許運転）、「借金」を返さず、他人（Kさんの常連客）の酒を勝手にあけるなど、彼の「逃走」は反社会的なかたちで現れている。社会は、そんなサトウさんをなんとかして捕捉しようとする。警察はサトウさんを追跡し、医師は不可解なサトウさんをコルサコフ症候群という公理系でコード化しようとした。そして彼は「逃げ」続ける——国家権力（警察）から文字通りの逃走を図り、偽りの住所を登記し年金制度や健康保険制度の利点だけはむさぼり（国民健康保険料は未納）、重篤な疾患を抱えながらもなお担当医を避けた。それだけではない。サトウさんは、その生活を支えるKさんの理解からもすり抜けていく——「何が本当なのかわからない！」（Kさん）。サトウさんが亡くなった今、真偽の判定は永遠に不可能となった。このように、サトウさんはひたすら社会や他者（筆者を含む）の捕捉から逃げ、捕捉されたとたんにまたすり抜けていった。
こうしたノマド的な生き方は、サトウさんが他者と取り結ぶ縁を独特のものにしていると言えよう。サトウさんはウソ／真実の境界を曖昧なままに放置しつづけ、そのことによって他者（筆者も含む）との縁は双方向的な理解にもとづくものではない。彼は、向き合う誰かと分かり合うという人間の実存的な欲求を端から放棄しているかのようだ。これは、「常識」的な縁とは異なる縁のあり方であり、言い換えれば、真実＝個人の本質を前提とする近代的な関係構築の発想とは真逆のものだ。サトウさんが他者とつなぐ縁とは、自分および相手がどういう人間であるかを理解し合う前提にたたない縁なのである。サトウさんは、「第二の人生」を生きるにあたって、これまでの他者との縁を捨てると同時に、真正な――真実を前提にした――縁のあり方そのものとも決別したのだ。

付記　二〇一二年三月六日、サトウさんはKさんの家で息を引き取った。深夜、店を閉めて二階にあがると、Kさんはいつものように静かに「寝ていた」サトウさんが呼吸をしていないことに気付いたという。翌日、葬儀・火葬が、サトウさんのキョウダイと子どもたちによってしめやかに行われた。筆者は海外調査中だったため、新潟に暮らすサトウさんの母親は老齢のため、葬儀に参列できなかった。骨太だったサトウさんの遺骨が骨壷に納まらなかったという苦労話を聞いたとき、筆者は死してなお「逃走」しようとするかのようなサトウさんを想像して、苦笑したものである。四十九日の法要は、納骨を兼ねて奥会津で行われ、位牌は長男が保管している。サトウさんのご冥福をお祈りいたします。
かくしてサトウさんは虚実を曖昧にしたままこの世を去った。残された者たちに不明なことは多いが、確かなことは、Kさんとの縁がサトウさんを無縁社会の「悲劇」から救ったということだろう。そして彼の人生を綴った本章が、サトウさんに対する筆者なりの救済／レクイエムとなれば本望である。

注

（1）「ホームレスの自立の支援等に関する特別措置法」（平成一四年法律第一〇五号）によれば、ホームレスは「都市公園、河川、道路、駅舎その他の施設を故なく起居の場所とし、日常生活を営んでいる者」と定義される。この概念はあまりにも狭く、ネットカフェ難民や車上生活者、友人宅への居候者など、多様な現実を反映したものとは言いにくい。本章でいうホームレス的存在者とは、ホームレスの公式的な概念の周辺にいるこれら多様な人々を意味する。

（2）無縁社会は、二〇一〇年一月末に放送されたNHK番組『無縁社会～〝無縁死〟三万二千人の衝撃～』から生まれた言葉である（NHK「無縁社会プロジェクト」取材班 二〇一〇）。なおこの番組では無縁が非常にネガティブなかたちで強調されているが、島田がいみじくも言うように、無縁社会はそもそも日本が自由と豊かさを求めた結果生まれたものであるということに留意すべきだろう（島田 二〇一一）。

（3）当時、サトウさんの弟がいたことは、筆者の記憶からも事実といえる。幼い筆者は、サトウさんの弟がこぐ自転車の荷台に乗せられ、結果的に、ぶらぶらさせていた足が後輪に巻き込まれ、大ケガをした。このトラウマティックな出来事は、強烈な記憶として、筆者に残っている。

（4）正確にいえば、会津田島までは鉄道会社が変わる。東武浅草から新藤原までは東武鉄道（東武動物公園までは東武伊勢崎線／スカイツリーライン、東武動物公園から下今市まで東武日光線、下今市から新藤原まで東武鬼怒川線）となるが、新藤原から（会津高原尾瀬口まで）は別会社、野岩鉄道の会津鬼怒川線に切り替わる。さらに会津高原尾瀬口から会津田島までは、会津鉄道が運営する会津線である。しかし会津鉄道・野岩鉄道・東武鉄道の相互乗り入れによって東武浅草駅から会津田島駅までは直通運転があるため、本章では「終着駅」と表記した。

参考文献

NHK「無縁社会プロジェクト」取材班 二〇一〇『無縁社会――〝無縁死〟三万二千人の衝撃』文藝春秋。
岡本隆子 一九九九「路上に自由を求めて」、宮下忠子編『路上で生きる命の群』随想舎。
風樹茂 二〇〇二『ホームレス人生講座』中公新書。
加藤詩子 二〇〇一『一条さゆりの真実』新潮社。
越谷市教育委員会・社会教育課編 一九八一『わたしたちの郷土 こしがや』（第一集）越谷市。
越谷市制二五年史刊行会編 一九八九年『越谷市25年の歩み』越谷市。
島方恍一 一九七一「人口増減よりみた越谷市の首都圏における位置づけ」越谷市市史編纂室編『越谷市史研究報告（昭和四五年度調査報告）』二七六―二九〇頁、越谷市。

島田裕巳　二〇一一　『人はひとりで死ぬ――「無縁社会」を生きるために』ＮＨＫ出版新書。
ドゥルーズ、ジル、フェリックス・ガタリ　一九九七　『アンチ・オイディプス』市倉宏祐訳、河出書房社。
宮下忠子　一九九九　「路上に生きる女たち」、宮下忠子編『路上で生きる命の群』随想舎。
山本茂　一九七一　「農地転用からみた都市化・工業化の展開（予察）」越谷市市史編纂室編『越谷市史研究報告（昭和四五年度調査報告）』三〇〇―三一〇頁、越谷市。

「家族」という語のない社会の「ひとり」
——パプアニューギニア、テワーダの事例から

田所聖志

「家族」という言葉も「ひとり」という言葉も、人という言葉を思い浮かべながらつぶやけば、どことなく情緒的に聞こえてくる。家族とは夫婦の配偶関係や親子関係、兄弟関係によって成り立つ人間の小集団である、と言ってしまえば無味乾燥であるが、この小集団を構成する人間のあいだに感情的な結びつきがあったり、少なくとも期待されていたりすることも見逃せない。ひとりという言葉も、直接的には一人の人間がいるという物理的現象を意味することになるのだろうが、それが、ほかの人間との関係のなかで暮らす社会的動物である人間の特性からはズレた状態であることも暗に示しうる。

この章では、家族という語に対応する言葉が存在しないパプアニューギニアのテワーダ社会の事例をもとに、どの社会にもあるはずの、ひとりと表現しうる人間の外在的・内在的状況について検討したい。

事例として四人の人物を取りあげた。一人は、四〇歳を過ぎてなお未婚でありながら、親族の相互扶助関係に組み込まれているために、生活の支障がない男性である。一人は、子どもたちとともに暮らす寡婦、一人は、テワーダとは違う言語文化集団出身の男性、最後の一人は、紛争のために村から離れ、妻と子どもたちとだけで暮らすようになった男性の例である。彼らを比較して、テワーダ社会におけるひとりと表現しうる状況の内実を明らかにする(1)。四人の人物の資料を検討することによって分かることは、テワーダ社会におけるひとりという状況の独特のありかたである。それは、テワーダ社会の親族のありかたとも関連している。

1　ひとりという状況

ひとりの語義

まず、日本語で「ひとり」とは、どのような言葉であろうか。ひとりという言葉は、「一人」や「独り」という漢字があてられている。『広辞苑』（第五版）には、次の五つの意味が記載されている。すなわち、「一個の人」「自分だけで、仲間・相手がないさま。また、そのものだけ。そのことだけ」「独身」「人手を借りずにするさま。また、自然になるさま」「ただ単に」という五つの意味である。人間同士の関係について考えるときには、二つ目と三つ目の意味に焦点をあてる必要があるだろう。また、関連した言葉に、「独り者」という言い方がある。こちらは、『広辞苑』によると「自分だけで他に家族のない者。まだ結婚していない人。独身者」と説明されている。日本語のひとりや、それと関連した独り者という言葉には、自分だけで単独で存在すること、また、その状況と結婚関係の有無がかかわっていることを示唆している。

ひとりという言葉は、周りに関係をもつ仲間や相手がいないことから、孤独という意味合いも込められる。また同時に、情緒的な意味を加味されることもある。たとえば、寺山は「ひとり」という短い詩を残している。

いろんなとりがいます／あおいとり／あかいとり／わたりどり／こまどり　むくどり　もず　つぐみ／でも／ぼくがいつまでも／わすれられないのは／ひとり／という名のとりです（寺山　一九八一：一五二）

以上のことから、日本語のひとりという言葉には、①単独、②結婚関係のないこと、③情緒が加味された孤独というような意味という三つの特徴をもつことがうかがえる。本章では、日本語のひとりという言葉を、一つ目の意味、「一個の人」と、二つ目の意味、つまり「自分だけで、仲間・相手がいないさま」という意味、そして、情緒が加味された孤独や孤立という意味の三つの意味がある言葉として、あえてひらがなで「ひとり」と表記したい。ここではさしあたり、ひとりの意味から結婚という制度を切り離して定義しておきたい。

では、ひとりという状況のありようを、どのように捉えることができるのだろうか。人間は、集団で関係をもちながら生存している。そのなかで、個人がある種、単独で存在するような状況が想定できる。たとえば、家族に限らず同居する相手のいない人は、単身者という意味でひとりであると見なせるだろうし、また、結婚という制度に従う人が多い社会では、独身者は、ひとりという状況にいると捉えられるかもしれない。

ここで重要であるのは、ひとりという状況の意味である。それぞれの社会によって異なる言葉の意味に応じて、ひとりという状況のありようも異なっていると考えられる。特に、家族や親族関係の捉え方が異なる地域では、その違いは大きいことが予想される。

家族という語のない社会

一般的に家族とは、夫婦の配偶関係や親子・兄弟などの血縁関係によって結ばれた親族関係を基礎にして成立する小集団を指す（広辞苑第五版）。この小集団は、性、生殖、下位世代の社会化、経済、絆という意味や機能を備えていると考えられることが多いだろう。一方、文化人類学では、集団の形態を表す言葉として、核家族（nuclear family）、複婚家族（composite family）、拡大家族（extended family）が使われる。核家族は、夫婦の配偶関係（conjugal tie）によってつくられ、複婚家族は、配偶者を共有する核家族の集合体であり（一夫多妻の例が多い）、拡大家族は、血縁関係（consanguineal relation）による三世代以上に広がる関係によってつくられる（Nanda and Warms 2011: 204）。これらは、あくまで意味や機能を取り除き、構造として概念化した「家族」という語である（栗田 一九八九参照）。

ニューギニアの社会についていえば、構造としての「家族」は見いだせるものの、意味や機能も備えた「家族」という概念に対応するような言葉も集団もないと言われてきた。たとえば、ニューギニアのキレンゲとヤビオを調査した斉藤は、個人は、村落共同体や土地保有集団など、共住集団を超えた集団に対してアイデンティティをもつなど、「一体感」がかなり広範囲の集団に対して表明されることを指摘し、これら二つの社会が、「『家族』という語がない社会である」としている（斉藤 一九八九）。

私の調査したテワーダ社会の人びとは、自分たちの生活単位や一体感をもつ人間関係の範囲を表現するとき、共通語であるメラネシアン・ピジンのライン（lain）やファミリ（famili）を使う。テワーダの言葉では単に「私たち」（*nankyɨ afae*）や「同じ人」（*afae anɨke*）という言葉があるだけであり、この言葉が文脈に応じて、その範囲の人びとを指すことになる。これらの言葉で表現される人びとの範囲は、性関係や下位世代の社会化、経済活動という集団としての機能の面でも、象徴的な意味で父方親族であれば骨（*yɨnke*）、母方の女性系譜をたどる親族は血（*take*）を共有するとされる点で、民俗的な身体観に由来する感情的な結びつきをもっていることからも、家族的集団であるかのように見える。また、これを「家族」という言葉で訳せるように思われるかもしれない。ファミリとは、文字通り、英語の family を語源とする言葉であるからなおさらである。

だが、これらの言葉で示される関係の範囲は、個人が同居する単位を超え、父方母方双方の親族に広がり、また、状況に応じて示される範囲は広くも狭くもなる。社会集団としての固定的な範囲のない可塑的な人間関係の範囲が、ラインやファミリ、「私たち」、「同じ人」という言葉で表現されている。

またテワーダ社会には、一つの家屋で同居する人間の小集団を指す特定の単語も存在しない（田所 二〇一四b）。この小集団の居住形態は、核家族であることが多く、複婚家族や拡大家族をなす場合もある。そう聞くと、直感的にこの小集団が、なんらかの意味や機能と特定の名辞をもつ単位であると思われるだろう。だが、私の経験では、この小集団を指す言葉は日常会話の中には現れることがなかった。彼らを指すのに使われるのは、あえて表現すれば、「誰それの家屋に住む人びと」（*afae* ×× *winkɨ akinɨ omiyate*）という説明調の言い回しである。××は、その家屋に住む最年長の男性の名前が使われることが多かった。

さらに、テワーダの人びとは、同じ家屋に寝泊まりすることになっていたとしても、一部のメンバーが出作り小屋や別の村に出かけて不在であることが多く、全員がそろうことはあまりない。また、経済活動についても、母親や妻、成長した娘、それぞれが独自に管理する畑を持つという点で、彼らそれぞれが自立した経済的単位となっている。夕方にとられる夕飯はそれぞれの女性がつくるものの、村の中に住む別の家屋の住人もやってきて一緒にとることが多い。一つの家屋に住む人びとは、居住と経済という機能の点で閉じられた単位となっていないのである。また、身体的な結びつきに基づく感情的一体感も、親子関係を越えて親族集団に広がるため、この小集団に閉じられていない。

以上のような、可塑的な集団を指して彼らが用いるラインやファミリ、「私たち」、「同じ人」、「誰それの家屋に住む人びと」は、家族という言葉をあてはめることが困難である。どれも、意味や機能、感情的な一体感の点で、特定の範囲で閉じられた単位ではないからである。このことから、ニューギニア社会研究では次のような見解が示されてきた。一つ目は、父系出自集団を家族と呼ぼうとする考え方である。二つ目は、家族を、自己中心的な関係性の中で自己を基軸とする広がりと捉えようとする考え方である。いずれの単位とも、生活を送るうえでの相互扶助の関係が密であり、感情的な絆が強い集団であるとされている。だが、これらの集団は、他方で、可塑的であり、状況に応じて構成員の範囲を広げたり縮めたりする。その点で、これらの言葉を「家族」と呼ぼうとしても、それらは、あくまで彼らの用いる民俗概念としての集団構成を指すことになり、その内容は、日本や欧米の家族の姿とはほど遠い。

ニューギニアの社会には、感情的な結びつきをもつ集団が、日本や欧米にあるような家族とは異なったありようで存在している。だからこそ、情緒的な意味を込められた孤独や孤立を意味するひとりという状況も、日本や欧米とは異なっていると考えられる。では、このようなニューギニア社会でのひとりという状況は、どのようなものであろうか。まず、テワーダ社会の概況を述べておきたい。

2　テワーダ社会

ニューギニア島の山間部に住むテワーダは、人口六二〇の農耕民である。もともと人びとは熱帯雨林に分散した村に分かれて住んでいた。現在では、一九八二年に政府とキリスト教会の指導によってつくられ始めたカミナクァワ村に移住する人びとも多く、この村は学校や教会、簡易診療所があるなど地域の中心地となっている。生業活動では性別分業がなされており、それは厳格な儀礼的禁忌に取り巻かれている。土地保有権を中軸とした権利や義務などの相続ラインは、理念的には父系が理想とされるものの、実際には共系的である。居住形態は夫方居住をとる夫婦が多い。結婚は、両親同士の取り決めが理想とされる一方、当事者同士の合意による場合もある。婚資は、以前は豚や小動物の燻製とともに、現在は現金での支払いも増えてきている。結婚後の男性を中心として、都市部や沿岸部の大規模農園での契約労働に従事する者も多い。

テワーダにおいて、結婚は人生においてなすべきこととされていた。私が調べた限り、年配男性で結婚歴がないのは一人だけであり、年とった女性で結婚歴のない人はいなかった。もともと、テワーダの男性は、早めに結婚するのを嫌う傾向があった。早く結婚すると、男性は、女性の血に含まれる穢れによる悪影響から健康が損なわれ、早く死んでしまうとされるからであった。近年は恋愛結婚も増加したため、男性の結婚年齢は低下した。だが、恋愛が発覚すると相手方親族から賠償金などの制裁が科されるため、男性にとって恋愛は危険を伴う行為である（田所 二〇〇九）。

また、妻と死別した男性は居住地を変えることなく、亡妻とともに住んだ家屋にひとりで住み続ける。再婚せずにいる男性は少なく、やがては再婚することが望まれている。再婚しないと、女性のすべき生業活動に従事する人手が足りず、社会生活に支障を来すためである。他方、寡婦の場合、亡夫と暮らした家屋に住み続けることはない。彼女たちは、禁忌によって新しい場所へと移ることになる。身を寄せる先は、父方と母方双方に広がる親族関係の縁をたぐり寄せて探し出す。彼女たちは、新しい同居先で他の人びとと共存する生活に入る（田所 二〇〇七）。

テワーダの人びとのあいだでは、親族の相互扶助の関係が発達しており、作物の贈答や畑仕事とかかわる労働交換も密に行われている。寡婦が身を寄せる場所に困らない理由のひとつには、このような相互扶助の関係が発展していることもある。

3　テワーダにおけるひとり

キンギュブ／ヌングブの用法

では、テワーダにおいて、ひとりと表現しうるような状況はどのようなものであるのだろうか。

テワーダには、キンギュブ・オミヤレ（*kinkɨpɨ omiyate*）という言葉がある。この言葉は、字義的には「彼（彼女）だけでいる」や「彼（彼女）だけで暮らしている」という意味である。また、文脈に応じて「ひとりで住む」「ひとりで暮らす」「ひとりで生きる」という意味もある。ここで使われているキンギュブ（*kinkɨpɨ*）とは、「彼（彼女）自身」という意味の三人称単数形の言葉である。また、類する一人称単数形の言葉にヌングブ（*nɨnkɨpɨ*）があり、こちらは「自分自身」と訳せる言葉である。

私がキンギュブ・オミヤレという言葉を知ったのは、一人の男性について知った時であった。その男性は、テワーダでは珍しく、結婚せずに一人だけで生活していた。

事例1　トモ、男性、四〇代

トモは、二〇〇三年には四〇歳代半ばくらいの年齢であった。彼は一〇代の頃に首都に出かけ、長い間暮らし、三〇代の半ばころにテワーダの領域に戻ってきた。以来、彼は村を出ることなく、同じ場所に暮らしている。彼は両親やキョウダイからの結婚に対する期待に対し、次のように語って結婚を拒んでいた。

「私は結婚しないでひとり《ヌングブ》でいるのだ。結婚したら、子どもが生まれて養わなければならなくなる。ひとりだったら、タバコを吸うときも一人分の量だけ採ってきて吸うし、タロイモを食べたくなったら食べたいだけ料理して、自分で全部食べられるじゃないか。妻子がいたら、大きな畑を作らなければならない。ひとりだったら、つくりたいだけの畑を作ればいい。全部自分の好きにしていい」。（二〇〇八年三月）

私が彼の語りのなかで訳したひとりとは、ヌングブという言葉である。一方、トモについて語る男性は、キンギュブという言葉を使っていた。

事例2　トモについての語り

トモは、まだ一〇代の頃にポートモレスビーに出かけて、しばらくの間、一〇年以上かな、働いていた。それからカミナクァワ村に帰ってきて、ずっとひとり《キンギュブ》でいる。彼はよく「結婚したら畑を作らねばならない。私一人だったら料理をしても誰かに分ける必要もない。なんで結婚なんかするんだろう」と言っている。（デニ、三四歳男性。二〇〇八年三月）

しかし、このように暮らしぶりを、ひとりという言葉を使って表現されるトモでも、実際の社会生活の中では、孤立することはなく、兄弟姉妹との相互扶助関係によって生活に困窮しない環境が保たれている。すでに触れたように、テワーダ社会では、親族の相互扶助の関係が発達しているからである。親族のなかでは作物の贈与交換が行われたり、親族の結婚によって必要となった小動物や魚の燻製などの婚資を親族男性全員でまかなったりということが行われていた。トモも、結婚する甥の婚資を集めた際に、カスカス（ニューギニア島に生息する有袋類）を捕って燻製にして甥に渡した。小動物の燻製は、婚資として使われる贈与財である。また、女性の役割とされる作物の植え付けは、母親と姉妹がトモの畑で行っていた。

トモの例を見ると、テワーダ社会には、キンギュブ／ヌングブというひとりと訳しうる言葉で語られながらも、社会的に孤立する者を生じさせないようなしくみが存在するように思える。トモのように年をとってなお未婚であり、多くの男性とは異なる選択をした男性でも、親族関係の中に配置され、そこから排除されることがない。この点を考慮すると、キンギュブ／ヌングブという言葉で語られる状況とは、単に一人暮らしという物理的な状況を意味するだけであるように見える。そのことは、寡婦の例からもうかがえる。次にあげるのは、幼い娘と二人で暮らす寡婦の例である。

事例3　ヤイノ、女性、四〇代

ヤイノは若いときに結婚し、夫婦でカミナクァワ村に移住してきた。そこで二人の子どもをもうけた。夫が亡くなった後、まず弟たちの妻子とともに暮らした。弟が沿岸部の大規模農園に契約労働のために出かけたあと、隣に住む男性との間に子どもが生まれた。だが、彼がヤイノを妻として迎えなかったため、住む場所を変え、母方オジの妻子と暮らすことになった。母方オジがカミナクァワ村から離れた場所に引っ越すことになったので、幼い赤子のいる彼女は、カミナクァワ村にとどまるため、別の弟とともに新しい家屋を造って暮らした。二〇〇七年にこの弟が結婚して妻と暮らすことになったので、「今はここに自分ひとり《ヌングブ》で暮らしている」という。（二〇〇八年三月現在）

彼女も、単身で生活するようになった人物である。彼女も自分について「ここに自分ひとりで暮らしている（*ninki*

topo nɨnkɨpɨ omiatɨ)」と語るときに、ヌングブという言葉を使っていた。生活の一切を自分一人で切り盛りするのは、テワーダ社会では日本以上に困難である。彼女は、弟との相互扶助の関係を保ちながら生活している。だがその交流も、毎日というわけではない。幼い娘と一緒に暮らしているものの、実質的に自分一人で日頃の暮らしをつくらなければならない状況を指して、ヌングブという言葉を使ったのだと考えられる。ヤイノの使うひとりという言葉には、実質的な意味での一人暮らしという意味が込められていた。

ひとりと一人暮らし

だが、キンギュブ／ヌングブという言葉は、ほんとうに一人暮らしという意味だけなのだろうか。テワーダには、日本語の「ひとり」のように、社会的な意味にとどまらない情緒的な意味での孤立や孤独を指すような言葉はないのだろうか。次の事例は、子どもたちと一緒に住みながらも、周囲との距離を感じている男性の例である。

事例4　ジョン、男性、五〇代

ジョンは、テワーダに隣接する言語文化集団であるカメア出身の男性である。彼は、出身地でカトリック教会に所属して布教活動を行うカテキスタになり、一九七二年に初めてテワーダの人びとの村に布教活動のために派遣された。その後もジョンは、テワーダの村に住んで布教活動を続け、一九八三年頃にテワーダの女性と結婚した。翌年に長女が生まれると、数年ごとに子どもが生まれ、五人の子供に恵まれた。ところが、一九八八年頃、ジョンが仕事で村を離れていたとき、妻が別の男性と関係をもった。妻は妊娠し、ジョンのもとを離れて両親の村へ戻った。彼女は、産後の肥立ちが悪く、亡くなった。子どもは死産だった。その後、ジョンは子どもたちを育て、長女は別の村へ嫁いでいった。現在、彼は、村から離れた小学校に就学する次男を除いた三人の子どもたちと暮らしている。ジョンの仕事は、日曜日の礼拝を含めた週三回のキリスト教会での教会活動である。日曜日の礼拝を除くと、平日の礼拝に参加する村人はほとんどいない。

ジョンは、「子どもたちの世話をして、一番下の息子が結婚したら、私は、自分の出身村に帰ろうと思う。子どもたちがいなくなったら、ここには私ひとりだけ（mi wan tasol）になるから」と話していた。

ジョンは、子どもたちと同居しているものの、その生活には孤独な様子もうかがえた。彼はテワーダではなく、カメアの人であるため、私は彼とパプアニューギニアの共通語であるメラネシアン・ピジンを使って会話をしていた。テワーダの人びとは、隣接するカメアの人びとと交易や通婚関係を通じて交流しており、カメア語の十分な運用能力を持つ人が約半数もいる（田所 二〇〇四b）。そのため、ジョンはカメア語で周囲のテワーダの人びとと話す日常生活を送っている。そのため、彼との会話では、キンギュブ／ヌングブというテワーダ語は使われていなかった。ただし、彼が「私一人だけになる」と言ったときに、そこには単に一人暮らしになるという以上の意味が込められていることに注意したい。ジョンの語りには、子どもと一緒に暮らすという環境にありながら、自分の置かれた立場がテワーダのほかの人びとと異なり、距離のあることを意識している様子がうかがえた。

このようなジョンの様子を見ると、居住の物理的状況と個人の心理的状況とを分けて考える必要があるように感じられる。テワーダ語を使わない人物との会話ではあったものの、物理的状況としての一人暮らしと、心理的状況や情緒的感情を含めたひとりという感情がうかがえたからである。では、テワーダの人びとは、テワーダの言葉でそうした心理的状況や情緒的感情をどのように語るのであろうか。

自己表象としてのひとり

次のタニオの事例を見ると、キンギュブという言葉もヌングブという言葉も、単に一人暮らしという物理的環境を指すだけの言葉ではないことがうかがえる。

事例5　タニオ、男性、四〇代

タニオは、ヤイノと関係をもった男性である。ヤイノが子どもを産んだ後、タニオはヤイノの兄弟をはじめとする親族と仲違いをした。二〇〇三年に沿岸部での契約労働から帰ってきたヤイノの弟は、村に帰ってくるとすぐに、子どもが生まれた後も姉と結婚しないタニオを責めてけんかをし、タニオを殴りつけた。タニオの兄と弟の二人は、表だって彼を擁護しなかった。タニオは、妻と二人の子どもを連れて村を出、徒歩で二時間ほど離れたアンカヴェ川の近くの畑に出作り小屋を建て、そこで暮らし始めた。タニオと妻たちは、約一年間、その場にともに暮らしていた。

タニオが村を離れて暮らしているあいだ、村の男性たちが彼について話すとき、「タニオはひとりで《キンギュブ》暮らしている」という表現をしていた。彼は単独で暮らしているのではなく、妻子と仲違いすることなく平穏に暮らしていた。それでも、キンギュブという言葉を使って彼の置かれた状況は表現されていたのである。

一方、タニオが村に帰ってきた後、私は彼に久しぶりに再会して話をする機会があった。短いあいだの立ち話であったけれども、彼は、「川のほとりで、ひとりで《ヌングブ》生活していた」と語っていた。そして、それに続けて、「誰も私のところに来なかった。自分だけであった。久しぶりにあなたの顔を見にこの村にやってきたのだ」と言う。私は、彼に訪問者がいなかったことにとても驚いた。すでに述べたように、テワーダ社会では親族の相互扶助の関係が発達している。そのような状況の中で、約一年ものあいだ訪問者がいなかったという状況は、私はタニオ以外から聞いたことがなかった。

テワーダの人びとのあいだでは、一緒に暮らす人びとの集団を、男性一人を単位として話す傾向がある。私は調査を始めたとき、社会集団の状況を知ろうとして、熱帯林のなかに分散するそれぞれの村で暮らす人びとの数を、まずは聞き取り調査で尋ねていった。そのとき、話者の男性は、たとえば、ある村に五つの家屋に分かれて人びとが住む場合、「その村には男性が五人いる」というように、男性とその妻や子どもなどが一緒に暮らす集団を数えていった。ある場所に、男性とその妻や子どもたちだけで住む場合にも、「彼は彼だけで暮らす《キンギュブ・オミャレ》」という表現がされていたのである。このことからも、機能的かつ感情的結びつきを持った特定の範囲の人びとの集団を表す言葉がテワーダ社会に存在しないことの意味がわかるだろう。

キンギュブという言葉は、男性がほかの男性と物理的に離れた環境の場所で生活している場合、たとえ、妻や子どもたちと一緒に暮らしていたとしても用いられていた。つまり、他者表象としてキンギュブという言葉が使われるときには、「ともに住む人はいるものの、ほかの男性とは離れてひとりで暮らす」というニュアンスで使われている。この場合、どこか変わった者というニュアンスも含まれている。他方、タニオが自分のことについて語るとき、そこには、ほかの男性たちから離れた環境にあることを寂しく思う気持ちが見え隠れしていた。彼は、熱帯林の中で、妻や子どもたちと一緒でも、男性の訪問者がいない状態で暮らしていたことを、ヌングブという言葉を使って表現していた。

すでに述べたように、字義的には、キンギュブという言葉は「彼自身」を意味し、ヌングブという言葉は「自分自身」という意味である。そして、どちらも暮らしぶりを表現するときには、一人暮らしという意味を表す。しかし、他者との社会的関係について触れるとき、キンギュブとヌングブとでは異なった意味合いを与えられる。ヌングブは、孤立や孤独を意味するひとりの状況も含意するからである。すなわち、他者表象であるキンギュブにはない、ひとりという意味が、自己表象であるヌングブには与えられているのである。ただし、この場合のひとりという意味合いは、物理的に一人でいる環境に由来する寂しさや孤立、孤独といった意味とは異なる。ともに暮らす妻や子どもがいたとしても、タニオのように、ほかの訪問者がいない状況の人物が使うとき、ヌングブという言葉については、孤立や孤独というひとりの意味合いをもつからである。

テワーダ社会では、感情的な一体感は、同居する人びとのあいだだけに閉じられておらず、それを越えた親族の範囲に広がっている。そのような広い範囲の親族の中で相互扶助が密に行われている。親族の相互扶助の強い社会だからこそ、男性同士の社会的つながりが薄れた孤立がひとりという状態なのであり、また、妻子と一緒にいても、社会的にも心理的にもひとりという状態が生まれるのである。

5 おわりに

テワーダ社会のように、家族に対応する言葉がないということは、範囲の明確な他の小集団と区別された、感情的絆を特徴とするような小集団がないということでもある。だがその一方で、相互扶助の関係を密接に結ぶ親族関係が存在する。そのため、もともともっている親族の紐帯から完全に離脱させられることはありえない。しかし、結婚しないために、単身で居住したり生業活動を個別に行ったりという、外在的状況としてのひとりは存在する。すなわち一人暮らしという状況である。

一方、ヌングブという言葉を使う個人の語りから、やはり孤独や孤立という意味合いをもつ内在的状況としてのひとりも存在することがうかがえる。そして、それは、妻子と安定した関係を保ちながら暮らしていても生じることがある。家族に対応する言葉がないこと、親族のありかたが異なることは、ひとりという状況の現れかたと関連しているのである。

本章の簡単な検討からさらに考えられることは、「ひとり」という言葉を軸に異なる社会を比較する場合、個人の感情という人間の内面の領域に踏み込まざるをえないということである。個人に内在する心理的状況の検討は、そこから見えた現象がはたして個人に由来するものであるのか、対象社会の人びとが一定程度、共通してもつ特徴であるのか判別が難しいため、困難な作業である。だが、ひとりとは、社会的な関係という個人に外在する他者との関係性という側面と、個人に内在する心理的内面という二つの側面を合わせることのできる概念である。

私は別の場所で、「シングル」を、結婚という制度と切り離して比較しようとして、「個人間の関係のなかで生まれる構造的隙間（structural hole）のなかやそれと接して生きる人びとのことを指す」と定義した（田所 二〇一四a）。こうした人びとは、単独や孤独に陥りやすい状況にある。そのひとつの例として、「もてない」という現象を取りあげて論じてもみた（田所二〇一〇）。

もし「シングル」を上記のように捉えるならば、ひとりという比較の軸を据えることで、単身や未婚という制度によって生まれる個人に外在する状況だけでなく、孤立や孤独という心理的な内在的状況を合わせて、個人の置かれた状況を比較する視点が必要であるように感じられる。「シングル」とかかわる現象は、該当する人びとの内面と密接に関連して存在しているはずなのであるから。

注

（1） テワーダ社会の資料は、二〇〇二〜二〇〇三年、二〇〇八年に収集した。なお、本章では、テワーダ語はイタリック体、パプアニューギニアの共通語であるメラネシアン・ピジンにはアルファベットに下線を付して表記した。

参考文献

栗田博之 一九八九 「民俗生殖理論と家族・親族」、清水昭俊編『家族の自然と文化』九三―一一八頁、弘文堂。

斉藤尚文 一九八九 「『我々は一体だ』――『家族』という語がない社会」、清水昭俊編『家族の自然と文化』一一九―一四五頁、弘文堂。

田所聖志 二〇〇七 「夫を亡くした女が困らないわけ――ニューギニア・テワーダ社会」、椎野若菜編『やもめぐらし――寡婦の文化人類学』一四九―一六三頁、明石書店。

―― 二〇〇九 「セックスをめぐる男性の『不安』――パプアニューギニア・テワーダ社会から」、奥野克巳・竹ノ下祐二・椎野若菜編『セックスの人類学』一〇五―一四〇頁、春風社。

―― 二〇一〇 「ニューギニアの『もてない男』」、椎野若菜編『「シングル」で生きる――人類学者のフィールドから』三五―五〇頁、御茶の水書房。

―― 二〇一四a 「『もてない』と『もて社会』――ニューギニア男性の民族誌から」、椎野若菜編『境界を生きるシングルたち』一〇九―一二五頁、人文書院。

―― 二〇一四b 『秩序の構造――ニューギニア山地民における人間関係の社会人類学』東京大学出版会。

寺山修司 一九八一 「ひとり」『寺山修司少女詩集』一五二頁、角川文庫。

Nanda, S. and Warms, R. L. 2011. *Cultural Anthropology*, 10th edition. Belmont: Wardsworth.

モルギーさんは女神になるのか

——北インド農村における「シングル」と女神信仰

八木祐子

1　いなくなったモルギーさん

本章では、北インド農村において、「シングル」女性がどのように認識されているのかを、離婚、寡婦、未婚という三つのタイプをとりあげ、身体とセクシュアリティの観点や女神信仰との関わりから考えていく[1]。最初にとりあげたいのは、離婚して実家に戻ってきた「シングル」女性、モルギーさんである[2]。モルギーさんは、私が一九八〇年代初め頃から調査を続けている北インドの村に住んでいた。私の調査地は、ウッタル・プラデーシュ（*Uttar Pradeś*）州の東部のアザムガル県（*Azamgarh* District）にある。ガンジス河の沐浴風景で有名な聖地ワーラーナスィー（*Vārāṇasī*：ベナレス）から、車で四、五時間もかかる田舎の農村である。主要な産業は農業で、コメとコムギ、オオムギ、マメ類をつくり、とくに、サトウキビからつくった黒砂糖を市場で売って現金収入を得ている。

調査地の住民は、ほとんどがヒンドゥー（*Hindū*）教徒であり、浄・不浄の宗教的ランキングにもとづいたカースト・システムに属している。とくに、私が調査対象としている人々は中間カーストのヤーダブ（*Yādav*）で、伝統的には牛乳の販売や牛飼いを職業として、現在は農業に従事しているものが多い。ヤーダブは、この地域で支配的な地位を占めている地主層のタークル（*Thākur*）につづき、独立後、社会・経済的に主要な位置を占めるようになった。アザムガル県のなかでも、私が滞在して調査を主におこなっているのが、S村である。S村には、約四〇〇人の人々が住み、その多くはヤーダブとチャマール（*Chamār*）である。チャマールは皮革処理を伝統的な職業としているが、現在では、

写真1　モルギーさんの家族とつくりかけの祠

ほとんどが小作農に従事している。女性は、産婆の仕事をおこなっている者もいる。

本章の主人公であるモルギーさんは、ヤーダブの三〇代半ばの女性で、S村が実家だった。モルギーさんとは、本名でなく、あだ名だ。ヒンディー語で、雄鶏のことをムルガー、雌鶏のことをムルギーという。以前、モルギーさんの家で鶏を飼っていたことや、モルギーさんが、気が強くて何でも言い返し、鶏みたいにけたたましいということで、雌の鶏を意味するムルギーがちょっとなまって、モルギーとあだ名でよばれるようになった。モルギーさんは、非常にパワフルな女性で、夫の暴力に耐えかね、嫁ぎ先から飛び出すようにして実家に戻ってきた。彼女は、S村の識字学級で数年教えたあと、ワーラーナスィーのNGOで働きはじめていた。

ところがある日、私は、思いがけないニュースをきくことになった。隣の家のお嫁さんに「最近、モルギーさん、見ないけど、どうしてるの」と何気なくたずねたところ、「ユーコに言わなかったっけ？　彼女、亡くなっちゃったのよ」という返事が返ってきたのだ。私は、おどろいて聞き返した。「いつ？　何で、どうして？」怪我をしたとはきいていたが、すっかり治って、元気に働いているとばかり思っていた。「去年、足を骨折して、その怪我がもとでね」という答えが返ってきた。

私は気になったので、思い切って、モルギーさんの家を訪ねた。モルギーさんが熱心に祈っていた祭壇がまだそこにあった。彼女の家は、ドゥルガー・マーイー（*Durgā Māī*）という女神の信者だった。以前、モルギーさんの家を訪ねたら、ドゥルガー・マーイーの祠《ほこら》が古びて壊れてきたので、新たにコンクリートで祠を建てなおそうとしていたところだった。

ドゥルガー・マーイーの祠を見にいくと、コンクリートの祠の中は、ヤギの糞だらけだった。祠を建てなおすのに、一番、熱心だったモルギーさんが亡くなったので、ほったらかしにされているらしい。家族にきくと、モルギーさんの女神像をつくるという話もあるようだ。調査地の村で、女性が亡くなって女神になるという話をきいたことがある。チャマリヤー・マーイー（*Chamriyā Māī*）という女神がその典型だ。チャマール・カーストの女性が亡くなって、チャマリヤー・マーイーになったとされ、かなり怒りっぽい女神だと言われている。

モルギーさんは、私が数年前に会ったときは、とても元気そうだったのだが、亡くなったのには驚いてしまった。確かにモルギーさんは非常にパワフルだったが、それにしても、モルギーさんの像をつくる話はどこから出てきたのだろうか。

2　調査地の女神たち

村の女神

ここで、調査地の女神信仰を紹介しておこう。大きく分けて村落全体の守り神と、親族（リネージ）の女神、個人で祀る女神がある。村の守り神はディー・バーバー（*Dih Bābā*）という男性神だが、祠がつくられている。それと並んで、カーリー・マーイー（*Kālī Māī*）という女神が信仰されている。ディー・バーバーは、村の王様ともいわれるが、村人たちはカーリー・マーイーのほうがディー・バーバーよりも力があると信じている。ディー・バーバーのそばには、ディー・バーバーの妻で相談相手であるデフライン・マーイー（*Dehurain Māī*）の小さな祠がある。ディーワーリーやホーリーなど村の大きな祭り(3)では祠にランプを灯してお参りし、結婚式のさいには、必ず、結婚の報告をする。病気や災いをもたらす悪霊が村に侵入してくるときには、カーリー・マーイーやディー・バーバーに相談をするという。そのため、日頃、きちんとお参りしていれば村に災いが起こらず、不十分であれば、病気や災いが村内に広がるというわけだ。

写真2　カーリー・マーイーを拝むお嫁さん

リネージの女神

先ほどのべたドゥルガー・マーイーやバワニー・マーイー（*Bhavanī Māī*）は、特定の父系（リネージ）の守り神となる女神である。これらの女神はいずれも定期的に祀りがなされる。ドゥルガー・マーイーは、ニーム（*nīm*：インドセンダン）の木に宿る女神であり、ニームの根元にレンガで祠がつくられている。S村の南の方に住むヤーダブの六家族の守護神として祀られており、一年に一度、これらの家族が、ダール（*dhār*：丁子やウコンをとかした水）をニームの木の根元にかけ、プーリー（*pūrī*：小麦粉でつくった揚げパン）を供え、家族の健康と長命を祈る。大きな祭りのときには、祠にランプをともす。バワニー・マーイーも、ニームの木に宿る女神だが、ヤーダブの一三家族の守り神として祀られている。これらの家族が、やはり年に一度、ダールやプーリーを供える。守り神となる女神は、約束の礼拝をすぐにおこない、定期的に供え物を欠かさなければ、人々を災厄から守る神として働くが、約束が果たされなかったり、きちんと礼拝がおこなわれなかったりすると罰を与えるなど、両義的な性格をもつ。

モルギーさんの一家もドゥルガー・マーイーを祀り、信仰していたが、とくに、モルギーさんは、自分専用の祭壇をつくり、さまざまな女神とともに、ドゥルガー・マーイーに、毎朝、花を供え、線香をささげて、熱心に祈っていた。

七姉妹

個人のレベルで信仰している女神として、七姉妹（*sāt bahinī*）とよばれる女神たちの一群がある。これらの女神たちは、きちんと祠がつくられて祀られているわけではなく、赤い花や白い花に宿るといわれ、七姉妹とされる女神の組み合わせも人によって違い多様である。たとえば、フールマティー・デーヴィー（*Phūlmatī Devī*）という女神は、ジャスミン（*adaul*）、バラ（*gulab*）、マリーゴールド（*gedā*）といった赤い花に住み、発熱、頭痛や腹痛をひきおこすという。この女神がひき起こす病にかかった場合には、怒りを鎮める効果のあるガラスマメ（*khesarī*）などの青い花とダールをそなえる。ジャルパー・マーイー（*Jalpā Māī*）という女神に憑依されると、気を失ってうわごとを言う。この場合も、怒りを鎮める効果のある青い花を供えると良くなる。他にも、動物を殺すといわれるマルカー・マーイー（*Markā Māī*）や、東西南北の方角に関わるというチャウサッティー・マーイー（*Chausattī Māī*）などが七姉妹として信じられている

(八木 一九九八)。

この七姉妹のうち、中心的な女神としてあげられるのが、バガワティー・マーイーやチャマリヤ・マーイーという女神である。他の地域では、シータラー(*Sītalā*)とよばれることもあり、調査地でも同一視している人もいるが、シータラー・マーイー(*Sītalā Māī*)とよんで区別している人もいる(Freed and Freed 1962)。

調査地で、もっとも怖れられている病気は、コレラ、赤痢などの伝染病、なかでも天然痘である。天然痘については、すでに絶滅宣言がインドでも出されているが、水疱瘡やはしかなど、高熱を発し疱瘡やできものができる病気は、バガワティー・マーイー、シータラー・マーイー、チャマリヤ・マーイーなどの女神が人間に憑依して起こると考えられている。現在では、西洋の医薬も村落で普及しているが、これらの女神がひき起こすと信じられている病気に関しては伝統的な治療法がおこなわれる。

村落では、毎年、ヒンドゥー暦のチャイト月(*cait*:三~四月)およびクアール月(*kuār*:九~一〇月)に、既婚女性が七姉妹の女神に対する儀礼をおこなう。夕方から、既婚女性は断食し、翌朝、沐浴して儀礼をおこなう。午前中、十数軒の家の既婚女性が、畑のそばに調理道具をもって集まる。まず、プーリーと、黒砂糖と小麦粉を熱して混ぜたラプシー(*lapsī*)という食べ物をつくる。ついで、ジャスミン、ウコン、ニームの葉、黒砂糖と水を入れて混ぜ、ダールをつくる。いずれも七姉妹の好物といわれている。

用意がととのうと、女性たちは畑の方を向いて一列にならんですわる。それぞれ、線香を七本立てて火をつけ、ラプシーを塗ったプーリーを七つ地面に置く。小さな壷から、ダールを地面にこぼし、家族の長命や家畜が病気しないように祈る。この一連の行為を、七姉妹の女神それぞれの名前を入れて、七回繰り返し、唱える(4)。女性たちは、お下がりのプーリーとラプシーを食べ、家に戻る。このときに、女神を讃える歌をうたうこともある。

調査地の村落には、バガワティー・マーイーの祠はつくられていないが、調査地から南西方向に五〇キロほど離れたミルザプール地区のヴィンディヤチャル(*Vindhyachal*)にヴィンデヤヴァーシニー(*Vindhyavāsinī*)という女神を祀った寺院があり、調査地の村人は、バガワティー・マーイーとこの女神を同一視している。そのために、バガワティー・マーイーのことをヴィンディヤチャル・マーイー(*Vindhyachal Māī*)ともよんでいる。村の人々は、例年、天然痘が流行する直前の乾期に、この寺院に巡礼に出かける。また、子どもの髪を初めて剃るムンダン（*Mundan*）儀礼も、このヴィンディヤチャルでおこなわれ、子どもが病気にならないように祈って、女神に子どもの髪をささげる。[5]

3　女神信仰の特徴

ヒンドゥー教の女神信仰には、既婚と未婚の女神に分けられるという男性神にはみられない特徴がある。既婚の女神には、シーターやラクシュミー型と、ドゥルガーやカーリー型の女神がある。前者は、セクシュアリティのコントロールを男性に移譲し、豊饒で慈悲深い存在として、夫に献身的な家庭の繁栄に奉仕する女神であり、とくに、『ラーマーヤナ』の物語で知られるシーターは、貞淑な妻として女性の理想像のように語られる。後者は、村に豊饒をもたらす存在であるとともに、村をおびやかす存在として両義性をもつ（Kinsley 1986; Wadley 1975）。調査地の村人は、カーリー・マーイーやドゥルガー・マーイーなどを、既婚の女神として認識している。

一方で、未婚の女神は、力強くて危険な性質をもつとされ、バガワティー・マーイーやチャマリヤー・マーイーなど七姉妹が、これにあたる。[6]ケララ州で調査したコルドウェルもまた、バガワティー女神は処女であると認識され、未婚の女性の性的な奔放さと強欲さのイメージが女神と結びつき、その怖さを強化していることを指摘している（Caldwell 1996: 207-211）。

未婚の女神、つまり「シングル」の女神の特徴は、「熱い」女神であるということだ。調査地では、人間の身体について「熱」（*garam*）・「冷」（*thandā*）の認識がある。気性についても同様で、怒りっぽい人は「熱い」とか、おとなしい人は「冷たい」と言われることがある。なかには、アメリカはいつも戦争するから「熱い」、日本は戦争をせず、平和な国だから「冷たい」と言う村人もいる。モルギーさんは気が強く、何でも言い返すので、「熱い」性格だとされ、気性が激しく、怒りっぽいところから、ふだんから七姉妹のようだと言われていた。

女性についてはとくに、ライフ・サイクルに応じて、「熱い」・「冷たい」に関する認識が強調される。例えば、女性の身体は成熟するにつれ、「熱い」状態になり、月経が始まり、妊娠するという。この「熱さ」は、セクシュアリティと関わっており、性的に成熟した女性は子供を産むために十分な「熱さ」が必要とされる。不妊の女性は、子どもをつくりだす力が不足しており、「冷たい」状態であるということになる。出産直後の女性は、熱い子どもと熱い血液が身体から出たため、身体が冷たくなるので、トウガラシ、粗糖、ターメリックなどを混ぜたものや香辛料の入った紅茶などの「熱い」食べ物や飲み物をとることがすすめられる。

また、父親は、娘の初潮が始まるまえに結婚させるべきであると考えられている。初潮が始まり、身体が成熟し、「熱さ」が過剰になっているのに、その「熱さ」を放りだしたままにしておくのは、社会にとって非常に危険であるといわれるためだ。このように、男性と比べて女性はライフ・サイクルの変化と、身体やセクシュアリティが過剰に関連づけられている（八木　一九九九：四一二）。

女神もまた、「熱」・「冷」の観念と関わって語られる。なかでも、天然痘をひき起こすといわれる女神については、この観念がとくに強調される。天然痘の主だった症状は、高熱であり、そのため、天然痘の女神は非常に「熱い」女神であるという。天然痘は、この「熱い」女神が憑依することで生じると考えられている。

写真3　息を吹きかけて子どもたちに憑いた悪霊のお祓いをするソーカ

バガワティー・マーイーなど七姉妹の女神が起こす病気にかかったときは、熱をさますために身体を冷やす治療法をおこなう。初期の段階では、マントラ（呪文）を唱えながらニームの枝で患者の顔に触れたり、冷水をかけたりする。ニームは浄化したり、身体を冷やしたりするのに効果があるといわれている。症状がすすんで膿疱があらわれた場合には、冷たい水の入った壺をベッドの下に置き、患者を沐浴させる。症状が重くなると、ソーカ（*soka*）という呪術師を呼んで治療をおこなう。病気になった者には、ヨーグルトや果物類など「冷たい」食べ物を食べさせ、香辛料、魚、肉類など「熱い」食べ物は避けなければならない。このように、「熱い」女神を繰り返し「冷やす」治療が試みられる。

赤い花に住むフルマティー・デーヴィーやジャルパー・マー

イーが憑依したとき、青い花を供えることにより、怒りを静めるというのも、赤い色が熱さや怒りと結びつき、青い色は鎮めや冷たさと結びつくからだ。ここにも女神の身体のイメージと「熱」・「冷」の観念の関わりがみられ、とくに、七姉妹をはじめとする未婚の女神が「熱い」女神として認識されていることが分かる。

一方で、カーリー・マーイーやドゥルガー・マーイーは、結婚して「熱さ」が減少した既婚女性と同じく、サリーフ（静かな）・シャクティをもち、「冷たい」女神として考えられ、おだやかな性格であり、それほど怖れる必要はないという。病気をもたらすというより、むしろ、村や女神を崇拝する人々を危険から守り、繁栄に導く守護神的存在と考えられている。

4 「シングル」とシャクティ

モルギーさんは、よく「シャクティが多い（*Śakti zyādā*）」と言われていた。シャクティとは、宇宙を動かす創造的力、エネルギーであり女性原理、男性の配偶神としての女神あるいは自律した女神の姿をとってあらわれる。神々と同じく、人間もまたシャクティをもつ。男性も女性も個人の属性として、シャクティをもつが、女性は宇宙の原初的エネルギーであるシャクティを体現している（Reynolds 1980; Wadley 1975）。

調査地の人々は、シャクティとは生命を生みだす力であり、男性より女性、男神より女神のほうがシャクティが強いと認識している。男性の場合は、自分でセクシュアリティをコントロールできる存在であるとされ、「熱さ」が過剰になることはない。反対に女性は、シャクティが多いため、「熱さ」が過剰になりがちであり、性欲が強く、男性を誘惑させる存在であるといわれている。したがって、女性は、結婚することによって男性の管理下におかれ、そのセクシュアリティは適切にコントロールされなければならない。女性は、彼女のもつ生のエネルギー、シャクティのベクトルを家族やリネージの繁栄の方向に向けることが期待される。もともと「熱い」性格で知られたモルギーさんは、一度は、結婚したものの、離婚して以降は独り身だったので、とくにシャクティが多いと考えられていた。

「シングル」の女性と関わって、特別、シャクティが多いと考えられているのが、夫と死別した若い寡婦《かふ》である。一〇年ほど前に、調査地において、上位カーストであるタークルの若い寡婦が、自分よりカーストの低いヤーダブの男性と恋におち、たびたび男性の家を訪れる彼女をめぐって一騒動が起きたことがあった（八木　二〇〇三）。騒動の原因は、二人のカーストが異なり、女性のカーストのほうが上だったという問題もあるが、当該の三〇代前半の女性が、寡婦に期待されている「伝統的」な規範からはずれた行動をとったことが大きいと考えられる。ヤーダブの男性の家では、年配のお嫁さんたちが、相当、腹を立てて、彼女を男性の家から追いだしてしまった。

調査地において、寡婦は、共同体から「凶なる女性」として規定されている。家族やリネージの繁栄をもたらすものが「吉」とされ、反対に家族やリネージに災いをもたらすものが「凶」とされるためだ。結婚して夫や子供がいる女性は、「吉なる女性（*maṅgalāmī sumaṅgalī*）」とよばれ、結婚式やブラタ儀礼とよばれる夫や子どもの長生きを願う儀礼のさいには、積極的に役割を果たす。「吉なる女性」のなかには、妊娠中の女性も含まれる。また、月経中の女性は、汚い血液がでるために不浄とみなされるが、一方で月経は子孫の存続につながり、吉であるとされる。子供を産むことができず、家の繁栄へとつながらない寡婦や不妊の女性は「凶なる女性」とみなされる（八木　一九九一）。とくに、夫を亡くした女性は「凶なる女性」とされ、腕輪などの装飾品をはずし、白いサリーを着て、家にこもって静かに暮らし、結婚式のようなめでたい儀礼には参加しないものとされた。でかけるときに、「凶なる女性」を見ると、仕事がうまくいかないとされ、出かけなおすこともあった。また、アウト・カーストであるチャマールの女性が産婆の仕事のため、一人で他村に出かけるのに対し、タークルのような上位カーストの女性は、一人で外出してはならないという行動規制が強い。ところが、先ほどのタークルの若い寡婦は、白いサリーでなく色柄物のサリーを着て、他の村で生活し、寡婦は参加してはならないとされる結婚式にも参加し、吉なる歌をうたった。求められてきた寡婦像からの逸脱が、年配の女性たちに反発をもたらしたのだ。

さらに興味深いのは、彼女の行動様式や身体所作をめぐる反応である。当該の寡婦は、ワーラーナスィーに住んでいたことがあり、都市的な生活を経験していた。当時の農村の女性としては珍しく、時計を腕にはめて、新聞を読み、歯ブラシを使った。嫁は、嫁ぎ先で、自分より年長の男性の前では、サリーの端で顔を隠すのが求められるのに、彼女は隠さなかった。また、姻戚関係でもなく、カーストも村も異なる大人の男女が、チャール・パーイー（ロープで編んだ寝台）に隣り合ってすわり、親しげに話す様子やオートバイに乗って二人で出かける光景は、身体距離の近さが性的な関係を想い起こさせるためか、年配の女性たちから大きな非難を受けた。もっとも、この話は、二〇〇〇年代初めの話であり、今では、寡婦のなかにも、色柄物のサリーを着て、祭りにも参加する人々がいる時代に変わるなど、現在はジェンダーをめぐる関係性も行動規範も異なってきているので、一概にはいえないが、シングル女性へのまなざしを理解する一助にはなるだろう（八木 二〇〇七）。

若くして夫を亡くした寡婦のシングル女性は、セクシュアリティの管理をする者がいなくなり、シャクティが多く、「熱い」身体をもち、社会にとって危険な存在だ。そのため、熱くならないように、ヨーグルトや牛乳などの白い食べ物や飲み物を摂《と》って身体を冷やし、家にこもって外に出ないようにつとめるべきだとされていた。シングルの男性は、すぐに再婚相手がみつけられるが、女性の場合は、夫を死なせた「凶なる存在」であるため、なかなか相手をみつけるのが難しい。上位カーストの女性では再婚禁止の場合もある。

では、離婚したシングルの女性は、どうなのだろうか。九〇年代半ばまでは、男性側から不妊を理由に離婚することはあったが、女性側からの離婚はほとんど認められなかった。農村での結婚は、ヒンドゥー教の宗教婚であり、コート・マリッジ（法律婚）は、まだ村落では一般的でないので、死別はあっても離婚は想定されていない。だが、近年では、女性側からの離婚も増えてきた。モルギーさんもその例だ。お酒を飲んで暴力をふるう夫のもとを飛び出してきた女性で、結果的に「シングル」になった。三〇代の女性は、まだシャクティが多く、再婚する必要があるという。モルギーさんが亡くなるまえ、モルギーさん自身はまったく望んでいなかったが、このままではよくないと、周囲の人は、再婚をすすめようとしていたようだ。

5 「シングル」と女神

マヤヴァティ・デーヴィー

調査地では、もう一人、女神像をつくるという話がもちあがっている女性がいる。マヤヴァティだ。マヤヴァティは、大衆社会党（Bhārat Janata Party）という政党の女性党首である。[7] 大衆社会党は、ダリッドとよばれるアウト・カーストの人々の政党で、マヤヴァティとカンシーラームによって立ち上げられた。マヤヴァティは、ウッタル・プラデーシュ州西部の農村出身で、チャマール・カーストに属しており、子どものころは貧しかったらしい。もともと小学校の教員をしていたが、ある集会で閣僚を糾弾して名をあげた。ウッタル・プラデーシュ州の州首相も四期つとめている。現在、五〇代半ばであるが、カリスマ性があり、ダリッドの人々、とくに女性のあいだでは抜群の人気を誇る。一方、中間や上位カーストからは、汚職や腐敗にまみれた政治をおこなっていると批判されている。

マヤヴァティは、独身の「シングル」であり、一度も結婚したことがない。だから、人々から「シャクティが多い」と怖れられている。ダリッドの人々にとっては、チャマリヤ・マーイーのような強力な力をもっているから、女神のようなものだとされ、あがめられている。マヤヴァティは、ウッタル・プラデーシュ州の州都であるラックノウに、アンベードカル博士記念公園をつくり、そこに、ダリッドの父とよばれるアンベードカル博士や大衆社会党の創設者であるカンシーラームの像の他に、自分の像も建てた。アーベンドカル博士は、インドの初代法務大臣で憲法をつくり、ダリッドの地位向上に努めた人物だ。ダリッドの人々のなかには、アンベードカル博士やカンシーラームの像は拝んでいないが、マヤヴァティの像は、「マヤヴァティ・デーヴィー（マヤヴァティ女神様）」だとして拝んでいる人も多い。

S村のチャマールのあいだでも、マヤヴァティの像をつくろうという話がすすんでいる。以前、チャマリヤ・マーイーの女神像の祠を新しくする計画があったが、モンスーンの嵐で大木が倒れ壊れてしまったので、その代わりにつくりたいというのだ。チャマリヤ・マーイーは、チャマール・カーストの女性が亡くなって女神になったといわれていることから、チャマールの人々は、チャマール・マーイーを自分たちのカーストの守り神だと考えている。チャマリヤ・マーイーは「熱い」女神とされるが、独身で、シャクティが強いチャマール女性であるマヤヴァティを女神として拝めば、御利益があると考えているようだ。マヤヴァティは五〇代で、若い頃に比べてシャクティは減少しているものの、未婚なので、結婚し子どもを産んだ女性よりもシャクティは多いという。非常にパワフルに活動するマヤヴァティをチャマリヤ・マーイーと重ねているところがあるようだ。[8]

モルギー・デーヴィー

では、ひるがえって、モルギーさんは女神になれるだろうか。調査地においては、不慮の死をとげた人の霊や精霊に対する信仰も根強い。たとえば、調査地の村の北側にある広場に、大きなマンゴーの大木があるが、そこには、ウッタル・バーバー（「北」のおじいさんの意味）という精霊が住んでおり、不慮の事故で亡くなった男性が精霊になったといわれている。ふだんからきちんと祀りをしておかないと、ウッタル・バーバーの住む広場へバッファローなどの家畜を放牧に連れていったとき、病気になることがあるという。また、結婚式の民族歌謡において、「サソリに刺されて亡くなった人、水に溺れて亡くなった人、今日は結婚式に招待します」とうたわれる。不慮の死で亡くなった人たちが、人生で一番美しい時にある花嫁と花婿に悪いことをしないように、結婚式に招待し、コメなどを供える。このような不慮の死で亡くなった人々は、ヒンドゥーの正式な火葬ではなく、土葬で葬式をとりおこなう。妊娠したまま亡くなったり、出産で亡くなったりした女性も正式な葬法ではなく、土葬にされるが、なかには、この世に未練を残し、ブートという悪霊になることもあるという。

モルギーさんは、突然の死というほどではなく、足を骨折して治療中だった。そこから一ヶ月たたずに亡くなったので、村の人たちは驚いていた。NGOで自分の生きがいとなる場所をみつけ、生き生きと働いていたモルギーさんが、この世に思いを残しているのではないかと、村人たちには考えられているようだ。私も、モルギーさんが、お金を貯めて村に戻ったら、パンチャヤートという村落議会の議員として立候補するのだと張り切っているのを見ていた。モルギーさんは、他の人にも、村落議会の三分の一が女性枠になっているので、立候補したら当選するかもしれないと話していたようだ。

それにしても、なぜ、精霊ではなく、女神になるとか、あるいは女神像をつくるという話になったのだろうか。その要因として考えられるのは、彼女の家がドゥルガー・マーイーというリネージの女神を祀る一家だったことである。また、村の複数の女性が、モルギーさんを何度も夢でみたことと関わっているようだ。以前に比べて薄れたとはいえ、年配の女性たちのあいだでは、女神への信仰は篤く、彼女たちの夢にも女神がよくあらわれる（八木 一九九八）。モルギーさんは、ドゥルガー・マーイーと一緒に夢にあらわれたという。ドゥルガー・マーイーを守り神とする五〇代の女性は、「モルギーさんは赤いサリーを着て、ドゥルガー・マーイーの隣にすわっていました。ドゥルガー・マーイーは、私にモルギーさんの女神（モルギー・デーヴィー）像をつくるように言いました」と語った。

調査地において、何か病気や事故など災いが起こりそうなとき、危険なときには、女神が夢にあらわれて、前もって知らせることがあるという。ヤーダブの六〇代の女性は、「以前、カルカッタに住んでいたとき、ドゥルガー・マーイーが夢にあらわれて、あなたの義理のお母さんが怪我したので、早く帰って世話をしなさいと言いました。数日後に手紙が届いて、義理の母が本当に怪我をしたのがわかって、あわてて村に戻りました」と語った。人々が願い事をしてそれが女神によってかなえられたとき、供え物をして御礼をするが、それが遅れたり、リネージの守り神以外の女神を最初に礼拝したりすると、夢にあらわれて警告をするともいう。

夢にあらわれる女神たちの姿は、サリーを着た人間の女性に擬せられている。先にも述べたように、バガワティー・マーイーをはじめとする七姉妹は、夢にあらわれて、警告を与えるだけでなく、天然痘などの病気をひき起こし、個人だけでなく、村全体にその影響が及ぶ力をもった女神であると信じられている。

二〇一二年のヴァイサーク月（*Vaisākh*：四～五月頃）のことです。村で身体にブツブツができる病気がはやって、たくさんの人が病気になって寝こみました。最初に、村の守り神であるカーリー・マーイーの祠に集まって、みんなでお供えをして祈りましたが治りませんでした。私の家はドゥルガー・マーイーを祀っているので、ドゥルガー・マーイーに祈りましたが、それでも病気は良くなりませんでした。あとで、私の夢に、バガワティー・マーイーがお嫁さんの姿であらわれました。隣の家のおばあさんの夢にもバガワティー・マーイーがあらわれました。これはバガワティー・マーイーが怒っているのだと思って、ソーカに頼んで、女神に供え物をして病気をとりのぞいてもらったら、良くなりました。

モルギーさんが、自分たちのリネージの守り神であるドゥルガー・マーイーと一緒に夢にあらわれたことが、女神像をつくろうという話になったようだが、その背景には、シャクティが強いまま、「シングル」の女性が、不慮の死でなくなったときに、何かを村にひき起こすかもしれないという人々の不安があるのではないだろうか。モルギーさん自身、怒りっぽく、「熱い」女神のようだと言われていたこともあるだろう。

実は、まだ、モルギーさんの女神像はつくられていない。ドゥルガー・マーイーを祀る家族たちのなかでも意見は分かれており、モルギーさんの夢をみた女性たちは、ドゥルガー・マーイーがモルギーさんの像をつくるように言ったと主張し、一方、リネージの守り神の女神としてドゥルガー・マーイーがいるから十分だという人々もいる。さらにややこしいことに、ドゥルガー・マーイーを守り神とする家族の男性が数年前から呪術師となっており、「結婚しているドゥルガー・マーイーよりも未婚のバガワティー・マーイーのほうがシャクティが大変強いので力がある。自分は、ドゥルガー・マーイーを祀るのをやめて、バガワティー・マーイーを祀る」と言いだした。モルギーさんがドゥルガー・マーイーと夢にあらわれたとしても自分には関係ないという。(9) モルギーさんは、はたして女神として祀られるのだろうか。

6 「女神」の行方

本章では、インドの農村社会における「シングル」女性の身体や女神信仰と関わって、離婚したモルギーさん、寡婦となった女性、未婚のマヤヴァティという三つのタイプの「シングル」女性をみてきた。既婚女性が、夫にセクシュリティをコントロールされ、シャクティが減少した状態にあるのにくらべ、とりあげた「シングル」女性たちはいずれもシャクティが多く、「熱い」身体をもつと認識されている。

モルギーさんは、離婚した「シングル」なので、未婚の「シングル」よりもシャクティは多くないという。また、夫を亡くしているわけではないので「凶なる女性」ではないが、子どもを産んだ経験もなかったので、「吉なる女性」にも分類されない。マヤヴァティは、未婚の「シングル」であり、年齢を重ねた分シャクティは減っているが、カリスマ性をもっており、人々に怖れられている存在である。今なお、村落においては未婚のシングル女性はめったにいない。ほぼ一〇〇%近く結婚することが求められるインドの村人にとって、マヤヴァティは非常に珍しい存在なのだ。マヤヴァティに比べると、モルギーさんは「女神」として信仰されるには中途半端な存在なのだ。

村落社会が変化するなかで、人々の不安をすくいとるように、女神信仰が再び盛んになっている。調査地の村落では、個人の家で、チャマリヤ・マーイーやバガワティー・マーイーの女神を祀る祠をつくる動きがあいついでいる。よりパワーがあり御利益のありそうな「熱い」女神を信仰する動きとも関わっているのではないだろうか。

モルギーさんは、ドゥルガー・マーイーという穏やかな女神と一緒に夢にあらわれたので、もう一歩説得力が弱いようだ。もし、バガワティー・マーイーという、シャクティが多く、「熱い」女神と一緒に夢にあらわれると、ご利益のある女神として祀られる可能性は増すかもしれない。

北インドの調査地においては、女性のセクシュアリティが強烈に意識され、それをうまくコントロールしないと無秩序と混乱をもたらす危険な存在となり、コントロールされれば、繁栄をもたらす望ましい存在であると認識されている。「シングル」女性は、父系制のヒンドゥー社会においては、セクシュアリティがきちんとコントロールされない厄介な存在なのだ。また、モルギーさんやマヤヴァティのようにシングルを選択した女性や、伝統的にふるまわず熱さをもてあます寡婦が少しずつあらわれていることも、社会に対してさまざまな波紋を呼び起こしている。

調査地の農村社会では、この一〇数年ほどで価値観が大きく変化しつつあるとはいえ、男性に比べて、女性の身体やセクシュアリティが今なお過剰に意味づけられることが、「シングル」女性へのまなざしに大きな影響を与えているのは間違いないだろう。モルギーさんは、亡くなってなおどこへ行くのか、その行方が気になるところである。

注

（1）女神信仰と女性の身体やセクシュアリティをめぐる議論については、バブ（Babb 1975）、ガトウッド（Gatwood 1985）、マルグリン（Marglin 1985）、田中（一九九六）、八木（一九九八）の研究を参照のこと。

（2）モルギーさんの人生について、詳しくは八木（二〇一〇）を参照のこと。

（3）ディーワーリーは、カルティーク月（*Kartik*：一〇〜一一月）の新月におこなわれる祭りで、富の女神ラクシュミー女神と、始まりを祝福し障害を払うガネーシャ神に礼拝をおこない、各家は戸口、屋根、門などあちこちに灯りをともし、神々を迎える。ホーリーは、ファグン月（*Phagun*：二〜三月）の満月におこなわれる新年を迎える祭りで、赤い色水をかけあって互いに祝福する。

（4）七姉妹、七回、七つと、数字の七がよくつかわれるのは、ヒンドゥー教では、奇数の数字が吉とされ、とくに五や七は吉なる数字といわれているためである。

（5）バガワティー・マーイーを祀るとされるヴィンディヤチャル寺院への巡礼の様子については、八木（一九九五）を参照のこと。

（6）これについては、コレンダ（Kolenda 1982: 134）による研究を参照のこと。

（7）マヤヴァティについては、八木（二〇一二：二一一―二一三）を参照のこと。

（8）私の調査地に近い中部ウッタル・プラデーシュ州で調査をしているティワリが未婚の女神としての七姉妹の神話を紹介している（Tewari 1991: 123）。調査地でも、未婚で七人の女性が七姉妹の「熱い」女神になったという神話が語られている。

（9）この男性は、ニンブー（*nimbū*：レモン）を使って、呪術をおこなうので、ニンブー・バーバーとよばれている。ちなみに、調査地に近い町では、モバイル（携帯電話）を使って、女神に電話をして相談するので、モバイル・バーバーという呪術師が人気を集めている。

参考文献

田中雅一　一九九六「南アジアを中心とする女神崇拝の人類学的研究」『平成四年度科学研究費補助金一般研究（C）研究成果報告書』。

八木祐子　一九九一「儀礼・職能カースト・女性――北インド農村における通過儀礼と吉・凶の観念」『民族学研究』五六巻二号：一八一―二〇八。

――　一九九五「女たちの巡礼――北インドの女神信仰」、小西正捷・フジタ・ヴァンテ編『原インドの世界――生活・信仰・美術』一三二―一三七頁、東京美術。

――　一九九八「女神の身体・女性の身体――北インド農村の女神崇拝」、田中雅一編『女神――聖と性の人類学』六四―九〇頁、平凡社。

――　一九九九「女性の身体とセクシュアリティー――北インド農村の事例から」、野村雅一・市川雅編『叢書　身体と文

化　第1巻　技術としての身体』三七四―四一四頁、大修館書店。

――――　二〇〇三「北インド農村における身体とジェンダー規範」、小谷汪之編『現代南アジア第五巻　社会・文化・ジェンダー』東京大学出版会。

――――　二〇〇七「白いサリーと赤いシンドゥール――北インド農村の寡婦の物語」、椎野若菜編『やもめぐらし――寡婦の人類学』一七四―一九二頁、明石書店。

――――　二〇一〇「モルギーさんの冒険」、椎野若菜編『「シングル」で生きる――人類学者のフィールドから』、二二六―二四〇頁、お茶の水書房。

――――　二〇一二「〈コラム〉マヤヴァティ」、金基淑編『カーストから現代インドを知るための三〇章』二一一―二一三頁、明石書店。

Babb, A. Lawrence. 1975. *The Devine Hierarchy: Popular Hinduism in Central India.* New York: Colombia University Press.

Caldwell, Sarah. 1996. "Bhagavati: Ball of Fire." In *Devi: Goddess of India,* edited by John Stratton Hawley and Donna Marie Wulff, pp. 195–226. Berkley: University of California Press.

Gatwood, Lynn. 1985. *Devi and the Spouse Goddess: Women, Sexuality, and Marriages in India.* Riverdale, MD: The Riverdale Co.

Freed, Ruthand Stanley A. Freed. 1962. "Two Mother-Goddess Ceremonies of Delhi State in Great and Little Tradition." *Southern Journal of Anthropology* 18(3): 246–277.

Jacobson, Doranne. 1995 [1977]. "The Women of North and Central India: Goddesses and Wives." In *Women in India: Two Perspectives,* edited by Doranne Jacobson and Susan S. Wadley, pp. 15–109. New Delhi: Manohar.

Kinsley, David. 1986. *Hindu Goddesses: Visions of the Divine Feminine in the Hindu Religious Tradition.* Berkley: University of California Press.

Kolenda, Pauline. 1982. "Pox and the Terror of Childlessness: Images and Ideas of the Small Pox in a North Indian Village." In *Mother Worship: Theme and Variations,* edited by James J. Preston. Chapel Hill: University of North California Press.

Marglin, Frédérique Apffel. 1985. *Wives of the God-King: The Ritual of the Devadasis of Puri.* Delhi: Oxford University Press.

Reynolds, H. Becker. 1980. "The Auspicious Married Women." In *The Powers of Tamil Women,* edited by Susan S. Wadley, pp.

35–60. Syracuse: Syracuse University.
Tewari, G. Laxmi. 1991. *The Splender of Worship: Women's Fasts, Rituals, Stories and Arts*. New Delhi: Manohar.
Wadley, S. Susan. 1975. *Shakti: Power in the Conceptual Structure of Karimpur Religion*. Chicago: University of Chicago Press.

シングルを否定し、肯定する
――日本のセックスワークにおける顧客と恋人との関係をめぐって

田中雅一

1　シングル神話を批判する

本章の目的は、二〇一三年六月までに行った日本人女性セックスワーカーへのインタビュー資料に基づき、セックスワーカーが恋人と客とをいかに区別しているのか、また客が恋人になるのはどういう過程を経てなのかについて考察することである。

筆者は本書の姉妹編である『シングルの人類学1　境界を生きるシングルたち』において、結婚制度は男性中心の公的世界から女性を排除する性暴力と密接に関係しているとしてこれを批判した。専業主婦になることを拒否し、自立しようとする女性はセックスワーカーとみなされて批難される。本章では、セックスワークが労働の一形態だという主張を念頭に、セックスワーカーと客との関係を考察することで、第一巻所収の論文とは異なる視点から結婚制度を批判的に見直していきたい。

セックスワーカーにはまともな結婚はできないという「シングル神話」が存在する。セックスワークに従事している女性とまともにつきあっている男性はいない、ましてや結婚などしていないはずだ、もししていても夫にはセックスワーカーであることを内緒にしているに違いない、あるいは、セックスワーカーには安定したパートナーはいない、いても彼女がなにをしているのかを知ったらすぐに別れるはずだ、別れないなら彼は彼女を搾取するヒモやポン引き（pimp）に違いない（つまり真っ当な男性ではない）、といった言説も、類似の神話として挙げることができよう。

本章の論点は後で詳述するが、セックスワーカーはシングル女性のプロトタイプであると筆者は考える。したがって、セックスワーカーをめぐる神話を吟味し、その実態と構造的位置（結婚制度との関係）を明らかにすることは、シングルと家族をめぐる包括的な考察には不可欠なのである。

2 セックスワーク／セックスワーカーとは

セックスワークとは、金銭の授受を条件に不特定の人になされる性的サービスで、このようなサービスに従事する人をセックスワーカーという。

セックスワーク／セックスワーカーという言葉は、売春（prostitution）／売春婦（prostitute）に含まれている否定的な意味合を払拭するために、それらに替わって一九七〇年代末に導入された[1]。「売女《ばいた》」という蔑称があるように、売春婦は性的にだらしない存在だとか、性にたいして異常に関心のある女性だといった偏見につねにさらされてきた。また、そのような女性とつきあおうとする男性や、そうした女性たちを擁する共同体もまた軽蔑の対象とされた。かつて高名な日本人人類学者が、訪問先の国のある村の女性たちをみな売春婦だと紹介して、その国から抗議を受けたことがある。このように売春には否定的な意味合いが含まれているゆえ、その使用をめぐる政治学が問われなければならない。

セックスワークあるいは売春についての観念は、歴史的に大きく変化してきた。二〇世紀前半の欧米では、売春は犯罪とみなされていた。売春婦は性的逸脱者で、性病によって家庭を崩壊させる反社会的存在であった（ゼッヒーレ 一九六二）。その後一九六〇年代になると、公民権運動の隆盛に刺激を受けて貧困問題や男女差別の意識が高まり、売春に携わる女性を家父長制度の被害者とみなす視点が確立する。

セックスワークは売る側（サービスを提供する側）だけで成立するのではない。しかし、日本語の売春婦という言葉には女性（売る側）の「犯罪性」や「スティグマ」のみが含意されていて、買う側の男性がその言葉からは見えてこない。これは、男性の性行動については寛容だが女性には厳しいという性の二重規範を、売春婦という言葉がはからずも反映していることを証明している。こうした問題意識に応じる形で、売買春または買春という言葉が提案された[2]。売る側ではなく買う側こそ問題だというのである。しかし、この言葉も一般的になっているとはいえない。

セックスワーク／セックスワーカーという言葉が生まれた背景には、売春もほかの仕事（ワーク）と変わらないと主張することでその労働環境の改善や合法化を目指す運動（Sex Workers Rights Movement）がある。この言葉は、サービスを受ける側への言及がないという点では売春と類似しているが、サービスをする側の主体性が強調されているという特徴がある。また、セックスワークという言葉には女性だけが想定されているわけではない。もちろん、売春を売買春とかセックスワークと言い替えるだけで、性的サービスに携わる人びとへの偏見を克服できるわけではないし、主体的にこれに従事しているわけではない者も多数存在するという現実にも留意する必要があろう。

セックスワークを取り上げる意義

ここであらためて、シングルについて考察を進めるうえで女性のセックスワークを取り上げる意義について考えてみたい。その際セックスワーカーに対立するポジションにいる女性、すなわち「妻」に注目する。妻に期待される役割はたくさんあるが、一番本質的なのは夫の嫡出子を産むことである。結婚の定義はその形態と同じく多様だが[3]、男性中心の社会における結婚の核となるのは、こうした嫡出子の確証と考えられよう。彼女が産む子供が嫡出子であることの保証を求めるため、妻はほかの男とセックスをすることが許されない。

本章では、現代日本社会の女性セックスワーカーに限って議論を進めていくことにする。性行為に注目すれば、妻とセックスワーカーとのポジションの対立は明らかである。一方に一人の男性としか性関係を持たず理想的にはその男の子供を産み育てる女性がいて、他方に金銭を受け取って不特定多数の男性と関係を持ち、妊娠が期待されていない女性がいる。男性の側からみると、一方に自分の嫡出子を保証する女性（妻）がいて、他方に性欲を満たすさまざまな女性がいる。したがって、女性のあいだの対立は家父長制の裏表にすぎず、結婚制度とセックスワークは家父長制を支える両輪なのである。単純化すると結婚制度とセックスワークとは同時に生まれたことになる（ボーヴォワール 一九五三：二〇八；菊地 二〇一〇：五〇—五三）[4]。

性行為を一人を相手に無償で行うか不特定多数を相手に有償で行うかというのは、女性のさまざまな属性の一部にすぎない。職業の有無という属性を取り上げれば、無償の家事労働に専念する専業主婦のポジションと外で有償労働を行う女性（勤労女性）のポジションが対立することになる。セックスワーカーは、このような有償労働に携わる女性たちの一形態だということもできる。セックスワークという言葉が売春婦の労働者としての側面を強調していることはすでに述べた通りである。

セックスワーカーを他の働く女性から分かつのは、その仕事の内容が性的サービスであるという点である。性的サービスが一般に労働として認められないのは、性は本来プライベートな行為であって、公的な場で取り引きされるものではないという考え方による。このためセックスワークは数ある労働の中でも特化されていて、偏見の対象になるのである。

セックスワークは賤業であるという偏見から男性自身がセックスワーカーを恋人や妻にするのを避けるため、あるいは不特定多数の男性と性関係を持つ彼女たち自身が安定した人間関係を築く能力を欠くとみなされるために、彼女たちは夫婦関係や恋人関係を築くことができないと考えられてきた。しかし、実際はどうなのか。もし一般の女性と同じように家庭を持っていたり、恋人がいたりするなら、私たちの考え方のどこが間違いなのだろうか。以上のような問題を念頭に議論を進めていきたい。

日本の性産業

日本の性産業の特徴は、売春禁止法により「対償を受け、又は受ける約束で不特定の相手方と性交すること」が禁止されているため、男性性器の女性性器への挿入という狭義の性交いわゆる「本番」が、性産業全体のほんの一部を違法に占めているにすぎないということである。

本番がなければ、射精目的のサービス提供も合法的とみなされ、性産業は非合法の本番系と非本番系に大きく分けられる。後者は、提供する性行為の種類によってさらに細かく分かれる。広義の性行為には、女性性器に触る、膣に指を入れる、キス、女性の口内や肛門に男性性器を挿入する、女性の手を使う、太ももや乳房に性器を挟む等が含まれる。さらにオプション（SM、バイブなどの道具の使用、制服着用などのコスプレ等）によって、標準以外のサービスを受けることが可能になる。

非本番系には店舗型と非店舗型があり、前者はさらに個室型と大部屋型に大きく分かれる。非店舗型は店が指定したホテルや客が指定したホテルあるいはその自宅に派遣されるもので、ホテヘル、デリバリーヘルス（以下デリヘル）、出張マッサージ等と呼ばれる。非本番系・店舗・個室型の業務形態を一般にファッション・ヘルスといい、そこからヘルスや「〜ヘル」という言葉が生まれた。

本番系店舗型はソープランド、旧遊郭の「ちょんのま」、本番系非店舗型には街娼、店がホテル等に派遣するホテトルや本番デリヘル（本デリ）などがある。

セックスワーカーには男性も女性も含まれるが、本章では金銭とひきかえに男性に身体接触を伴う性的サービスを行う女性（いわゆる売春婦、風俗嬢等）の事例に限定する。通常セックスワーク（性的サービス）とは体の接触を通じて射精にいたらせる行為と想定され、性器の結合はセックスワークの必要条件ではない（そもそも違法である）。また客の側がつねに射精を求めているとは限らないし、接触が裸の状態でなされるわけではない、あるいは客がセックスワーカーの体を自由に触れるというわけではない。こうしたヴァリエーションは、客の希望というより、店の規定に依拠している場合がほとんどである。この点については後で詳述する。

ストリップが性的サービスといえるかどうかは微妙であるが、入場料にストリッパーと観客との接触サービスが含まれているとはいえないし、また踊り子が観客の射精を介助するわけでもない。のぞき部屋のようにその場で射精がなされることが想定されているものも、女性が手などで介助するのでなければセックスワークとはいわないこととする。

インタビューの対象者と方法

筆者は二〇〇八年頃からワーカーと定期的に会い、インタビューを続けてきた。

本章で取り上げたのは、今までにインタビューに応じてくれた日本人女性一三人のうち、デリヘル（本デリ含む）に携わってきた現役三人、元ワーカー一人の計四人のインタビュー・データ（語り）である。年齢は二〇代半ばから三〇代後半までである。現役ワーカーは月におよそ三〇万円以上（多いときで八〇万）稼ぐことを目標にしている。

四人とも複数回にわたってインタビューを実施している。一回のインタビューは二〜三時間で謝礼を払う。インタビューは、了承を得たうえで録音した。プライバシー保護のため名前は仮名であり、インタビュー期日も記載していない。インタビューは、基本事項以外はほとんど自由に話をしてもらうというかたちで行った。ライフストーリーの構築を目指しているわけではないので「どうして、そしてどのような経過でいまの仕事をすることになったのか」といった過去遡及的な問いは避け、より現在的なことがら、たとえば「昨日のお客はどんな感じだった?」などと訊ねることに専念した。

インタビュー対象者たちが従事しているデリヘルの勤務システムについて説明しておく。本番系か非本番系かにかかわらずワーカーが店やそれ以外の場所で待機していると、客との待ち合わせ場所と時間が店のスタッフから電話で指示される。移動は店の車を使う。一日で多いと五人の客をとる。客に会うと、時間やオプション行為、できない行為等の確認をして、料金を受け取り、これを店に連絡する。客がワーカーを気に入らず「チェンジ」(交替)を要求する場合もある。終了後は店の車を呼び、次の場所に移動する。これを勤務時間が終了するまで繰り返し、最後は自宅近くに送ってもらう。

ホテルより客の自宅に派遣されるほうが緊張するという。衛生面のチェック、盗難や盗撮その他危険行為の回避など、すべてワーカー自身が行わなければならないからである。まず、風呂やベッドが清潔かどうかが気になる。盗撮されているかもしれないから、部屋はできるだけ暗くしてもらう。飲み物に催眠薬を入れられて熟睡中に裸体の写真を撮られたりしないように、警戒しなければならない。シャワーや風呂もできるだけ一緒に入る。

指名システムがある場合、ワーカーは指名料を得ることができる。収入を安定させるには指名をしてくれる常連客を増やすことが必要で、店を通さないで客と定期的に会ったりすることも重要な戦術となる。しかし、指名をしてくれるリピータもいつ消えるか分からないから、つねに「フリ」(新規)の客をとってリピータを増やす努力が必要である。

本章では分析にあたって、本番系デリヘルに勤務するワーカー二人と非本番系デリヘルのワーカー二人の区別をしていない。このため、本番か非本番かといった業務内容の相違が、恋人の有無などにどのような影響を与えているのかについて論じることはできない。接客に関係して相違があるとしたら、非本番系ワーカーは本番させろという客の要求に、本番系ワーカーはコンドームなしでやらせろという要求に煩わされるという点である。男性客は、コンドームなしの本番を自分にとって一番気持ちがいいセックスと考え、それを要求するのが当然だと考えている節があるという。このように、客が要求する行為は異なるにしても、規定外の行為をめぐる攻防という点で、そこに認められるやりとりに大きな違いはない。

こうした禁止行為は、私的な性行為と仕事での性行為とを区別する効果的な方法でもあることに注目したい。すなわち、恋人であれば狭義の性交は禁止行為ではないしコンドームなしで受け入れてしまうこともあるのにたいし、客との場合には必ずコンドームをつけさせる、あるいはコンドームつきのオーラルセックスや手によるサービスをしたりする、また客にはキスをしない、という形で差異化を図るのである。コンドームの使用やキスをしないことは性感染症との関係で説明されることが多いが、恋人との差異化を図るための重要なポイントと考えられているようである。

3　恋人と客

まず、セックスワーカーは客の男性にたいしてきわめて両義的な態度を取るという点に注目したい。リピータあるいは常連を確保するため、彼女は客が自分を好んで指名するように努力を払うが、同時に相手を本気にさせてしまうとストーカー化などの危険が生じる。このようなジレンマについてセックスワーカーはどのように考えているのだろうか。インタビュー回数が一番多かったアミの語りから紹介していきたい。アミは一〇代末から本番系デリヘルで働いてきた三〇代半ばの女性である。なお、会話の記録は読みやすいように編集し、〔　〕内で補足している。〔……〕は中略を示す。

恋人気分で乗り切る

語り1〈奥さんになった気持ちで〉

アミ：で、〔……〕想像一生懸命するのは、この人、たとえば、呼んでくれるお客さんで、えっと、奥さんのいる人がいて、奥さんがこの人を愛したんだなって、どういうふうに好きになったんかな、この人をどこを好きになったんかな、この人の体のどこが好きになったんかなって、一生懸命考えて、なんかこう、奥さんになった気持ちになって。自分は奥さんだ、とのりうつるじゃないけど。

同じ女性で、奥さんにできたんだったら、私にもこの人を愛せるかもしれないって、分かる? ああうける〔筆者が笑っているから〕。そういうふうに自分を盛り立てて、盛り上げて、ひょっとしたら、その奥さんは私だったのかもしれないじゃんて、いうふうに〔自分に〕言い聞かせて〔……〕

アミは、一生懸命に客と妻とのセックスについて話を聞き、自分も妻になりきろうとしている。「なりきること」をアミは「イタコになる」と表現する。イタコになってラブラブ時代の奥さんが自分にのりうつるのを待つ。そして「ラブラブな恋人生活」を相手の「魂に吹きこむ」と述べる。

語り2〈みんな恋人〉

田中:〔昔のアミの発言を思い出しながら〕きみ、一時は恋愛感情持つことで、なんとかその〔セックスワークの辛さを乗りこえようとしたのではないの〕。

アミ:〔お店の〕ママに言われて、エッチ好きになれって言われて、一生懸命好きになろうとしてた、いままで。あの、三月の大地震で忙しかったとき。そうせんと、頭切り替えんと、やれんかったから、お客さんがみんな恋人って思っても苦痛にならないから、嫌でも言い聞かせて、うん、〔そうなふうにして〕いた時期があったけど……

相手を恋人と思えば、知らない客とセックスをする苦痛も軽減する。恋人ならセックスをするのが当たり前だと自分に言い聞かせるのである。しかし、そんな態度は長くは続かない。「終わったあとすごい疲れる。なんかもう、演じてたからずっと」とアミは述べている。本来演じなくてもいいような関係、自分が自分に戻れる状況が親密圏に属する人間関係である。ところが、演技になじまない関係を演じようとするところに無理がでて、ストレスを軽減するはずの

「恋人関係」がストレスを生むことになる。にもかかわらずアミが客にたいして「ラブラブ」を演じるのはお金を稼ぐためなのだが、演技がうまくいけばいったでお客に誤解を与え、身に危険が生じたり、お金を取りにくくなったりする。ここからもセックスワークにおいては、仕事と私生活の境界を維持するのが困難であることが分かる。

語り3〈向こうが調子乗ってくる〉

アミ：お客さんを超えて交流したらやっぱ危ないんじゃないんですか、危険。なんか、それを一回やると、向こうが調子乗ってくるじゃないですか。私、めっちゃキレられてばっかりで、いままで、お客さんに「おれ、おれはなんなんだ、お前のなんなんだ！」みたいな感じで。

感情を込めればこめるほど、客とワーカーという関係が問われることになって、客が不機嫌になる。客との関係は仕事上の関係という割り切りが見えない客との対立が増えていくことは想像に難くない。恋人気分で接すること自体が逆効果になるのである。客の誤解を避けるためにはときに毅然とした態度を取らなければならない。

毅然とした態度

次に紹介するマリは、本番系デリヘルに務める三〇代の女性である。客は金であり、仕事は男性を射精に導くための「作業」でしかないと割り切っている。一回で十分と客に思わせてしまうためリピータがつかず、生活が安定しない。

語り4〈数ごなし〉

マリ：最低〔一日〕七、八人つかないと。だから、その代わり「やっつけ」ですよ。数ごなしでハイ次、終わったら、ハイ次っていう。どっちかっていうともう作業ですよね。

マリは、客にたいして媚びるのが苦手と述べる。媚びたりするのは疲れるだけで、病むだけという。しかし彼女が媚びないのは、戦略的にというよりその性格によるように感じられる。客とのやり取りもその場その場のものになっている。

語り5〈入っちゃったら困る〉

マリ：ヘルスとかだと「素股」をこう動かしているあいだ〔と動かしてみせる〕に、腰の動きで大体分かるんですけど、こっそり事故を装って入れてこようとするバカがいるんですよ。「だからもう入んないんで」って言って、こうやって手でガーって押さえつけてやれば平気なんですけど、あの、手をこうやってガッてやってると、手を振り払おうとする客がいるんです。「なんで押さえてんの」って、「だから、こうしないと入っちゃったら困るでしょっ」って。「いや、どうしてどうしてだめなの」「だから、こーやって入っちゃ困るでしょ」「おれだよ」「だからなんだよ」って。ある程度気の強い子じゃないと、〔この仕事は〕できないですよ。

「おれだよ」という言葉には、他の客ではなくて「君といい感じになっているほかならぬおれ」、「そのおれがいま射精しようとしてるんだから……」という厚かましい思いがこめられている。これも客の幻想がもたらす暴走である。この暴走を食い止めて自分の体を守るためには拒否的な態度以外に方法はないのだと彼女は言う。

リピータを増やして金銭的な安定を得るためには、客に名前を覚えてもらって、また指名してもらう必要があり、そのためには「ラブラブ」になる必要がある。しかし、これが本当の恋愛だと勘違いされてしまうと、コンドームをつけようとしなかったり、ほかの客に嫉妬したり、挙げ句の果てに金を出し渋ったり、仕事を辞めさせようと嫌がらせをしたり、暴力をふるったりする。そして、セックスワークは非合法だと言って警察に突き出そうとさえする。こうなっては本末転倒である。仕事をうまく軌道に乗せるための疑似恋愛が仕事をつぶすことになるからだ。この状況をコントロールするには毅然とした態度をとる必要が出てくるが、男性と二人きりの個室で、しかも裸の状態で女性が男性に刃向うのは非常に勇気のいることである。別の元セックスワーカーは、非本番系で働いていたが、客の挿入要求を断わることができなくて、三ヶ月で辞めたという。また、体力に自信のないというある女性は、男性を絶対に怒らせないようにすることが原則だと述べている。

カレシへの言及

肉体的にかなわない相手と距離を取る効果的方法のひとつは、「カレシ」に言及することだそうである。セックスワーカーと客との関係があくまでビジネスなのだということをはっきり伝えることができる。しかし、それによって客がリピータにならないかもしれないし、逆上して暴力をふるう可能性もないわけではないので、これはこれで問題のある戦略ともいえよう。

語り6〈キスはカレシだけのため〉

アミ：キスしてきたときに避けたら、ダメなのって聞かれて、カレシじゃないから、キスは口の中ダメって言って、ディープはダメって言って、あの、カワイイやつしかダメって、言って。いっつも断るから言うこと聞いてくれた。はっきり言った。

アミは性感染症を恐れているため客にキスをさせないと何度も筆者に明言していた。しかし、それを客に伝えるのはさすがに失礼と思ったのか、ここではカレシに言及することで客の行為をかわしている。もうひとつ、サヤの事例を紹介しよう。サヤは二〇代前半から非本番系のデリヘルで働いていた。現在は一般会社のＯＬである。

事例1〈「カレシいます」で客の夢を砕く〉

扱いが乱暴な客にたいしては、当然反発が生まれる。仁王立ちの客に両手で頭を押さえつけられ口によるサービスを強制させられたときは、「嚙み切ってやろう」と思ったそうである。しかし、「やめてください」とは言えない。それでこの客に「カレシいるの？」と聞かれたとき、普段なら「いません」と言うところ「います」と答えて客をがっかりさせた。これはささやかな抵抗ではあるが、相手のやり方に反発して、恋人関係というファンタジーを作る作業を一方的に降りたのである。

以上の語りや事例から、恋人やカレシといった肉体関係を伴う私的な関係を示唆する言葉は、客との関係を規定する重要な役割を果たしていると考えてもいいだろう。一方でそれは客との親密さを示唆し（客は擬似的な恋人である）、他方でそれは客との距離を確認するために使用されている。恋人という言葉をめぐるこうした二通りの使用方法は、性的サービスを商品とするセックスワークの矛盾した性格に求められると考えられる。セックスはお互いに好意を抱いている人間のあいだでのみ合意のうえでなされる行為であるとするなら、そのような関係にある人間のみが「恋人」と呼ばれることになる。そうでない男女が金銭の授受に基づいて性行為をしたり、恋人同士を装ったりするのは無理があるというわけである。

このような無理に気づいて、自分なりのルールを作って客と接するよう心がけているセックスワーカーも存在する。非本番系デリヘル勤務のワーカー、ユリ（三〇代）によると、リピータを得る必要があるのはいうまでもないが、客の過剰な想いから関係がややこしくなるのを避けるためには、来店五回目が、サービス提供を継続するか止めるかの判断し時なのだという。けっして客の領分を超えて接してこないとユリが判定した客のみが、その後も継続して彼女のサービスを受けられることになる。

オーガズム

たとえ商売と割り切っても、本当の恋人とやるような行為を見知らぬ男とすることになるため、両者をどう差異化するのかは、セックスワーカー自身にとって重要な問題となる。すでに述べたように、本当の理由は他にもあるにしても、ディープキスをするかどうかといったことがこうした区別の基準となる。非本番系のデリヘル勤務ワーカーの場合は、本番をするのは恋人だけと考えることができるから分かりやすいかもしれない。それでは本番系のデリヘル勤務ワーカーについてはどうだろうか。以下では、性的な快楽についての語りをいくつか紹介したい。

セックスワークは、客に性的快楽を与える仕事であるが、客自身が女性に快楽を与えることができたと感じるようにしむけることも忘れてはならない。これにたいしてセックスワーカーはどのように応えているのだろうか。それは、恋人とのセックスによるオーガズムとどう違うのだろうか。再びアミとマリに登場してもらおう。

語り8〈全部ウソ〉
アミ：演技では言いますよ。お客さんに、いまイッたよ、気持ちよかった、こんなに気持ちよかったの、お客さんがはじめてだよって、全部ウソ言うんですよ。

リピータのつかないマリの考えはもっとはっきりしている。

語り9〈サービスの一環〉
マリ：もうお金、すべて金。金くれりゃあいくら演技するけど、でも、そこまでですね。だから、あと何分くらいとか、演技しながら頭で、あの早く（イケッと思っている）。まあそれは私に限らず全部の〔女の〕こ、そうだと思うんですよ、早くイケみたいな、うん。
田中：演技っていうのは、やっぱり感じてるような……
マリ：ふりですよね。まあ、それはまあやっぱりサービスの一環でしてあげないと悪いんで、だからちょっと痛くても、「ここがイイの？」ってきかれたら、「うん」とか言うけど、「イテーんだよ本当は」みたいな、お前へったくそだなとか〔……〕

ふりに徹することができれば、公私の区別が犯されることはない。問題は仕事でも本当に感じてしまう場合である。アミはそれを客に知られるのを嫌う。「プライド」があるからだという。

語り10〈プライド〉

アミ：本来大好きな人にしてあげたい行為〔性交〕を、最もやりたくない相手にするっていう認識しかなくって、〔そういう女性が〕大多数だと思う。それでちょっとでもお客さんとのエッチで、何か解放されたり、〔……〕自分にとってのメリットを見出したり〔……〕することは、自分を支えているものを崩壊させることになるんですよね。みんな、プライドあると思うんです。お客さんに感じさせられて、イカされる自分の話をするのは、もう耐え難いもんやと思ってる。で、それは、お客さんにも知られたくないことなんですよ。

なぜ耐え難いのか。それは、場をコントロールしているのは自分のはずだったのにコントロールできなくなったことのいらだちから来ていると解釈できよう。自分を支えているのは、仕事は仕事でしかないという割りきりである。この割り切り――仕事と恋愛の境界――がオーガズムによって揺らぐ。ここに公私のせめぎ合いを認めることができよう。アミは、他方で感じているふりをするが、本当に感じている場合はそれを隠す。

ここで文献からセックスワーカーの発言を引用しておきたい。非本番系店舗型ヘルスで働くワーカーのミカとリサは客の性的テクニックについて次のように述べている。

たしかにうまい人はいるけど、店の中というシチュエーションで、仕事だってことがあるでしょう？　だからやっぱりこっちの気持ちが乗るってことはないのね。そう感じたとき、私って肉体じゃなく精神で生きてるなって思った。一般の状態ならうまいと思うかもしれないけれど、仕事だから何とも思わないの」（ミカさん）「そう、仕事として扱っているから何とも思わない。『気持ちよさそうだね、仕事忘れているでしょう』なんて客から言われたら勝ったって思う」（リサさん）。（石川　一九九六：三七）

女性のふりを本気にしてしまう客を見て「勝った」と思う。そして、自分たちは「精神で生きている」と自賛する。これは仕事を割り切るプロ意識の証明として肯定的にとらえられている。このため、はからずも体が反応すると戸惑うことになる。ミカはつぎのように述べる。ここにも「プライド」という言葉が出てくることに注意したい。

でもね、客と接触することによって自分の乳首が立ったりするのも嫌だ。プライドが著しく傷つけられる。あんたごときに何で私がと思うと、いたたまれないんだ。（石川　一九九六：二二七）

ただし、次に述べるユリのような例外もある。彼女は仕事で「イク」と得をした気分になると述べているが、彼女の場合は非本番系なので、アミの場合と事情が異なると考えられる。本番系のデリヘル勤務ワーカーにとって、客と恋人を区別する最後の砦は、感じるかどうかと解釈できるからだ。これにたいし非本番系の場合は性交するか否かで客と恋人を区別できるため、挿入さえしなければ感じるかどうかはそれほど問題ではないのだろう。

客から恋人へ

以上の事例から、セックスワーカーは客と恋人の差異化を図っているといえるが、だからといって客が恋人にならないというわけではないようである。以下にユリの語りを二つ紹介しておきたい。ユリはこれまで数回お客とつきあった経験がある。また、仕事外で知り合ってつきあっていた男性もいる。彼には自分の仕事を伝えていたが、とくに問題は生じなかったという。ただ彼にも仕事があり、週末にしか会えないため、忙しくなる週末に仕事ができないのがつらかったと述べている。

語り11〈ふつうにつきあわない？〉

ユリ：たぶん、〔セックスワーカーとお客という形で〕何回か会って、なんか、こう、こういうとこじゃなくって、ふつうに会えない？っていう感じの話になって。で、私もいいなって思ってた人なので、いいですよって言って、会って、で、ふつうにつきあわない？っていうようなことを言われて、つきあってました。

すでに指摘したように、ユリにとって五回目までの印象がその後も継続して会うかどうかのひとつの基準点となっている。この客は五回の基準点をクリアし（「私もいいなって思ってた人」）、さらに恋人としてのユリの心もつかんだのだろう。ただし、次の語りに見られるように、つきあえそうな人とは五回目を待たずにつきあっていたようだ。この語りで二回でてくる「ふつう」という言葉が重要に思われる。ユリは非本番系のデリヘルで働いていたので、実際にセックスをするかどうかが客から恋人への大きな飛躍となっていたはずだ。

語り12〈いい人〉

ユリ：いままでは、お客さんとして出会っても、もうそのときに他の人と違う感じがあったりして、次から連絡先交換してプライベートで、ってことが多かったんですけど、今回は、結構通わせちゃったので。私としてはすごーく、いいお客さんと思ってて。
田中：いいお客さんからさカレシに変わる理由はなんなの？
ユリ：なんだったんでしょうね。
田中：まあ、一般的な話でもいいけどさ。
ユリ：分からない。分からないけど、だんだん、だんだん、〔彼にたいして〕仕事できなくなってきて。仕事できなくなってきてっていうのは、その、一緒にいるときに、なんだろうな。自分のほうが、〔精神的に素が出て〕うまくいっちゃうっていう。たぶんね、彼のほうが私のことをお店の女の子っていう意識がない人で、途中からは知ってる女の人って感じ、その、悪い意味ではなくて。

彼とのつきあいはすでに仕事の中で始まっていたようである。彼はお金を払っていてもユリを「お店の女の子」と見ずに「ふつうに」接していたため、彼女は「仕事」ができなくなったと言っている。そして彼女から外で会うことを提案した。

他の事例を考慮すると、一般に以下のような経緯を辿るようである。まず、「外で会わないか、店を介さないほうがお互いに得だろう」と言われる。危険ではないと判断したら、これを受け入れる（ここまでは仕事の一部である）。その後はさまざまな理由（容貌の好みや清潔感など）からお金を受け取らなくなり（受け取るならまだお客か愛人である）、ごくふつうのつきあいが始まる。関係が変化すると実名を明かす。住所を教える。男が仕事を辞めさせようとする場合もあるようだが、筆者の聞いた事例では男による露骨な干渉もなくそのまま続けていく。ワーカーにとって恋人との性関係は、過度な気配りや警戒が必要ではない。ワーカーはカレシと一緒だといつでもふつうの女性にもどることができる。ワーカーにとって恋人となった男性とのセックスは、仕事でのセックスと異なりリラックスできる行為である。恋人となってはじめて素を出すことができるのである。

4　新しいシングルの創出

ストレスを抱えつつ

今回考察対象にした四人のデリヘル嬢の中には客が恋人になる事例が三件認められるし、客として知り合ったのでなくても自分の仕事を恋人に隠さず、仕事を続けている例があった。また、筆者がインタビューを行った一三人のうち六人が客と恋人関係になっていた。これは多いのかどうかは言明できないが、セックスワーカーのカレシというとヒモやポン引きを連想しがちな一般常識と実態とはかなり異なるといえるのではないか。

セックスワーカーたちは、さまざまな方法で公私を区別していたが、同時に客の望みに答えるかたちで、また常連を増やそうとして恋人のようにふるまっており、それがストレスとなっているようだった。また私生活でもただでセックスをするのがいやと思うマリのような女性が現れる。

語り13〈職業病〉
マリ：たとえばワリカンとかでも私だめなんですよ。最初、ああこの人いい人そうだなんだって思ってても、もう、ワリカンねって言われると、ああダメ。

田中：ああほんと？　基本的にはどんどんちゃんと奢って……

マリ：……もらわないと、やなの。もうたぶん風俗〔病〕。もう職業病なんでしょうけど、私タダで〔セックスを〕やるっていうのが嫌なんですよね。でも、カレシから金取ろうってわけにいかないじゃないですか。いやあ、なんかタダでやるんだったら、店で金もらってたほうがいいって、そういう考え方なんです。

田中：それいつから。いつからそんなふうになったの。

マリ：私、結構昔っからそうですね。打算的なタイプなんでね、自分でほら冗談で、私はね、将来諭吉をね、カレシにしたいのって言ってるくらい。もう銭ゲバなんで、執着心強いんです。だから、恋人欲しいと思わないんですよ。

この語りは、セックスワークはセックスという本質的に私的なことを仕事にするという点で不自然であり、公私の区別が曖昧になって私生活（ここでは恋人とのセックス）に深刻な影響を与えるという指摘を支持（Chepkis 1997: 77）しているように思われる。だからといって心を閉ざし、客を機械的に扱えば、今度は自分自身を機械にしてしまうことになり、セックスワークそのものが疎外を生むことになってしまう。元客かどうかと関係なく、少なからぬ割合のセックスワーカーに恋人がいるという事実があるからといって、マリのような事例はむしろ例外で仕事でのセックスは私的な関係に影響を与えるわけではないとは到底いえないだろう(5)。

あらたな価値創出の拠点として

冒頭で述べているように、セックスワークという概念は「セックスワークに労働者としての権利を！」という運動によって生まれた。性的サービスの提供は労働であり、労働者としてのさまざまな権利を保証せよ、労働環境を改善せよ、脱犯罪化せよ、合法化せよという主張は、つまるところセックスワークという仕事やそれに携わる人間を特種視して差別するなということにほかならない。それは、他の仕事と同じく女性の自立を保証する道のひとつなのである。合法であれば、客の男性に暴力をふるわれてもヤクザに頼ることなく、警察に訴えることができる。したがって、セックスワーカーにまともな結婚も恋愛もできない、だからシングルに違いない、という主張とは別の意味で、セックスワーカーはシングルであることをみずから求めていると考えることができる。セックスワーカーは、結婚もつきあいもできないからシングルに留まるのではない。そうではなく一個の自立した女性であり続けるためにシングルとしての道を目指すことができるはずであり、またそのようにしてきたのではないだろうか。

冒頭で、結婚（生殖の確証）と売春（性欲の満足）とは家父長制度を支える両輪であると指摘したが、そうであるかぎりセックスワーカーは結婚に縁がない。売春という制度は結婚と縁があるゆえに、売春婦は結婚と縁がない、こどもがいてもほぼ自動的にシングルマザーだとみなされるのである。セックスワークを労働として認めようという運動は、一方でセックスワーカーたちに結婚を含む「ふつうの生活」の実現を目指す運動でもある。しかし、最終的にそれが求めているのはこれまでの売春制度の解体であり、それと密接に関係する結婚制度の解体である。この運動は、結婚とシングルとを対立させるような思考そのものの解体を目指しているのである。つまり、セックスワークを労働として位置づけ、労働者としてふさわしい権利と尊厳を女性たちに認めよという主張が提示しているセックスワーカー像とは、結婚したくてもできない女性、父親がだれか分からない幼児を育てるシングルマザー、金と体のことしか頭にない男との縁が切れない無力な女性ではなく、だれにも経済的に依存する必要のない独立した女性であり、そうした自立への志向を認める男とつきあう女性である。彼女たちの実態を見れば、つきあっている男性がいるわけだからシングルからほど遠い（シングルを否定する）。しかし、同時に彼女はあらたなシングルの可能性を目指している（シングルを肯定する）。逆説的に聞こえるかもしれないが、そのとき彼女はもはや独りではない。彼女が「シングル」であることを尊重する男性とあらたな縁を紡いでいるからだ。これが本章のタイトルの意味である。そして、そうした動きは、社会運動というかたちを取らずとも、すでにセックスワーカー一人ひとりの生活スタイルを通じて実践されているのである。この点で、セックスワーカーの恋人たちがこれまで通り仕事を続けることについて口をはさまないというのは注目すべきである。

以上から、セックスワークとの関係でシングルを考えることの重要性が明らかになったと思われる。セックスワーカーは、「幸福な」家族生活や結婚あるいは恋愛を否定されているわけではない（本章の当初の目的はその点を明らかにすることであった）。むしろ否定されてきたゆえに、彼女たちの恋愛や結婚、家族には新しい意味合いが認められると考えることができる。それはなによりも、売春の陰画としての恋愛や結婚の解体の可能性を宿した実践だからである。

付記　本章は「現代日本社会におけるグローバル化する性産業についての文化人類学的研究」(田中雅一代表、二〇一一～二〇一三年度科学研究費挑戦的・萌芽研究)の成果の一部である。またその一部は二〇一二年六月に開催された第四六回文化人類学会研究大会(広島大学)ならびに第四七回研究大会(慶応大学)で発表した。参加者の皆さんにはここに感謝の意を表したい。なお、本章の資料の一部は『コンタクト・ゾーン』6号掲載予定の「『やっとホントの顔を見せてくれたね!』――日本人セックスワーカーに見る肉体・感情・官能をめぐる労働について」と重なることをことわっておく。

注

(1) キャロル・レイが一九七八年にはじめて使った言葉である(Leigh 1997)。その意義について詳しくは(田崎編 一九九七:ワイツァー編 二〇〇四)を参照。売春は悪かどうかという論争も、こうした流れと密接に関係している。この点については(江原 一九九五)所収の諸論文が詳しい。

(2) 一九九九年には児童買春処罰法が施行され、対象が児童の場合は「買春」が使われる。

(3) 人類学における結婚の定義についてはリーチ(Leach 1955)とガフ(Gough 1958)の論争が思い出される。

(4) さらに一歩踏み込めば専業主婦業は売春にすぎないという議論となる。この場合売春を否定的にとらえていることに注意したい。

(5) この点についてはコントゥラら(Kontula 2008; Vanwesenbeeck 2005)を参照。

参考文献

石川ひとみ　一九九六「モラリストたちの瀬戸際――ヘルス嬢の控室座談会」『Hなお仕事』二六―四六頁、コスモの本。
江原由美子編　一九九五『フェミニズムの主張2　性の商品化』勁草書房。
菊地夏野　二〇一〇『ポストコロニアリズムとジェンダー』青弓社。
ゼッヒーレ、エルンスト　一九六二『犯罪学』植村秀三訳、みすず書房。

田崎英明編　一九九七『売る身体／買う身体――セックスワーク論の射程』青弓社。
ボーヴォワール、シモーヌ・ド　一九五三『第二の性（1）事実と神話』生島遼一訳、新潮社。
ワイツァー、ロナルド編　二〇〇四『セックス・フォー・セール――売春・ポルノ・法規制・支援団体のフィールドワーク』松沢呉一監修、岸田美貴訳、ポット出版。
Chapkis, Wendy. 1997. *Live Sex Acts: Women Performing Erotic Labor*. London: Routledge.
Gough, Kathleen. 1959. "The Nayars and the Definition of Marriage." *Journal of the Royal Anthropological Institute of Great Britain and Ireland* 89(1)：23-34.
Kontula, Anna. 2008. "The Sex Worker and her Pleasure." *Current Sociology* 56(4)：605-620.
Leach, Edmund. 1955. "Polyandry, Inheritance and the Definition of Marriage." *Man* 55：182-186.
Leigh, Carol. 1997. "Inventing Sex Work." In *Whores and Other Feminists*, edited by Jill Nagle, pp. 225-231. London: Routledge.
Vanwesenbeeck, Ine. 2005. "Burnout among Female Indoor Sex Workers." *Archives of Sexual Behavior* 34(6)：627-639.

Ⅱ　独身者はつらいよ

韓国農村における国際結婚

――シングルを忌避する民族文化と多文化化のパラドクス(1)

岡田浩樹

1　韓国人の心の故郷――マウル（ムラ）の変貌

韓国忠清北道は、朝鮮王朝時代の地方貴族であった「両班《ヤンバン》」の伝統が継承され、慶尚北道と並に「両班の故郷」と言われてきた。筆者は一九九〇年から一九九二年にかけて、ある両班門中（父系出自集団）の集住村で長期のフィールドワークを行っていた。そのマウル（ムラ）は、朝鮮王朝期の著名な祖先を始祖とする有名姓氏の分派の中心地であり、住民の九割の世帯が同じ一族に属していた。毎年秋には始祖から数代の先祖を祀るシヒャンジェ（時享祭）が半月にわたって行われ、命日にはまた自宅で四代前までの祖先を祀るチェサ（祭祀）が行われていた。

当時、マウルのみならず、郡の範囲でも外国人の住民は数名であり、それは日本の植民地統治期に韓国人男性と結婚し、移住してきた女性、つまりイルボンハルモニ（日本のおばあちゃん）と呼ばれる人びとであった。同じマウルに住むイルボンハルモニは「佐藤ハルモニ」（仮名）と呼ばれ、会話の中では「イルボンハルモニ」と呼ばれ、ソウルに住む四〇代の息子も明らかに韓国人とは異なる者として扱われていた。

マウルに住み始め、一年ほどたった頃、ひとりの警察官が私を訪ねてきた。彼は、「日本人の若い女性が郡内に移り住んできたが、紹介するので会わないか」という。それは彼なりの私への好意であり、「客地」（異郷）に住む異邦人への心遣いであったのであろう。ただし、その日本人女性はある宗教教団の信者であり、信仰に基づいて韓国人と国際結婚したという事情を聞き、私は警察官の紹介を丁重に断った。それになにも韓国農村にフィールドワークに来てまで、日本人の若い女性と話すこともないと思ったのである。

このマウルに限らず、高度経済成長により急速な変貌を遂げつつある韓国社会においても、一九九〇年代初頭までは朝鮮王朝期から続く「伝統的」な村落が存在した。すでに若年層の都市への流出、少子高齢化の影響は調査先のマウルでも顕著であった。マウル（ムラ）の青年会長は還暦を迎えた初老の男性であり、四〇代、五〇代の独身男性（老総角）も数名おり、その両親はこのまま息子が結婚しないと祖先の祭祀が絶えてしまうのではないかと心配していた。このような変化の兆しはあったにせよ、当時の私の調査地は、韓国人にとって「民族の故郷」と呼ぶにふさわしい農村のたたずまいを残していた。

それから一九年の月日が経過した二〇一一年の夏、私はかつての調査地を再訪した。当時の主なインフォーマントの老人たちは大半が亡くなっていたが、かなりの住民がマウルを去ってもいた。唐辛子畑で働く東南アジア系の女性の姿を見かけた。三〇代の彼女は、五〇代のマウル出身の男性と結婚し、ベトナムからこのマウルに移り住んできたという。まだ韓国語が十分に話せない。夫に事情を聞こうとしても、要領を得ない返答が返ってくるだけであり、他の村人もそのことについて、かつてイルボンハルモニについて話してくれたように開けっぴろげに話してはくれなかった。

他のマウルでは、フィリピン系の女性たちが日曜日の教会に礼拝のためにやってくる姿も見かけた。私はなにか大きな違和感をもった記憶がある。韓国を長い間フィールドとした結果、私は韓国社会が韓国人のみで成り立つのが望ましく、韓国文化の担い手は韓国人でなければならないという「文化本質主義」あるいは韓国の「一国一民族主義」に影響されてしまったのであろうか？　あるいは、韓国社会、特に農村にはなにか大きな変化が起きつつあるのであろうか？

本章では、韓国の農村に大きな影響を与えつつある外国人移住者と国際結婚に注目し、どのような社会的・文化的背景によって起きた現象か検討する。この現象は、「シングル」をめぐる韓国社会全体におけるパラドクスのひとつではないかというのが本章の中心的議論である。韓国における国際結婚の動機は、労働力というより、民族文化の核をなす、「父系出自に基づく系譜」の継承に重点がある。民族文化に根ざした「シングルへの忌避」への強い欲求が、かえって「民族文化」に異質な文化をもたらすというパラドクスである。この背後には韓国農村の伝統的社会的基盤である家族、その維持のために、中高年の独身韓国人男性が強くシングルを忌避しようとするものの、韓国人女性のシングル志向、都市生活志向などによって、同じ民族の女性との結婚が困難な現実がある。韓国の農村男性が「結婚願望」からではなく、「シングル」を忌避するために、やむなくとった方策が東南アジア、中央アジアからの「外国人女性」との国際結婚である。しかし、韓国の農村や地方社会に外国人女性との出会いの機会はほとんどなく、結婚仲介業者（国際結婚ブローカー）に頼らざるをえなかった、国際結婚仲介業者の介在は、国際的な「結婚市場」における「女性の商品化」「性の商品化」の問題を顕在化させる。この「結婚市場」によって取引されるのは、ある種の「商品化」された女性とそのセクシュアリティであるという点で、セックスワーカーとしての女性の国際移動と類似している。国際結婚による女性の移動は、家事労働を含む労働力の移動であると同時に、家系の維持のための出産を期待されるという点で、商品としての「生殖機能」の移動でもある。

本章では、個別の事例を詳細に記述する「伝統的」な文化人類学のアプローチというよりも、様々な統計や報告書を用い、問題の全体像を明らかにする手法をとった(2)。その理由は四点ある。

第一に、国際結婚は個々の事例における結果とその要因の個別性が強いためである。個別の事例は韓国のジャーナリズムによってしばしば取り上げられている。第二に、個々の事例はプライバシーの問題に深く関わるためである。第三に、国際結婚については、当事者である外国人女性への調査が必要であるものの、彼女たちは十分な韓国語能力をもたない場合が多い(3)。また、韓国人の夫は外国人が妻に接触することを嫌がる傾向があり、十分なインタビューが困難であり、データとしては不完全な事例が多い。第四に、個々の事例を報告、検討する前に、全体的な状況を見ようとしたためである。つまり、これは韓国に限られた個別の問題に留まらず、日本や台湾などの経済的に発展した東アジアの諸社会と他のアジア諸社会との間の国際結婚による女性の移動の現象に通底する問題である。国際結婚の問題を「シングル」という観点から議論するアプローチは、韓国社会の特徴を明らかにするだけでなく、他地域の事例にも有効であろうと考えている。

2　韓国社会における国際結婚の展開

韓国における国際結婚は、三つのタイプに区分できる。（一）一九八〇年代までの米国軍人と韓国人女性の結婚、（二）一九八〇年代の専門職の外国人男性と韓国人女性の結婚、そして（三）一九九〇年代以降の外国人女性と韓国人男性の結婚、である。

第一のタイプは、男性である在韓米軍兵士と韓国人女性の間で行われた結婚である。これは朝鮮戦争直後からから八〇年代まで韓国社会における国際結婚の主流をなしたタイプであった。国際結婚した韓国人女性は主に米軍が駐屯した地域で結婚生活を始めるか、米国兵士である夫と共に米国へ移住した。米国人と結婚して米国に移住した韓国人女性の数は一九五〇年代から少しずつ増加し、一九六〇年代には年間二〇〇〇人余、一九七〇年代には年間四〇〇〇人余であった。[4]

これらの韓国人花嫁については、米国での彼女たちの適応に関する研究が多い。初期の研究によれば、米国兵士と結婚した韓国人女性は貧しく、米軍を相手に売春した経歴をもつ者もいたとされる。米国移住後には言語・文化の壁から米国社会への適応が困難であったことが報告されている（Song 1974; Park 1982）。くわえて実際は米国兵士の花嫁である韓国人女性の大半は米国兵士を相手に売春した女性たちとは関係がないのにもかかわらず、彼女たちに否定的イメージをもつ米国のエスニック・コミュニティから差別を受けるため、自分たち自身のコミュニティを形成して生活していた（Yuh Ji-yeon 2002）。

第二のタイプは、外国人男性である専門職の従事者と韓国人女性との結婚であり、これは一九八〇年代以降の現象である。この第二のタイプは、韓国の経済成長と共に外国人の国内流入や韓国人の海外への進出が増えるとともに発生した。外国人男性の多くは欧米出身者である。ただし、このタイプは数も少なく、経済的・社会的に安定した階層の限られたケースの結婚と見なされていたため、社会的な関心を集めるにはいたらなかった。

第三のタイプが、韓国人男性と外国人女性との国際結婚である。外国人女性は、中国、東南アジア、中央アジアなど他のアジア諸国が圧倒的に多数を占める。このタイプは、農村部の男性を結婚させる動きが活発になった一九八〇年代末から現れ、一九九〇年代には国内への大量の外国人女性の移住者をもたらす要因となる。一方で結婚による外国人女性移住者に対する韓国社会の偏見や差別が社会問題化し、国際結婚が大きな関心を集め、国際結婚に関する多くの批判や論争が巻き起こった（Mun 2007）。

以上の三つのタイプの国際結婚のなかで、韓国人女性が海外に婚出する第一のタイプ、あるいは一部の女性たちが外国人男性と結婚した第二のタイプの国際結婚は、韓国社会に大きな影響を与えなかったといえよう。その理由として、父系出自原理に基づけば、婚出した女性は他の「家族」に属する「出家外人」となり、韓国社会の構成員ではなくなることがあげられる。また基本的に、外国人男性と韓国人女性との間に生まれた子どもも「韓国人ではなく」、外国人である「男性の文化・社会」に属するという見方が支配的であった。しかし第三のタイプは外国人女性が韓国人男性と結婚することで、彼女たちが韓国人の家族・親族、地域社会に入りこんでくるものであり、生まれた子どもは「韓国人」として位置づけられる。

ここで第二のタイプから第三のタイプへの移行について、詳細に見てみよう。韓国統計庁の資料によれば[5]、一九九〇年から二〇〇九年までの二〇年間の総国際結婚件数は三七万六九七六件である。このうち、韓国人男性と外国人女性の結婚件数は二六万八四一六件、韓国人女性と外国人男性の結婚件数は一〇万八五六〇件である。ただし、一九九四年まででは韓国人女性が外国人男性と結婚したケースは、三五四四件（五四％）であり、韓国人男性が外国人女性と結婚したケースの三〇七二件（四六％）より多かった。

一九九五年、両者の比率が逆転する。この年に韓国人女性と外国人男性の結婚は三一二九件（二三％）に対し、韓国人男性と外国人女性の結婚が一万三六五件（七七％）と大幅に後者が前者を凌駕する。その後二〇〇〇年には四〇％対六〇％とやや均衡に近づくが、二〇〇五年には再び二七％対七三％、二〇〇九年には二四％対七六％と両者の差は広がった。つまり一九九五年をターニングポイントとして、韓国人女性が外国人男性と結婚し、後に帰化をして国籍を変更するパターンから、外国人女性が韓国人男性と結婚し、韓国社会に婚入し、帰化をめざすパターンが多数を占めるようになる[6]。

ここで、国際結婚によって韓国内に定住した外国人について現状をより詳しく見てみよう。法政上の区分としての「外国人住民」とは、韓国に九〇日以上滞在する韓国籍をもたない者、婚姻帰化や他の事情で帰化し韓国籍を取得した者、外国人住民（外国人父母・外国人-韓国人父母）の子女などをさす。

「外国人住民」および国際結婚に関係した統計は、韓国法務部、行政安全部および統計庁などが、それぞれ異なるデータを使って作成している[7]。法務部の統計は「外国の国籍をもつ者」のみを対象としているのに対して行政安全部の統計は、住民登録票上での「外国人住民」が取り扱われている。いっぽう統計庁の統計は、当該年度に申告されたすべて婚姻の単純合計であり、その数値には、当該年度にその人物が外国に居住している場合、あるいは国内で結婚した後に海外に移住した場合、年度内に死亡・帰化した者も含まれている。ここでは二〇〇九年度の外国人住民の全体的な状況を確認するために、二〇〇九年現在で住民登録表上に登録されている外国人住民を集計した行政安全部の統計が有効であった。一方で年度別・国籍別国際結婚に関する資料として統計庁のデータを参照した。

行政安全部が二〇〇九年七月に発表した五月一日時点の外国人住民の現況調査結果によれば、外国人住民（不法滞在者を含む）は一一〇万六八八四名で韓国全体の住民登録人口（四九五九万三六六五名）の二・二％を占める。そのうち韓国籍をもたない者は九二万五四七〇名であり、外国人住民全体の八三・六％を占める。つまりほとんどが帰化していない。外国人住民のなかで外国人労働者が五七万五六五七名と五二％を占め、ついで結婚移住者が、一二万五六七三名で一一・四％、留学生が七万七三二二名で七％、その他、海外で外国籍を取得した在外韓国人は四万三七三〇名で四％、その他の外国人は一〇万三一一五名で九・三％の内訳である。一方、韓国籍取得者は七万三七二五名であり、これは外国人住民全体の六・七％を占める。そのなかで婚姻による帰化者数は、四万一四一四名で外国人住民全体の三・七％である。その他様々な事情で韓国に帰化した者は三万二三〇八名で二・九％である[8]。

男性と女性の結婚移住者の割合は、女性が八七・九％（一一万四八三名）と男性に対し圧倒的に多数を占めている。居住地域別では、首都圏に全体の六五・一％が集中し、そのうちソウル市に全体の三〇・三％（三三万四九一〇名）が居住している。

在韓外国人住民の国籍の内訳は、中国（中華人民共和国）が六二万四九九四名で五六・五％と過半数を占める。中国

表1　韓国における国籍別，外国人住民と結婚移住者の現況　2009年5月1日基準

区分		外国人住民	結婚移住者	外国人住民中の結婚移住者の比率
合計		1,106,884人	125,673人	11.4%
東北アジア	小計	697,857人	76,553人	11.0%
	中国	181,158人	33,457人	18.5%
	中国（朝鮮族）	443,836人	35,386人	8.0%
	台湾	23,447人	351人	1.5%
	日本	26,524人	5,050人	19.0%
	モンゴル	22,892人	2,309人	10.0%
東南アジア	小計	235,077人	40,380人	17.1%
	ベトナム	107,969人	28,817人	26.7%
	フィリピン	53,965人	6,117人	11.4%
	タイ	30,760人	2,092人	6.8%
	インドネシア	27,663人	402人	1.5%
	その他	14,720人	2,952人	20.0%
南アジア		43,296人	1,762人	4.0%
中央アジア		20,265人	1,908人	9.4%
米国		59,870人	1,575人	2.5%
ロシア		6,545人	947人	1.4%
その他		43,974人	2,548人	5.8%

出所：2009年地方自治団体，外国人住民現況調査結果，行政安全部，2009年7月発表から再作成

表2　韓国人の国際結婚の推移

区分	2000年	2001年	2002年	2003年	2004年	2005年	2006年	2007年	2008年	2009年
総結婚件数	334,030	320,063	304,877	302,503	308,598	314,304	330,634	343,559	327,715	309,759
国際結婚件数	11,605	14,523	15,202	24,776	34,640	42,356	38,759	37,560	36,204	33,300
国際結婚比率	3.5%	4.5%	5.0%	8.2%	11.2%	13.5%	11.7%	10.9%	11.0%	10.8%

出所：2009年，統計庁（http://kostat.go.kr/2010/）から再作成

籍のうち、朝鮮族は四四万三八三六名であり、外国人住民全体に対しても四〇・一%と圧倒的多数を占めている。その他は、東南アジアが二一・二%、米国が五・四%、南アジアが三・九%、日本が二・四%、台湾・モンゴルが二・四%、そして中央アジアは一・八%となっている。米国籍のなかにはいわゆる韓国系米国人も含まれているが、その実数の把握は困難である。

外国人住民のなかで、結婚移住者は一二万五六七三名である。その内訳は、やはり中国籍が五四・八%を占めるが、朝鮮族に限定した場合は二八・二%と、近年では、朝鮮族以外の中国籍、例えば漢族などの婚入もかなりの人数に上ることがうかがえる。東南アジア諸国からは三二・一%、日本は四%、モンゴルは一・八%、中央アジア諸国からは一・五%と続く(表1)。こうした結婚移住者の一般的傾向として、都市部においては、再婚や再々婚が多く、主に韓国人女性との結婚が困難な都市の中・下層の男性との間で、国際結婚が行われているのに対し、農村部においては、農村部では中年層の男性の初婚が多数を占めると一般的に言われている。

二〇〇五年の統計庁の報告によれば、年間結婚件数において韓国人男性と外国人女性の国際結婚が占める割合は、二〇〇四年は七・一%、二〇〇五年は九・三%であった(9)。ただし男性農林漁業従事者の結婚件数に限ると国際結婚が占める割合は、二〇〇四年には二七・四%であったのが、二〇〇五年には三五・九%と急増している。つまり農林漁業に従事する男性の三分の一以上が国際結婚をしていることを意味する。これは「異常な」事態であると言わざるをえない。

このような「異常」な事態はどのような過程を経てもたらされたのであろうか。韓国農村における国際結婚の嚆矢は、宗教団体の布教活動による日本人女性と韓国人男性の国際結婚である。一九八〇年末から統一教会(世界平和統一神霊教会)は韓国人男性と日本人女性信者との国際結婚を推進した。一九九二年までは韓国人男性と結婚した外国人女性二〇五七人のうち、日本人女性が一二二三人を占め、全体の半分以上を占めており(Han 2006: 201)、一九九〇年代前半は統一教会をはじめとする宗教的布教の一貫としての国際結婚であった。すでに結婚難が問題化していた韓国農村男性のなかには、結婚できるという理由で統一教会に入信する者もあったという。ただし、統一教会の仲介によって韓国人男性と結婚する日本人女性には、韓国社会や文化に関する教育が行われたため、彼女たちが「日本的な」異文化を韓国農村に持ち込んだとは言いがたい。

統一教会による国際結婚の推進は、アジア系外国人女性の本格的な韓国農村への結婚移住の先鞭となった。やがてフィリピン人女性にまでその対象は拡大され[10]、農村部地域を中心に国際結婚が増加した。

フィリピンにおいては、統一教会によって最初の九組の「祝福結婚」(国際合同結婚式)が一九九二年八月二五日に行われた。その後一九九二年から二〇〇五年までに計一〇回の「祝福結婚」を通して四九二四名のフィリピン女性が韓国人男性と結婚したという。このことはフィリピンにおける統一教会の教勢が拡大したことを意味するものではない。一九九〇年代半ばに統一教会は非信者にも「祝福結婚」を許容したため、統一教会に入信せずとも伴侶が欲しいシングルの韓国人男性、特に農村部男性と、国際結婚によって韓国に移住したいと願うフィリピン女性のマッチングの機会としての「祝福結婚」(Han et al. 2006: 109)が急増したといえよう。

そして一九九五年は、韓国の国際結婚において急激な構造的変動が始まるターニングポイントであった。それはこの年に韓国と中国の国交回復(一九九二年)によって、朝鮮族が韓国に労働移住を開始したことにある。主に中国東北部の農村に居住していた朝鮮族にとって、経済的に発展していた韓国は移住の大きな誘因となった。ただし当初は朝鮮族の韓国入国は親族訪問などに限定されていたため、朝鮮族の女性が「国際結婚」を一つの手段としてとったケースがあった[11]。このことは、一九九四年まで二一八四件であった中国人と韓国人の国際結婚件数が、一九九五年には八六五七件に、さらに翌年の一九九六年には九四六二件に急増したことに現れている。その大半が韓国人男性と中国朝鮮族(韓国系の中国人)との国際結婚であり、一九九五年には総数の九八%(八四五〇件)、一九九六年にも九八%(九二七二件)を占める。ただし、一九九七年から一九九九年には、韓国人男性と中国人女性との国際結婚が減少した。また二〇〇五年から六年にかけて二万五八二件から一万四五六六件と急激に減少する[12]。

これについて、韓国政府も、一九九四~九五年の中国人との国際結婚の急増は、一九九四年に中国朝鮮族に対する入国規制が強化されたため、結婚が入国の手段として利用されたのではないかと分析している[13]。また、一九九七~九九年までの中国朝鮮族の結婚移住者の急激な減少は、一九九七年のアジア経済危機により韓国経済が悪化し、同時に中国経済の成長により、「出稼ぎ先」としての韓国の地位が低下したこと、くわえて朝鮮族女性の偽装結婚事件について、韓国メディアの集中報道により、韓国社会で批判的な世論が高まり、韓国人男性が朝鮮族女性との結婚を忌避するようになったためとされる（Kim, Kim and Han 2006）。

中国朝鮮族女性の結婚移住が減少した直接の原因は、一九九八年、結婚移住者の国籍取得要件を強化した国籍法改正にあるとされている。この国籍法改正は、「父系血統主義」から「父母両系血統主義」への変更（第二条第一項）と「国籍選択制度」（第一二条第一項）という大きな変更を伴うものであった。旧規定では、韓国人男性と結婚した外国人女性は自動的に韓国国籍を取得できたが（旧第一二条第七号）、改正により韓国国籍を取得するには帰化手続きが必要（第六条二項）となり、いわゆる「偽装結婚」による「出稼ぎ」が厳しく制限されることとなった。くわえて二〇〇六年には中国朝鮮族に対し、韓国での就業を許容する「訪問就業制」の施行が予告される。これによって結婚による移住に頼らなくても韓国への入国が容易になったことが、中国朝鮮族女性と韓国人男性の国際結婚数が減少する要因となった。そもそも朝鮮族女性は韓国の都市生活、消費生活に憧れて韓国に移動してきたのであり、韓国農村男性との結婚を忌避する傾向があった。農村に婚入した朝鮮族女性がそのまま出奔する事件はしばしばメディアを賑わせていた。

韓国人男性と朝鮮族女性の結婚について、両者は言語・文化・血縁的背景に同質性をもっており社会的に大きな抵抗なしに受け入れられると考えられた。そのため、結婚適齢期を超え配偶者を見つけることが難しくなった農村部の男性たちがその代案として国際結婚を積極的に推進し、それに対し女性団体や農民団体はもちろんのこと、地方自治体も積極的に擁護する立場を見せた（Han 2006など）。

一方で、中国朝鮮族の女性の韓国社会への結婚による流入が、韓国農村部に大きな変化をもたらしたとはやはり言いがたい。様々な部分的な相違があったとしても、朝鮮族女性には農村出身者が多く、基本的に家族形態、家族関係、さらには家族についてのイメージなど共通する部分が大きく、文化的に異質な存在ではなかった。また宗教の違いも問題にはならなかった。

二〇〇〇年代後半になると、韓国の国際結婚の相手国は多様化を示すようになる。「訪問就業性」が施行された二〇〇七年以降、朝鮮族女性と国際結婚の機会が減ったことにより、韓国人男性は結婚相手をベトナム、カンボジアなどの東南アジア諸国だけでなく、カザフスタン・ウズベキスタン・キルギスタンなどの中央アジア諸国にも求めていくようになる。これは他の東アジア社会、日本や台湾の国際結婚の事例にはあまり見られない現象であり、一九世紀末からの韓国人の海外移住の経緯と関連している。すなわち、一九世紀末から日本の植民地統治期にかけて、樺太やサハリン、沿海州に移住した朝鮮人が、太平洋戦争中にスターリンの強制移住政策によって、中央アジアへ移動した。彼らは「高麗人」、「カレイスキー」と呼ばれ、カザフスタンおよびウズベキスタンを中心に約二〇万人居住しているとされる。中国朝鮮族女性と同じように、中央アジアに移住した「高麗人」女性の婚入は、かつて植民地支配期に海外に移住した朝鮮人の子孫が世代を超えて韓国に帰還してきたケースといえる。この国際結婚の相手国の多様化によって結婚仲介業者が強力に介在する余地が生み出されることになる。

3　アジア諸国からの女性結婚移住者と結婚仲介業者

このように、一九九〇年代末から二〇〇〇年代初めまで、韓国人男性と外国人女性の結婚は、結婚仲介業者や私的なルートを通じた韓国系中国人女性との結婚、あるいは世界平和統一家庭連合を通したフィリピン・タイ・日本人女性との結婚が大多数を占めていた。そして二〇〇〇年代初期からはベトナム人女性との結婚の比率が急激に増加し、旧ソ連地域やモンゴルなど中央アジア地域までその対象国の範囲が広がるようになったのであるが、これは二〇〇〇年代に入り、国際結婚仲介業者が韓国人男性と外国人女性との国際結婚に大きな役割を果たすようになったためである（Han et al. 2006: 13）。

二〇〇九年に韓国法務部および出入国外国人政策本部（当時）が、全国一〇〇六名（女性九〇六名・男性一〇〇名）の国籍未取得の結婚移住者と九九一名の配偶者を対象にした調査を実施した[14]。その報告書には結婚仲介業者が韓国人男性と外国人女性、特に他のアジア諸国の女性との結婚に大きな役割を果たしていること、そのことがどのような問題をもたらしているかが明瞭に示されている。

外国人女性が韓国人配偶者に出会った契機については、「結婚仲介業者の紹介」によるものが三〇・三％で最も多い。「本人の知人の紹介」が二七・九％、「個人的な恋愛の結果」が一三・三％、「韓国にいる友人の紹介」が一〇・七％、「宗教団体の紹介」による場合が九・四％、その他八・四％の順である。そのなかで、ベトナム人（五一・二％）、カンボジア人（七〇・七％）、ウズベキスタン人（五八・一％）など、特定の地域については、結婚仲介業者を介した結婚が過半数以上を占める。

結婚の直接の動機については、全体は「配偶者を愛するから」が、五九・一％、「経済的に発展した国に住みたい」が二一％、「本国の家族の経済的支援のため」が七・五％、「宗教的理由」が六六・六％、「韓国での安定的な就業のため」は三・三％などの順である。この動機については地域差が明瞭に表れている。基本的にアジア系の女性側は国際結婚に際して経済的な動機が強く表れる。経済的に発展した国に住みたい・本国の家族の経済的支援のため・韓国での安定的な就業のためなどを合わせた「経済的な動機」による結婚は、ベトナム人では四四％、カンボジア人で五八・六％、ウズベキスタン人で四八・五五％を占めている。その他にも、モンゴル人で四八・九％、フィリピン人で三一・六％、タイ人で二九・八％である。

また外国人女性が初婚・再婚かについての結果についてもアジア諸系の女性は特徴があり、全体の初婚者が八四・三％であるのに対して、ベトナム人女性（二〇九名）では九六・七％、カンボジア人女性（五八名）とウズベキスタン女性（三一名）は全員が初婚であった。

以上のように、韓国人男性と国際結婚した東南アジア諸国や中央アジア諸国の外国人女性たちは、経済的動機から韓国人男性との結婚の機会を求め、結婚仲介業者を介して韓国人男性と出会い、その大半が初婚であるという一般的な姿が見えてくる。

法務部の調査とは別に韓国行政安全部は、二〇〇八年に現住所地での居住が確認された一三万一〇〇〇人の外国人居住者のうち、七万三〇〇〇世帯（全体数の五五・九％に該当）に対し設問紙調査を行った[15]。その報告によると、結婚移住者の平均年齢は、女性は三三・三歳、男性が四一・六歳であり、韓国人女性と外国人男性からなる夫婦の年齢差は平均一・三歳（男性四一・六歳／女性四〇・三歳）であるのに対して、韓国人男性と外国人女性の夫婦の場合は一〇歳（男性四三・二歳／女性三三・三歳）である。しかも、韓国人男性とベトナム人女性の夫婦の年齢差は一七歳、カンボジア人女性との夫婦の年齢差は一七・五歳とさらに大きな年齢差がある。つまり二〇から三〇代の東南アジア女性と四〇代以上の韓国人男性の結婚が多いことを示している[16]。

このように結婚仲介業者が国際結婚によって韓国に結婚移住する女性たちと韓国人男性の間を仲介する大きな役割を果たしている背後には、韓国のシングル男性、特に農村部の年齢が高いシングル男性の大きな需要がある。つまり農村部のシングル男性は、家系の維持や両親の介護など「伝統的な家族の価値観」からシングルを強く忌避し、その伴侶を外国人女性に求めたのである。しかし、そこに結婚仲介業者が介在することで、女性が出産（家系維持）、労働（介護）への期待だけでなく、年齢や処女性において明確に序列化され、需要と供給のバランスの中で「価格」がつけられているという点で「女性の商品化」を伴う「結婚市場」が成立した。経済的格差がある地域間の国際結婚が、「女性の商品化」という問題を孕むのは、そこに結婚仲介業者が介入することによる面が大きい。

くわえて、韓国人男性と外国人女性の間の国際結婚の約三割は、結婚仲介業者に一定の金額を支払う方式で行われている。特にベトナム人との間の国際結婚は五一％、ウズベキスタン人は五八・一％、カンボジア人にいたっては七〇・七％が結婚仲介業者を介しているという調査結果が報告されている。とくに女性との国際結婚について、結婚仲介業者を利用する割合が非常に高い(18)。

そもそも韓国において結婚仲介業者がアジア諸国からの結婚移住を牽引するようになったのは、二〇〇〇年代初頭の韓国政府の政策によって結婚仲介業者が、大きな役割を占める余地が生まれたからである。一九九八年、韓国政府が結婚仲介業者の開業に関し、許可制から申告制に変更したため、結婚仲介業者が乱立するようになった。そして二〇〇二年には七〇二三件であった結婚仲介業者による国際結婚の仲介件数が、二〇〇三年には一万三三四七件へとほぼ倍増し、さらに二〇〇四年には一万八四八九件、二〇〇五年には二万五八二件へと急増する。韓国社会福祉院はこの背景として、二〇〇三年七月一日に婚姻申告に関する韓国と中国との覚え書きが廃止され、韓国と中国のどちらでもカップルは夫婦婚姻申告ができるようになったことを指摘している(17)。

このような結婚仲介業者を通した結婚方式は「出会い」から「結婚」まで至る決定過程がきわめて短時間で進行するため、相手に対する十分な情報を交換することが難しい。そのため、一般的に、韓国における国際結婚は婚姻関係の脆弱性を内包していると言えよう。外国人妻と韓国人夫の国際結婚は、私設の結婚仲介業者や宗教団体、友人、親戚からの紹介など多様な方式で行われてはいるが、「出会い」から「結婚」に至る期間が短いのは同様である。このため、外国人「花嫁」は、韓国文化・社会についての基礎的な知識どころか、韓国語もほとんど習得しない状況で、異国での夫婦、家族生活を始めることになる。

二〇〇〇年代初頭に東南アジアでは相次いで、結婚仲介業者に対する規制が行われた。この規制は、韓国や台湾において結婚仲介業者が介在する国際結婚が様々な問題を起こしていることに関する東南アジア諸国からの強い批判のあらわれだった。

フィリピン政府は一九九〇年に、商業化された国際結婚を人身売買の一形態と見なし、国際結婚の仲介を禁止する法律である「郵便注文花嫁禁止法（Anti-Mail Order Bride)」、二〇〇三年には「人身売買禁止法（Anti-Trafficking in Person Act Of 2003)」を制定した。この法律は郵便によって配偶者を注文する方式、あるいは個人の紹介による配偶者斡旋の方法で、フィリピン女性と外国人男性との結婚を斡旋する行為、それを目的とする会社設立を禁止したものである。また、そのような事業を助長する目的でパンフレットなどの宣伝物を広告・出版・印刷・配布する行為も禁止された(Ko et al. 2005)。

ベトナムでは、台湾人男性との国際結婚が急増するなかで、国際結婚が性売買を目的とする人身売買に悪用される問題が発生した。そこでベトナム政府は二〇〇二年にいわゆる「六八号命令」を発布し、営利を目的とする国際結婚仲介を禁止した。また商業化された結婚仲介を最小限にとどめるために、ベトナム共産党機関である「女性同盟委員会」の傘下に「結婚支援センター」を設立し、そこで政府の管理の下でベトナム人と外国人との間の結婚情報を提供することで、適切な仲介を行うこととし、民間業者による結婚仲介をすべて禁止した（Ko et al. 2005)。

台湾の結婚仲介業者がベトナムから撤退する一方で、二〇〇五年まで主に中国朝鮮族を対象としていた韓国の結婚仲介業者が、活動拠点をベトナムに移したため、二〇〇六年にはベトナム人女性と韓国人男性の国際結婚件数が一万件を超えるようになった。しかしベトナム人妻に対する韓国人男性のＤＶなどがベトナムで報道され、韓国の結婚仲介業者に関しても不法仲介がベトナムの社会問題になったため、規制が強化されるにいたる。

そこで二〇〇七年ごろから、韓国の結婚仲介業者は主な活動拠点をカンボジアへ移すようになる。二〇〇八年の『ソウル新聞』の記事は「カンボジア妻三六〇％↑・ベトナム妻三〇％↓」という見出しである。これは韓国の国際結婚仲

表3　外国人妻の国籍別婚姻件数

（件）

国籍	2000年	2001年	2002年	2003年	2004年	2005年	2006年	2007年	2008年	2009年
計	6,945	9,684	10,698	18,751	25,105	30,719	29,665	28,580	28,163	25,142
台湾	22	21	29	52	84	114	104	129	152	134
フィリピン	1,174	502	838	928	947	980	1,117	1,497	1,857	1,643
ベトナム	77	134	474	1,402	2,461	5,822	10,128	6,610	8,282	7,249
カンボジア	1	2	2	19	72	157	349	1,804	659	851
ラオス	5	2	1	2	6	2	5	11	16	20
マレイシア	11	7	18	9	21	15	11	16	23	28
インドネシア	42	48	67	88	82	99	97	74	77	81
タイ	240	182	327	345	324	266	271	524	633	496
ネパール	2	2	21	22	32	16	33	82	159	316
モンゴル	64	118	194	320	504	561	594	745	521	386
中国	3,566	6,977	7,023	13,347	18,489	20,582	14,566	14,484	13,203	11,364
日本	819	701	690	844	809	883	1,045	1,206	1,162	1,140
カザフスタン	28	27	3	67	44	36	26	25	21	18
ウズベキスタン	43	66	183	328	247	332	314	351	492	365
カナダ	38	38	55	44	74	92	91	134	117	134
米国	231	262	267	322	341	258	331	376	344	416
豪州	31	41	41	32	37	34	45	63	61	65
ニュージーランド	0	1	7	4	11	13	9	15	20	20
キルギスタン	19	41	47	42	46	33	80	62	49	54
ロシア	70	155	236	297	315	234	203	152	110	139
その他	462	357	175	237	159	163	201	220	205	223

出所：統計庁（http://kostat.go.kr/2010/）

介業者による人身売買的な結婚斡旋形態が現地政府の規制強化を受け、結婚仲介業者がその活動地域をベトナムからカンボジアへと移してきたことを報じる内容である（『ソウル新聞』二〇〇八年一〇月八日）。カンボジア人と国際結婚件数が二〇〇六年の三四九件から二〇〇七年には一八〇四件（三六〇％）と大幅に増加したことを伝えている（表3）。

その後、カンボジア政府は二〇〇八年三月に国際結婚を全面禁止することになる。カンボジア副総理兼内務部長官は「国際結婚が当事者の意見よりブローカーによってお金で取引される人身売買に変質しているため、正常な国際結婚を推進できる規定がつくられるまで国際結婚を中止する」と韓国政府に通知し、国際結婚仲介業者の内務部への登録義務化・集団お見合い禁止・所得証明証や健康証明証などの身上情報の提供を盛り込んだ「カンボジア国民と外国人の結婚方式及びその手続きに関する施行令」を制定した。当時カンボジア政府が結婚仲介業者の介在する国際結婚に批判的であったのは、リム・サムコル（Lim Samkol）在韓カンボジア大使の当時のインタビューにも現れている。二〇〇八年六月、韓国の『京郷新聞』とのインタビューで大使は「我々はカンボジア女性との結婚が商品扱いされるのに反対する」と、述べている（二〇〇八年六月二三日付）。

二〇〇九年一月に、カンボジアと韓国の国際結婚がいったん再開されるものの、二〇一〇年三月五日には、ふたたびカンボジア政府は韓国人との国際結婚を中止させる。そして同年四月二七日、カンボジア政府は結婚当事者の直接審査を盛り込んだ規定を韓国政府に通告し、ようやく、国際結婚の中止措置を解除するにいたっている。

韓国の国際結婚、特に農村男性との国際結婚について、その大半が商業的仲介業者によって担われていたことは疑いもない。しかも韓国の商業的結婚仲介業者による国際結婚は、非常にマニュアル化され、迅速な手続きによって国際結婚を成立させる。最も早い手続きで、三泊四日、あるいは五泊六日の期間で結婚を成立させるシステムである。

この国際結婚仲介システムの問題について、コ・フンウングは、韓国の商業的な仲介業者による結婚仲介の問題として、募集過程においての人権侵害的な広告や、人権侵害的な結婚仲介の手続きを指摘している（Ko et al. 2005）。例えば、韓国人男性の顧客を集める際に「花嫁補償制」、「出会いから結婚まで七日」、「年齢制限なしに誰でも結婚可能」、「ベトナム女性は絶対逃げない」などの文言が国際結婚仲介業者の宣伝にしばしば見られる。

また、人権を侵害する仲介手続きの事例として、次のようなやり方がある。一人の男性が、少なくとも二〇名から三

○名、最も多いときは二〇〇名から三〇〇名のベトナム女性のリストから好みの女性を選択する。女性には韓国人の男性のリストがわたされることがなく、基本的に選択権はない。筆者のベトナムでの聞き取りにおいても、そのように複数の女性を並べて男性が指名していることを聞いた。この方式は、性産業における買春とまったく同じである。

そしてカップル成立後の性的な関係に仲介業者が介入することである。カップル成立後、法的な婚姻関係にまだいたっていないのにもかかわらず、「新婚旅行」の名目で性的関係を保証（強要）される場合がある。聞き取りによれば、この「契約」については非公式に韓国人男性に仲介業者が伝えており、もしベトナム人女性が性的関係を拒絶した場合、他のベトナム人女性の斡旋の保証が約束されている。一方で拒絶したベトナム人女性には、その後斡旋をしない、場合によっては違約金の支払いなどの「ペナルティ」がある、という。

最近でも二〇一〇年の『京郷新聞』には次のような記事が掲載された。

ベトナムの南海岸にある都市ブン・タウから離れ、二〇世帯が暮らしている田舎の村がある。その村に住むチ・キム（Chi Kim）（一九歳）は、今年九月に〔ベトナム人の〕国際結婚募集者の目にとまり、彼女の親は募集者から三〇〇ドルを受け取った。結婚が成立すれば、さらに両親は七〇〇ドルをもらう約束である。チ・キムをホーチミンにつれてきた募集者は、五〇〇ドルを受け取り、現地の斡旋者に彼女を引き渡した。チ・キムの結婚が成立すると、募集者はさらに五〇〇ドルを報酬として得る。

チ・キムはホーチミンの宿舎で、同じような境遇にいる一〇名から二〇名のベトナム人女性たちと暮らしながら、九月から一ヶ月の間に二回、韓国人の男性たちと集団お見合いをした。しかし、男性側に指名されることなく、いまだに宿舎で生活している。彼女は、親がもらった三〇〇ドルと募集者がもらった五〇〇ドルを支払うか、男性に指名され結婚しない限り、この宿舎を出ることができない。（『京郷新聞』二〇一〇年一一月二三日）

国際結婚仲介業者は、女性たちの韓国への適応のために必要な教育をしていると主張するものの、韓国語や韓国での基本的な生活情報についての教育がほとんど行われず、むしろ出国まで、女性の離脱や他の男性との交際を防ぐための監視が目的であった。結婚を破棄する場合には、女性の家族に対し、多額の弁償金を要求、あるいは家族を脅迫する場合もあったという（Ko et al. 2005）。

この他にも、費用を支払う韓国人男性の一方的観点から結婚仲介から成立までの過程が作られており、ベトナム人女性側に提供される情報は乏しく、男性の年齢、職業、初婚か再婚か、学歴、収入などの基本情報が不正確なケース、病歴や犯罪歴などの情報が伝えられないケースすらある。また仲介業者による通訳サービスなども不十分である場合が多い。こうした問題について、韓国福祉部が二〇〇五年に行った委託調査「国際結婚移住女性の実態調査」によれば、結婚仲介業者の斡旋で結婚した一九九人のうち四四％が夫に対する事前情報が一致していないと答えたという。その一方で女性に対しては、処女であるか、出産に支障がないかを確認するために産婦人科検査を要求する事例が報告されている（Sul and Kim et al. 2005）。

筆者の聞き取り調査においても、当事者である韓国人夫の説明では、「ひと目見た時から愛情をもった」、「ベトナムの女性は同じ儒教の影響を受け、親にも孝養を尽くし、貞淑なので結婚を決意した」といった説明がされる。一方、周囲の者からは「自分の子どもを産ませるために結婚した」、「韓国語がよくできず、韓国のことを知らないので、逃げようもない」、「子どもが生まれなかったらチェンジしたのではないか」という批判も陰でささやかれていた。この「チェンジ」という言葉は、女性が性的サービスするクラブやキャバレーで、気に入らないホステスの女性を他の女性に替えさせるときにしばしば用いられる言葉である。結婚仲介業者による女性の「商品化」は、単に「結婚市場」で「商品」として扱われるだけでなく、人格と切り離し、生殖機能などの身体の道具化、さらには男性の需要に応えるために一種の「感情労働」を強いるという点で、性産業における「性の商品化」と共通している。

4　国際結婚がもたらした「伝統文化の変質」

韓国人が民族の歴史と自らの伝統文化を重視し、アイデンティティのより所としていることはよく知られている。そして韓国人は「ウリ　ナラ、ウリ　ミンジョク」（私たちの国、私たちの民族）のスローガンに代表されるように、一つの「民族」が非常に均質な文化を共有し、国家を形成する「一国一民族国家」を長らく標榜してきた。解放後の韓国のナショナリズムの根底には「抗日」、「反日」、「克日」というスローガンに象徴されるように、日本植民地支配後のポストコロニアルな状況があり、韓国の「国民文化」は最近にいたるまで、一貫して純粋な「民族文化」を希求してきた。このポストコロニアル状況における「民族文化」の核の一つが系譜と家族であった。韓国「国民」とは、朝鮮王朝期に浸透した儒教的な父系出自原理（氏族イデオロギー）に基づく家族・親族システムを基盤とし、系譜に裏打ちされた純粋な「血」をもつ韓国人であることを意味した。こうした家族・親族システム自体、韓国の「民族文化」の重要な要素であり、韓国の民族文化の基盤となる「韓国人性」を支えてきた。

韓国人にとって均質的な韓国の民族文化についてのイメージが、その多くを「伝統的農村」に負っていることは事実である。衣食住といった伝統的な生活文化だけでなく、社会生活の基本的なあり方は農村にあると見なされている。すなわち、農村には韓国社会における社会編成の原理となっている儒教的価値観とこれに基づく父系出自原理による家族関係、社会関係が未だ残っていると見なされてきた。家族（チプ）は父系出自集団の最小単位として、男系による家系の継承が強い規範であった。特に息子には長男を設けるために早く結婚することが強い圧力となってのしかかる。そのため、農村の独身男性には「シングル」を強く忌避することを求められてきたのである。

結婚仲介業者による国際結婚は、男性側が多額の仲介料を支払うことで成り立っている。一種の取引であり、それは、男性が対価を支払い、これに対し女性側は何かを提供しないと、成立しないような仕組みになっている。この取引においても無数のバリエーションは存在するであろう。しかし経済的に劣位に置かれた東南アジア、中央アジアの女性が提供しうる対価は限られている。つまるところ、意識する／しないにかかわらず、男性側が求めるモノ（若さやセクシュアリティなど）を売り物にせざるをえない状況があり、結婚仲介業者は、その取引を効率的に行うシステムに過ぎないともいえよう。

しかし、視点を変えてみると、国際結婚仲介業者は、韓国人男性、特に同じ韓国人女性の伴侶を得にくい状況に置かれた農村部の韓国人男性が「シングル」を強く忌避したいという要求に応えることで成立した「結婚市場」のエージェントである。さらに言えば、韓国農村における独身男性のシングルの忌避への欲求が国境を越えていく背景には、韓国人社会における婚姻関係の流動化と女性の社会進出に伴うシングル志向の高まりがある。

その結果もたらされつつある状況が、韓国の「伝統文化」「民族文化」の原風景、イメージの源とされてきた農村の多文化化である。国際結婚の比率が四〇％に及ぶような農村では、国際結婚の夫婦の間に子どもが生まれること――家系の継承こそ「シングルを忌避」する理由であるのだが――で、次世代によるさらなる多文化化が起きることが十分に予想される。今や韓国農村は、次世代の農業の担い手が激減しつつあり、高齢者のみが住む限界村落どころか、村落消失の危機に陥っている場合も多い。韓国人の夫とその両親は、母親から受け継いだ異なる肌の色、宗教や習慣も備えた「ダブル」の子供に期待をかけざるをえない。

国際結婚が増加する背景、現状には、現代の韓国社会における「民族文化」と「シングル」を忌避することのパラドクスが集中的に現れると言えよう。このパラドクスは、特に「伝統的な民族文化の基盤」と見なされる農村部において集中的に表出する。一方で、国際結婚の結果によってもたらされるのは、それまでの「伝統」とは異なる「異文化」である。国際結婚をめぐる様々な問題点は、グローバル化がもたらした私的な場、家内的領域における「異文化間葛藤」になりうるであろう。つまり「伝統文化」に起因するシングル忌避が、結果的に「伝統文化」を変質せしめる契機になりうるというパラドクスが見いだせるのである。

注

（1）本論文の基礎となった韓国での予備調査および資料収集は、平成21年度科学研究費補助金（基盤（B）海外学術調査（課題番号21401046）「東アジアにおけるコリンア・ネットワークの人類学的研究」（代表：朝倉敏夫）によって得られたものである。学術振興会の関係者、朝倉先生に感謝を申しあげる。

（2）なお、本章で用いられている韓国政府の報告資料に関しては、韓国法務部出入国管理局に勤務する金明信氏に提供、示唆していただいた。金明信氏は韓国法務省派遣留学生として、神戸大学で修士を取得し、現在は韓国の移民政策に関わっている。本章のいくつかのアイデアは金明信氏への論文指導の中で交わされた議論から生み出され、その後のデータ提供も含め、金明信氏は本章の共同執筆者と言える。ここで金明信氏に心からの感謝を申しあげたい。

（3）現在、筆者はベトナムにおいて、送り出し側の家族に関する調査に着手したところである。

（4）『ハンギョレ新聞』二〇〇二年八月一九日付。

（5）韓国統計庁（http://kostat.go.kr/2010/）。

（6）二〇〇九年の国籍改正法一〇条二項によれば、外国国籍不行使誓約をした者、つまり配偶者が韓国人であり、その配偶者と婚姻生活を維持している結婚移民者で簡易帰化した外国人が帰化できる。婚姻帰化者は二〇〇五年七〇七五人であったが、二〇〇九年には一七、一四一人となり、二〇〇九年の国籍別内訳は、中国籍からの帰化一万一七四四人、ベトナム国籍からは三七五四人である（韓国法務部出入国・外国人政策本部『二〇〇九年 出入国・外国人政策統計年報』七〇九頁）。

（7）韓国行政安全部『二〇〇九年 地方自治体 外国人住民現況調査の国籍別現況』および『二〇〇九年 地方自治団体 外国人住民現況調査結果』（いずれも非売品、韓国語）、韓国保健社会研究院・韓国移民学会『二〇〇九年 全国多文化家族実態調査』行政安全部、内部資料（非売品）（韓国語）、統計庁（http://kostat.go.kr/2010/）。

（8）外国人住民の子女は一〇万七六八九名で外国人住民全体の九・七％にあたり、そのうち満六歳以下は六万四〇四〇名、満七～一二歳以下が二八・九二二名と外国人住民の子女の八六・三％を占め、両親が韓国（朝鮮半島）にルーツをもたない児童が増加していることがうかがえる。

（9）韓国保健社会研究院『結婚女性移民者家族及び混血人・移住者の社会統合方案』内部資料、二〇〇六年（非売品）（韓国語）。

（10）アベルマンとキムはフィリピン－韓国人の国際結婚が失敗した事例を報告している。貧しい農民である母親が、フィリピンと韓国との国家間の経済的格差を利用し、フィリピン人にとっては多額の費用を、結婚仲介業者の役割をする統一教会に払い、息子のために貧しい国から花嫁を受け入れようとしたが、結局、フィリピン人の花嫁は結婚式場に現れなかった（Abelmann and Kim 2005）。

（11）フリーマンは一九九〇年、政府の支援により農村部の救世主として迎え入れた朝鮮族（韓国系中国人）花嫁という単純化した韓国の言説に対して、朝鮮族花嫁の実際の経験と複雑な現実（移住や市民権を目当てに積極的に韓国人男性を利用し捨てる「逃げる花嫁 Juju:A Runaway Bride」など）を記述している（Freeman 2005）。

(12) 一方、二〇〇二年までは韓国人女性の結婚相手は、日本・米国・カナダ・英国・豪州などのいわゆる先進国出身の男性との結婚が多くを占めた。それが二〇〇三年以降には中国・バングラデシュ・パキスタン人男性との結婚も増加している。この時期に外国人労働者が増加し、韓国に来た男性移住労働者と韓国人女性の結婚が増加したことによる。

(13) 韓国保健社会研究院『女性結婚移民者家族及び混血人・移住者に対する社会統合支援方案』内部資料、二〇〇六年（非売品）（韓国語）。

(14) 韓国法務部出入国外国人政策本部『二〇〇九年　結婚移民者及びその家族に対する実態調査結果報告書』内部資料（非売品）（韓国語）。

(15) 韓国保健社会研究院・韓国移民学会『二〇〇九年 全国多文化家族実態調査』行政安全部、内部資料（非売品）（韓国語）。この基本となった内部報告が「二〇〇九年　全国多文化家族の実態調査（結婚移住者＋婚姻帰化者・国家承認統計第一一七七九号）」

(16) 以上の二つの政府による調査は、全国を対象にし、またクロス集計分析の結果が公表されていないために、農村部と都市部の差異、あるいは詳細な国別結婚移住者のデータが示されていないという限界がある。ただし、筆者が韓国済州島あるいは京畿道、慶尚南道で行った短期間の聞き取り調査や観察でも、この傾向が確認できた。しかも、農村部における国際結婚のほとんどが、結婚仲介業者が介入もしくは、自治体や諸団体の依頼に応ずる形で間接的に関わっていた。

(17) 韓国保健社会研究院『結婚女性移民者家族及び混血人・移住者の社会統合方案』内部資料、二〇〇六年（非売品）（韓国語）、および 大統領諮問貧富格差差別是正委員会ほか『女性結婚移民者家族及び混血人・移住者に対する社会統合支援法案』内部資料、二〇〇九年（非売品）。

(18) 韓国法務部出入国外国人政策本部『二〇〇九年　結婚移民者及びその家族に対する実態調査結果報告書』内部資料（非売品）（韓国語）。

参考文献

Abelmann, N and Hyunhee Kim. 2005. "A Failed Attempt at Transnational Marriage: Maternal Citizenship in a Globalizing South Korea." In *Cross-Border Marriages: Gender and Mobility in Transnational Asia*, edited by Constable N. University Of Pennsylvania Press.

Freeman, Caren. 2005. "Marrying Up and Down: The Paradoxes of Marital Mobility of Chosonjok Brides in South Korea" In *Cross-Border Marriages: Gender and Mobility in Transnational Asia*, edited by Constable N. University Of Pennsylvania Press.

Han, Gun-su. 2006.「農村地域結婚移民者女性の家族生活と葛藤と適応」『韓国文化人類学』39(1)：195-243（韓国語）。

Han, Gun-su, et al. 2006.『結婚仲介業者実態調査及び管理方案研究』、保健福祉部。

Kim, I-sun, Kim, Min-jung and Han, Gun-su. 2006.『女性結婚移民者の文化的葛藤経験と疎通増進のための政策課題』韓国女性開発院（韓国語）。

Kim, Min-jung. 2003.「婚姻移住と婚姻移住家庭の問題と対応」『韓国人口学』28(1)：73-106（韓国語）。

Kim, Min-jung et al. 2006.「国際結婚移住女性のジレンマと選択：ベトナムとフィリピン妻の事例を中心に」『韓国文化人類学』39(1)：3-28（韓国語）。

Ko, Hun-ung and Kim Hyun-mi et al. 2005.『国際結婚仲介システム：ベトナム・フィリピン現地実態調査』大統領諮問、貧富格差・差別是正委員会（韓国語）。

Lee, Sun-ju, Kim, Yung-hee and Choe, Jung-suk. 2005.『世界化とアジアにおける女性移住に関する研究』韓国女性開発院（韓国語）。

Mun, Sun-yung. 2007.「現行法（案）を通じて見る国際結婚女性移住民のための社会的支援体系に対する探索的研究」『女性研究』72(1)：109-142（韓国語）。

Park, Jong-sam. 1983.「韓米国際結婚における文化的背景の差異による意志伝達葛藤の理論的考察」『Sungjun 大学論文集』12：99-136（韓国語）。

Song, Sung-ja. 1974.「国際結婚における夫婦葛藤：米八軍の精神衛生科に依頼された米軍配偶者を持つ韓国女性を中心にした調査研究」『梨花女子大学大学院 社会科学科 修士論文』（韓国語）。

Sul, Dong-hun, Lee, Hee-kyung and Cho, Sung-nam. 2006.『国際結婚移民者家族実態調査及び中長期支援政策方案研究』韓国社会学会、女性家族部（韓国語）。

Sul, Dong-hun and Kim, Hyun-mi et al. 2005.『国際結婚移住女性実態調査及び保険・福祉支援方案』保険福祉部（韓国語）。

Yuh, Ji-yeon. 2002. *Beyond the Shadow of Camptown: Korean Military Brides in America*（Nation of Newcomers: Immigrant

History as American History). New York: New York University Press.

愛情とお金のあいだ
――トルコの都市における経済的貧困と女性の孤独

村上　薫

「私は親からも兄弟からも、夫からも愛してもらえませんでした。私には守ってくれる人が誰もいないのです」（アイテン：三〇代女性）

「裕福だったころは、親戚など、みんなもっとしょっちゅううちを訪ねてきました。〔……〕人との関係はお金しだいです。〔……〕お金に困るようになったとたん、助けてくれと言われるのを心配して、距離を置くようになるのです。（セヴィライ：二〇代女性）

1　寄る辺ない女性たち

トルコの最大都市イスタンブルの低所得地区で出会ったのは、誰にも守ってもらえない、誰も寄りつかないと嘆く女性たちだった。

孤独という問題

トルコの都市貧困層、とりわけ主な構成員とされる地方出身の移動者たちをとりあげる研究は、彼らが親族や同郷出身者と築く互酬的な関係の重要性を、都市への適応（たとえばErder 1996）やアイデンティティ・ポリティクス（たとえばGüneş-Ayata 1991）、国家からの資源獲得（たとえばHeper 1982）などの観点から論じてきた。移動者研究の多くは実質的に男性を対象としたが、移動者の女性もまた、ジェンダー研究においてしばしば、家父長的社会構造のもとで抑圧されつつもしたたかに生きる存在として取り上げられてきた（たとえば Erman 2001）。いずれの場合も、都市貧困層出身の人々は何よりも関係性のなかで生きる存在としてとらえられ、そこでは彼らの抱える孤独や疎外感、寄る辺なさが焦点化される余地はほとんどなかった[1]。これらの人々の孤立や疎外が語られるようになるのは、一九九〇年代半ば以降のことである。当時ヨーロッパにおける社会的排除などの議論に触発されて、トルコでも社会関係の破たんを伴う「新しい貧困」（*yeni yoksulluk*）が拡大していると言われるようになり、孤立や疎外、貧困者の他者化の問題が議論の俎上にあがった。ただしこの問題をいち早く指摘したエルデル（Erder 1995）や大規模なインタビュー調査を実施したエルドアン編（Erdoğan 2002）などを除けば、実地の調査にもとづく研究は限られている。

以上をふまえ、本章では冒頭の女性たちの嘆きを家族・親族関係にかかわる二つの文脈に位置づけてみたい。ひとつは家族・親族関係における長期的で近代家族的な変化であり、もうひとつは新自由主義的経済政策下における経済的不安定と相互扶助・扶養の困難化という、より最近の変化である。分析の焦点は夫婦関係とナームス概念におく。

トルコ語で「ナームス」（*namus*）とは、狭義には親族の女性のセクシュアリティの保護／管理を通じて維持される、個人や集団（家族・親族、村落共同体、民族など）の名誉を意味する。彼女がマフレム（*mahrem*：血縁が近く宗教上結婚が禁じられている）の男性ではない男性と関係して彼女のナームスが傷つけば、彼女の家族や親族のナームスも傷つくとされる。つまり、ある女性のナームスは彼女の家族や親族のナームスでもある。これにたいし広義のナームスは、正直さ、人の道にかなっていることやそのことによって尊敬されること、自尊心などを含み、名誉の文化を構成するもう一方の名誉である「シェレフ」（*şeref*）と重なる（Meeker 1976; Parla 2001; 松原 一九八六）。ナームスは、人々がセクシュアリティの保護や年長者への恭順といった規則に従うことで帰属意識や社会的アイデンティティを獲得する、親族の結合を支える価値ともいえる（Sirman 2004）。類似の概念は、中東・南アジアをはじめ多くの社会で観察される。本章で主に取り上げるのは狭義のナームスである。

トルコではオスマン帝国末期の一九世紀後半に始まる近代化改革の過程で、当時の西欧における夫婦愛や母性愛を理想視する近代家族的な家族観が、まず都市のミドルクラスに浸透し、やがてほかの階層でも受け入れられていった[2]。その過程でナームスは、とりわけ農村や都市下層社会で生きる人々にとって社会的アイデンティティを獲得するしくみとして重要であり続ける一方で（Üstündağ 2007）、ミドルクラスを中心に、夫婦や父娘のあいだの愛情への読み替え、あるいは個人的な価値への転換といった変化をとげてきた（Durakbaşa 1998; Sirman 2004; 村上 二〇一二）。したがってナームスを守ることを通じた社会的アイデンティティの獲得というとき、誰がナームスの保護にかかわり、そこにいかなる意味が盛り込まれるかは一様ではなく、愛情で結ばれた夫婦の理想化や、あるいは性の自由化といった新たな価値観とのせめぎ合いのなかで常に変化していると見るべきである（村上 二〇〇五：四九―五二）。

家族・親族のこうした長期的な変化とは別に、新自由主義的な経済政策のもとで競争が激化すると、家族・親族のセイフティネットとしての機能が脅かされるという新たな変化が生じた。親族や家族は、社会保険など公式のセイフティネットの恩恵を受けられない貧困層の人々にとって、困窮したときのほぼ唯一のよりどころであるが、家族を扶養し親族間で助け合うことが難しくなり、その役割を十分に果たせなくなったのである。地縁血縁でつながる人々とつくる互助的関係の喪失は、経済的な困窮に加え、いざというときに頼れる相手を失うことへの不安や失望など、さまざまな感情を伴う経験でもある。

本文で詳しく述べるように、生活に窮した女性たちは、愛情で結ばれた夫婦という理想の浸透とそれに伴う親族関係の変容を背景として、手をさしのべようとしない親族に腹を立て、疎外感を募らせる一方、扶養できない夫にたいする反応はより複雑であった。愛情があればかまわないと考える女性があらわれると同時に、夫にきちんと扶養されることこそが妻として愛されることだという愛情観をもち、夫に愛してもらえないと嘆く女性があらわれたのである。これらの変化は、たとえば「夫に愛されないために孤独な妻」という一見普遍的な図式が、親族・家族関係の長期的な変容とともに、新自由主義的経済政策下における経済的不安定と貧困化という今日的な状況によってつくりだされた可能性を示唆している。

本章では、都市の低所得地区で暮らす女性が感じる孤独や寄る辺なさを、現代トルコにおけるシングル（トルコ語で *yalnız* ＝ひとりであること）のひとつの様態としてとらえ、新自由主義的経済政策下における経済的不安定と近代家族的な家族観の浸透という相互に関連するふたつの文脈に位置づけていきたい。親族・家族関係をめぐる長期の規範面の変化に、より短期的な経済面での変化が絡み合うことで、冒頭の女性たちの言葉に込められた孤独感や寄る辺ない気持ちがいかにかたちづくられているのか、その一端を示すことがねらいである。

分析に用いるデータは、二〇〇六年一二月～二〇〇七年九月にイスタンブル市S区で実施したインタビューと参与観察、およびその後の短期の継続調査の結果である。調査を行ったS区は、一九八〇年代後半から急激に人口が増加した新興の地域で、ゲジェコンドゥと呼ばれる不法住宅が密集し、市内でもっとも貧しく、宗教的に保守的な地域（多数派ムスリムのスンナ派が中心）として知られる。住民は、黒海地方の出身者、東アナトリアから内戦を逃れてきたクルド系の人々、およびアナトリア各地からイスタンブルの中心部に移り住んだものの定着できず家賃の安いS区に移ってきた人々などから構成されている。

以下では、ナームスの保護を通じた家族・親族への帰属について述べたのち、経済の不安定化と家族・親族関係における近代家族的な変化という二つの変化のはざまで、女性の帰属感にいかなる変化が生じつつあるのか見ていきたい。

2　ナームスの保護を通じた帰属

「守られている私」

調査地の女性は、結婚前は父、結婚後は夫をはじめとする主に男性の親族の監督下におかれるとともに、貞淑な女性として自ら行動を律することを求められる。新聞の社会面で毎日のように報じられる名誉殺人は、S区ではほとんど聞かれない。若者の恋愛結婚志向は強まっているし、相手をよく理解したうえで結婚することが望ましいという結婚観は親世代のあいだでも共有されている。しかし娘に異性との交際を許す親はまだ少なく、交際する場合も結婚前の性的関係は厳しく禁じられる。妻はいったん夫や夫方の親族のナームスとなったら別れるべきではないとされ、離婚のハードルは高い。離別した女性は、父親や兄弟らが彼女のナームスに責任を負い、彼女を保護する。寡婦《かふ》を含め、高齢でない限り女性の一人暮らしは稀である。イスタンブル市内でもとくに保守的とされるこの地域では、女性の日常生活は、ナームスを守るためにどのような服装をすべきか、誰と社交すべきか、どこまでなら女性一人で出かけられるかなど、さまざまな規則や制限のもとにおかれている。たとえば二〇代〜四〇代の結婚している女性の場合、近所の雑貨店や青空市場の買い物、子どもの学校への送迎については許可（*izin*）を得る必要はないが、バスに乗って親族を訪問する、あるいは病院や役所に行くときは夫や、同じ建物に住む場合は義父母らからあらかじめ許可をもらうか、夫が帰宅してから報告する。一般化は難しいが、若い女性や東部出身者（クルド系が多い）は、より厳しい監督のもとに置かれる傾向がある。

ナームスの保護を理由に行動を制約されることについて、当事者である女性たちの受け止め方は、人によっても、また場面によっても異なり、一様ではない。夫の嫉妬深さを窮屈だとこぼす女性は少なくないが、習慣化してしまってもはや束縛と感じない場合や、次のインジのように、窮屈ではあっても望ましいこととして肯定的に受け止める場合もある。

写真1　青空市場
近所に立つ青空市場には，ひとりで買い物に行く女性が多い

インジ（仮名。以下同じ）は二人の子どもと日雇い建設労働者の夫と暮らす三〇代（最初のインタビュー時の年齢。以下同じ）の女性である。まだ村にいたころ、夫と駆け落ちした。彼女は区の中心部にある病院（ミニバスで一〇分程度）など少し離れた場所に出かけるときは必ず夫に付き添ってもらう。これは夫が嫉妬するからというより、彼女自身が一人で出かけるのは怖いと感じているからだった。夫は、イスタンブルの「もっと進んだ地区」でも働いた経験があるので、「自分は開明的で嫉妬などしない」と言うが、彼女にとって夫に嫉妬され行動を制限されることはむしろ好ましいことだった。

「嫉妬する（*kıskanmak*）とは、守る（*sahip çıkmak*）ということです。家族にたいして献身的ということです。嫉妬しないのは、たとえば妻が戸口の外で通りがかりの人と話していても、何も言わないということ。焼きも

写真2　学校の送り迎え
子供を学校まで送り迎えするのは母親の役割

ち焼きなら、こういうことは受け入れられません。夫は、よそ者だけでなく、村の人とも私が話すのをいやがります。守るというのはそういうことです。嫉妬しなければ、その家にみんなやってきて、ほら、あそこの亭主は焼きもちを焼かないと言う。何をされてもいいのだ、関心をもたないのだと。〔……〕誇りある人なら家族に恥ずかしい思いをさせません。無責任とは、ナームスがないこと、シェレフがないこと、関心をもたないこと、家族を守らないということです。何よりもまずナームスです。自由に生きるのはだめです」。

インジにとって、夫から嫉妬されて行動を制限されることは、妻として大切にされている、守られている、自分は夫のものであるという実感につながっている[3]。それに夫が嫉妬しなければ、親族や周りの人々から、夫からどうでもよいと思われている妻だと思われて面目を失い、恥ずかしい思いをしなければならない。つまり彼女にとって嫉妬されることは、愛情の問題であると同時に妻としての面目の問題でもある。いずれにしても夫の妻という社会的アイデンティティを得たいのであれば、「自由に生きるのはだめ」なのである。

「ナームスを守る」というときにしばしば用いられる sahip çıkmak は、「守る」こと一般を指す表現だが、日本語の「守る」とはやや意味が異なる。sahip とは「持ち主」の意であり、sahip çıkmak は（一）自分の所有物だと主張することを意味し、転じて（二）誰かの世話をする、（三）誰か／何かを統制（規制、制限）する、（四）誰かを支援するといった意味がある（Redhouse, *Turkish-English Dictionary*）。「（誰かを）守る〜」（*-a sahip çıkmak*）とは、したがって、その人物にたいする支配を含む保護を含意している。「守られる」が「言うことを聞く（*sözü dinlemek*）」と言い換えられたり、守ってくれる人がいないことが「私には主人（*sahibim*：私の所有者）がいない」と表現されたりすることにも、保護と支配が不可分であることがよく示されている。

調査地では、ある女性を「守る」というとき、それはしばしば彼女のナームスを守ることであり、彼女のセクシュアリティを支配し保護することを意味する。「守る」という表現にどれほど支配の要素を含まれるかは、文脈や相手との関係によって一様ではない。男性も誰かに守ってほしいのだろうか、という一般的な問いに、多くの男性は助けを求めることは男性として恥ずかしいことだと答えたが、家族の助け合いについて話すなかで兄や父に守ってほしいと答える男性もいた。女性が夫とは互いに相手を「守る」と語る場合、とりわけ自分が夫を「守る」と語るときには、言うことを聞かせるという意味は含まれていない。（もっともその場合、夫が同じように考えることはまずない。彼が妻を「守る」と言うときは、たいてい相手に言うことを聞かせるという意味で使われている。）後で述べる、夫にナームスを守られることが妻としての自分への愛情だと解釈するような関係性がこれにあたる。

ナームスの保護の経済的側面

ナームスにかんする議論でしばしば見落とされがちだが、ある女性のナームスを守るというとき、そこにはしばしば経済的な保護と支配——扶養することによる身体の保護、就労の制限を通じた労働力の支配など——が含まれていることに注意しなければならない。

サビハ（三〇代女性）は、嫉妬深く怒りっぽい夫が、子供たちに無関心なうえ、彼女が働きに出ることも許さず援助の申請にも協力的でないことに腹を立てていた。

「夫は階段清掃の仕事に行ってもいいかと聞いても反対します。腹が空いたからといって死ぬほどではないだろうと、何もなければマカロニ〔安価な食事を指している〕を食べればいいと言うのです。〔……〕夫は私たちを守っているとはいえません。精神的な（*manevi*）ことだけ気にして経済的な（*maddi*）ことを気にしないなら正常（*normal*）じゃない。精神的なことだけでなく経済的なことも同じくらい気にかけるべきです。お腹が空いているときに食べ物を持ってきてくれないのなら、私の存在は彼には関係ないということです」。

サビハが述べた「物心両面で守る」（*maddi manevi korumak*）もまた、「守る」（*sahip çıkmak*）とともに、ナームスを守るというときによく用いられる表現である。maddi とは「物質的、物理的」、manevi はその対義語で「精神的、心理的」の意であり、「精神的に守る」（*manevi korumak*）は配慮や気遣い、励まし、ナームスを守るため慎み深い行動を命じることなど、幅広い意味が含まれる。サビハはここでは、ナームスを守るために行動を制限するという意味で使っている。サビハにとって、妻子の扶養は夫の責任であり、夫がその責任を放棄しながら、彼女に嫉妬して働きに出さないのは、「正常ではない」。

サビハの語りの背景には、調査地に暮らす多くの女性は夫や親族に経済的に依存せざるを得ないという事情がある。サビハのように、失業中の夫にかわって働きに出たい、あるいは副収入を得て家計を助けたいと考える妻は少なくない。だがサビハの夫に限らず、職場や通勤途中で親族以外の男性と接触することを嫌って、また一家の大黒柱としての面目を保つために、妻や娘が家の外に働きに出ることに反対する男性は多い。若い独身女性のあいだでは、縫製工場の労働者や店員として働く者も増えている。だが結婚後は、とくに若い妻は夫が嫉妬して働きに出るのを許さないことが多い。結婚後に女性が仕事につくとすれば、出来高払いの内職（レース編みや縫製工場から下請けする糸取りの仕事など）やアパートの階段の清掃など、自宅や近所でできる不定期で低賃金の仕事である。

男性は妻のナームス――これは彼のナームスでもある――を守るためには、彼女を経済的にも守らねばならない。男性は妻子を扶養する義務を負うとされ、これを果たさない男性は「恥知らず」（*arsız*）とか「無責任」（*sorumsuz*）、ときには「シェレフがない」（*şerefsiz*）と非難される。妻子だけでなく、扶養してくれる夫を失った親族女性にたいしても、これは同様である。実際に、女性のセクシュアリティと経済生活の関係がもっともあからさまに語られるのは、扶養者を失った妻をめぐってである。寡婦の女性は保護者がいないという弱みにつけこまれて周囲の男性から性的関係を求められ、それはしばしば経済的支援を見返りとするから、親族が保護しなければ彼女は「悪い道に墜ちる（*kötü yola düşmek*）」（＝「売春婦になる」）のである。[4]

とはいえ、実際には男性一人の稼ぎで妻子を扶養する、あるいは寡婦となった（義）姉妹を経済的に支えることは決して容易ではない。S区の住民のほとんどが十分な教育を受けておらず技能をもたないため、[5] 主な働き口は日雇い建設労働や荷運び人など不安定かつ低賃金の仕事であり、インフォーマル・セクターの雇用が多い。

一九八〇年代以降、新自由主義的経済政策がとられ、労働の規制緩和が進むと、派遣雇用や臨時雇用など、無期限契約のフルタイム雇用以外の雇用(非典型雇用)が拡大した。また生産委託関係が発達して家内賃労働や零細工場などの未登録の労働、すなわちインフォーマル・セクターの労働が拡大し、雇用が不安定化した。失業率は、一九九〇年代は六～八%台で推移したが、二〇〇〇年代以降は一〇%を超え、リーマンショック後の二〇〇九年には一四・〇%(都市部は一六・六%)に上昇した。[6] かつてはフォーマル・セクターの雇用が規範とされ、一時的にインフォーマル・セクターに就労しても、やがてフォーマル・セクターに移ることが目指され、またそうすることが可能でもあった。しかし今やこれは困難となり、やがて貧困から抜け出せるという望みをもつことも、実際に貧困から抜け出すことも難しくなってしまった(Buğra and Keyder 2003)。調査地でも、失業や低賃金、先を見通せない不安といった問題を抱える人は少なくない。そしてこのことは、ナームスを守り守られる関係に少なからぬ影響を与えることになる。

3　親族の抑圧、夫の愛情

トルコでは都市移動者は、親族や同郷出身者どうしが近くに住み、ゲジェコンドゥを建てるための土地や建築資材の確保、安い賃料での住居の提供、働き口についての情報交換など、生活全般にわたって互いに助け合うことによって、低所得者のための住宅政策など公的な支援制度がなくとも、比較的円滑に都市に定着することができた。ゲジェコンドゥとは移動者が都市の周辺部の主に公有地を占拠するなどして建てた違法住宅である。だが、一九九〇年代半ばごろから、セイフティネットの役割を果たしてきた互助的な関係が変質し、「足手まとい」になる弱者(高齢者、寡婦、新しく移動してきた人々など)が互助的関係から排除され、そのことによってさらに貧困化するという現象が目につくようになる(Erder 1995; Işık ve Pınarcıoğlu 2001)。所得貧困にとどまらない社会関係の破たんを含むこの現象は「新しい貧困」と呼ばれ、その背景としては、新自由主義的経済政策下における雇用の不安定化と失業や不完全雇用・低賃金労働の拡大のほか、ゲジェコンドゥ政策の転換による安価な住宅へのアクセスの喪失、[7] 人口移動パターンの変化などが指摘されてきた[8]（村上 二〇〇六）。

相互扶助の困難

S区でも親族や同郷出身者、隣人（しばしば同郷出身者でもある）との互助は、セイフティネットとしての役割を果たしてきた。少額の現金の貸し借りのほか、物入りのときには金貨や金の腕輪（ともに貯蓄目的で購入し、必要時に現金化する）を融通しあう。息子たちは結婚後、たいてい両親と同居せず別に世帯をかまえるため、父と息子たち、または息子たちのあいだで資金を持ち寄り、それぞれの家を順番に建てることもある。金銭的なやりとりのほかに、男性は男性どうしで仕事の情報交換を、女性は親族や隣人の女性たちと日常的に家を行き来し、料理などの家事や内職を一緒にしたり、外出時に子供を預かるほか、役所やNGOの支援物資配布の情報を交換したりする。また、村に残る親族とのあいだでも、農作業を手伝い、収穫物をもらうといった関係が見られる。

しかし、生活が苦しいと訴える人はそうした互助的な関係を持たない場合が多い。これには、相手も生活が苦しいため助けあえない場合、支援を拒まれる場合、支援を受けることができても、互恵的ではないために長続きせず疎遠になる場合がある。互恵的ではないため長続きしないのは、相手から申し出がなければ気が引けて支援を頼めないか、恩着せがましくあてこすられて嫌気がさし、疎遠になるからである。一方的に助けられるとき、相手と対等な関係でいることは難しい。経済的に支援することもしばしば「守る」（*sahip çıkmak*）と表現されるが、すでに述べたようにそこには相手への支配が含まれている。相手のほうが支援を頼まれるのを警戒して、距離をとることもある。いずれの理由によるにせよ、助け合える関係を持てないことの影響は、経済的な次元にとどまらない。とりわけ女性は親族や隣人と互いの家を行き来し、一日の時間の多くを彼らとともに過ごすから、経済的なやりとりとともに日常的な社交が減ることで、強い疎外感を抱くことが多い[9]。セヴィライもそうした一人である。

セヴィライ（二〇代）は、小学校を出ると同時に近所の縫製工場に働きに出て、そこで知り合った夫と一七歳のときに駆け落ち結婚した。腕の良い縫い子だった夫は独立して下請け生産に従事する小さな縫製工場を開いたが、経営が安定せず工場は閉鎖。夫婦には借金だけが残った。近くに住む両親に金銭的な援助を求めたが、工場経営について相談しなかった夫に腹を立てており、暮らし向きは良いのに助けてくれなかった。夫の両親とはもともと折り合いが悪く、援助を頼んでもいない。彼女はかつて生活に余裕があったころは来客が絶えたことがなかったと懐かしみ、今は誰も寄りつかないと嘆いた。

「裕福だったころは、親戚など、みんなもっとしょっちゅううちを訪ねてきました。当時は車もあったし、何でもありましたから。人との関係はお金しだいです。もし今車を持っていたら、きっと兄嫁たちは私たちに擦り寄っていたことでしょう。車があれば、いろんなところに連れていってもらえると計算するから。お金に困るようになったとたん、助けてくれと言われるのを心配して、距離をおくようになるのです」。

セヴィライにとって、「来客が絶えない」ことは、親族や隣人、友人から承認されること、親族のあいだで、あるいは地域社会のなかで居場所を持つことを意味している。常に助けられる立場であり続ければ、そうした居場所を失い、夫と子供とともに取り残されてしまう(10)。

とはいえ、行き来が減り、助け合わなくなっても、親族との関係がすべてなくなるわけではない。これは、人々が親族の女性のナームスは自分たちのナームスでもあると考え、彼女のセクシュアリティに干渉しようとするからである。

夫婦愛の前景化

エズギ（三〇代）は、夫の兄たちと同じ建物に三人の子どもと住んでいる。内装職人の夫は徴兵を逃れるために市中心部の繁華街に住んでおり、エズギたちへの送金は久しく途絶えている。夫はエズギたちが住む家を彼女に黙って抵当に入れ多額の借金をしたが、返済できなかった。家を差し押さえられそうになったエズギは、夫の兄たちに支援を頼んだが断られてしまった。反発した彼女は、もう彼らの言うことはきかないという。最近パンタロンをはきはじめたことを彼らの妻たちに注意されたが、「スカーフでは彼らに合わせたが、パンタロンをはくのは認めさせた。私が困っているときに経済的に（*maddi*）守らないなら、精神的に（*manevi*）私を守る権利（*hak*）はない」と言う。パンタロンは腰の形が出るため、保守的な人々は女性が身に着けることを嫌がる。エズギは独身時代にスカーフをかぶっていなかったが、結婚後は夫の親族に合わせてかぶりはじめた。しかしもう服装のことで文句を言われても言うことをきくつもりはない。

夫の親族から助けを得られなかったエズギはその後、夫の借金の返済と当座の生活費にあてるお金をもらうため、意を決して夫を訪ねることにした。私は彼女に同行したが、調査地の他の人々とは違って夫は、一見してアジア系の外国人とわかる私にまったく興味を示さず、なぜ妻と知り合ったのかとも尋ねなかった。夫と話をつけて別れたあと、彼女はがっかりした様子でこう言った。「ほらね。彼は私が今晩どこに泊まるのか、誰と会うのか全然気にしていなかったでしょう。もう少し嫉妬してくれたらいいのに」。

サビハがそうであったように、エズギにとっても経済的に支援せずにナームスを守ろうとすることは不当なことであった。ただしエズギの場合、義姉たちの干渉は経済的な支援がないかぎり受け入れがたいのにたいして、夫に対しては彼が扶養責任をほとんど放棄しているにもかかわらず、嫉妬されたいと思い、嫉妬してもらえないために寂しく感じている。エズギは夫の干渉を、経済的な支援とは無関係のものとして、彼女にたいする愛情の証だと考えているのである。夫にたいしてまず愛情を求めるのは、セヴィライも同様である。

夫が工場を失うと、母は私に離婚してはどうかと言ってきました。私は母に、夫を愛しているから自分の家を買えなくても夕食に干からびたパンしか食べられなくてもかまわない、と話しました。でも母は私のことをわかってくれませんでした。母は、愛するとは私をほかの誰かに頼らせないことだと信じているのです。私たちが結婚するときだって両親は夫に、「娘を愛してやってくれ」というかわりに「しっかり働け」と言ったのですよ。彼らの愛情の理解は私とはまるきり違うのです。（セヴィライ）

エズギとセヴィライにとって、守られているという安心感や帰属感を保障してくれるのは今や夫だけであった。その二人にとって、夫が愛してくれれば経済的なことは後回しでもかまわないのである。

彼女たちがこのように考える背景には、夫婦の愛情を望ましいものとする考え方の浸透がある。愛情で結ばれた夫婦という考え方は、夫と対等に話せる妻、あるいは親族よりも妻の言うことに耳を傾ける夫などを連想させ、とりわけ女性を惹きつけてきた。エズギとセヴィライの語りは、愛情で結ばれた夫婦が理想化される一方で、親族との互助的関係が弱まったことにより、前者が前景化したことを示している。

4　愛情とお金のあいだ

とはいえ、調査地に暮らす大半の女性たちにとっては、夫が家族をきちんと扶養できるかは切実な問題である。エズギとセヴィライが二人とも、独身時代に縫製工場で縫い子として働いた経験があり子供が手を離れれば働きに出たいと考えるような女性であったことは重要である。親族からの支援には頼れず公的・民間の機関による支援も不十分であるとすれば、彼女たちのような就労の経験も、それに裏づけられた自信も持たない女性にとって、生きていくうえで夫の扶養は不可欠である。愛情で結ばれた夫婦が理想化され、夫にしか経済的に頼れないという状況に陥ったとき、次に見るように、新しい愛情観がかたちづくられることになる。

「愛していれば服を買う」

トゥーチェは夫と五人の子供と暮らす四〇代の女性である。東北部の村にいたころ、親族の男性と結婚した。夫は当時無職だったので気が進まなかったが、当時は親の言うことは聞くものだと思っていた。S区に移住し、地盤の悪い傾斜地に夫の兄一家と共同で家を建てた。家賃を払わなくてすむので助かるが、夫の日雇い建設労働の仕事は途切れがちで生活は苦しい。夫がなかなか仕事にありつけないのは、人づきあいが下手なのと、現場までの交通費とくらべて賃金が安すぎると言って仕事をえり好みするからだという。子供の学用品をそろえてやれず、バッカル（食料雑貨店）のつけもたまる一方だ。階段掃除などの仕事をしたいと思うが、子供たちがまだ小さく、また夫が嫉妬して嫌がるため、働きに出られない。

二階に住む義兄一家は生活に余裕があるはずなのに、お金の都合を頼んだら断られた。以来、彼らとはほとんど口をきいていない。父や弟たちもS区内に住んでいるが、それぞれ生活が苦しく、助けてもらえないという。

トゥーチェ：夫は、私や子どもたちが病気になっても全然気にしません。服も周りの人がくれる。夫なら妻を愛さなければならないのに、いつも喧嘩ばかりです。愛することと嫉妬することは違う。男は妻を愛していれば、服でも何でも買います。

――でも余裕がなくて買えなかったら？

トゥーチェ：〔余裕がなくて買えないなんて〕そんなの嘘だ！

トゥーチェは親が決めた相手と結婚したが、結婚とは夫婦の愛情、子供への愛情にもとづかねばならないと考えている。そして、彼女にとって妻子を愛するとは、不自由で惨めな思いをさせないようにしてやることであり、食べ物や服、学用品など必要なものを買ってやることだった。

ミドルクラスの近代家族型の家族においては、夫が生計を維持し、妻が家事と育児を担うという性別分業が行われる。だが夫と妻の関係を構成するのは何よりも愛情であって、夫による妻子の扶養という問題は、母性愛が強調され妻が育児の専業者となることが「自然な」ものとなることで、後景に退いている。これにたいして、夫の収入がより低く、不安定な都市貧困層出身の人々にとっては、夫が妻子をきちんと養えるかどうかは、夫婦の関係においてつねに重要である。イスタンブルでは巨大なショッピングモールに象徴されるような商業主義によって消費欲をかきたてられる一方、現金がなければ何も手に入らない。トゥーチェの事例は、愛情で結ばれた夫婦が理想化され、他方では親族との相互扶助が困難化し生計がますます不安定化したとき、妻をきちんと扶養することこそが夫の妻にたいする愛情だという考え方が生まれた、と解釈できるのではないか。

次に紹介するアイテンもまた、モノを買ってくれることを愛情の証として見ている。

アイテンは三〇代後半で、夫と学齢期の五人の息子たちと暮らしている。夫は働こうとせず、彼女や子供たちのことを気にかけないという。

アイテン：私は誰にも愛されたことがないのです。子供のころから親に愛されず、孤児のように大きくなりました。結婚したときは、家族は婚資を受け取って私を売ったようなものです。母は嫁入り道具もそろえてくれませんでした。〔……〕同じS区に住んでいる弟はいるけれど、私は一人ぼっちです（*sahibim yok*）。夫はいるけど、いないも同然です。夫はひどい怠け者なのです。だからうちは私があちこちから援助をもらってやっと暮らしているありさまです。〔……〕長男がまだ小さいときは、食べ物がほしくてゴミを漁ったこともあります。弟は何度か助けてくれましたが、そのことで何度も恩着せがましいことを言われました。もし夫が働いていたなら、私だってほかの人に助けを求めたりしないのに。でも夫は家で寝ていました。〔……〕私には面倒を見てくれる人が誰もいません。〔……〕子どもを学校に登録するのも、病院に連れていくのも私です。〔……〕夫は私が食べ物を探しに行くときは私のナームスなんて気にしないくせに、ベッドの中では今日はどこに出かけて何をしたのか、とか聞くのです。〔……〕以前、男性からの間違い電話に私が出たときは、怒り狂ってもう少しで刺されるところでした。

——それは彼がやきもちを焼いたからでしょう？

アイテン：いいえ、あれはやきもちなんかじゃありません。私を愛していればやきもちを焼くでしょうけれど

その後、一年ぶりに会ったアイテンは興奮していた。彼女には実はここ一年ほどつきあっているタクシー運転手の男性がおり、今もちょうど彼と電話で話していたところだという。もうすぐ断食月明けのバイラム（イスラムの祝日）だからと彼が贈ってくれた服を見せてくれた。

アイテン：両親もきょうだいも夫も、誰も私を愛してはくれませんでした。私は彼らの面倒を見たのに。このあいだの健康診断の結果を心配して暗い気持ちでいましたが、彼と電話で話して気持ちが楽になりました。彼は私を物心ともに助けてくれます。明日は病院に連れていってあげると言ってくれました。こういう言葉を夫が言ってくれていたならどんなによかったことか。〔……〕彼も奥さんに愛してもらえなかったそうです。身体がぼろぼろで、うつ病の薬のせいで性的な関係も持てません。彼は私のことを物心ともに助けてくれます。だから私も彼を助けます。私の側からは精神的に助けることしかできませんが。彼は私を連れ出してアイスクリームや煙草をおごってくれて、私の悩みを聞いてくれ

ます。

――彼は経済的にも助けてくれるということですか？

アイテン：そのとおり。

――家にお金がないのに食べ物を持ち帰って、あなたの夫は怪しみませんか？

アイテン：いいえ、でももし彼が私たちの関係に気づけば大変なことになるでしょう。〔……〕近所の人たちは、私が変な方向から家に帰ってくるので、おかしな目で見ています。でも私は病気のせいで、誰かと寝たいという気持ちにはなりません。彼は誠実な人で、私のあそこに手を置くことすらしたことがありません。彼はただ私を笑わせてくれて、励ましてくれるのです。彼のそういうところが好きです。悩みがあると電話すると、すぐに会いにきてくれます。

――あなたのナームスは傷つきませんか？

アイテン：傷つきません。だって誰も、両親も夫も私を愛してくれなかったのですから。人との関係は秤《はかり》のようなもので、片方に置いたらもう片方に置かないとバランスがとれません。私は彼を助け、彼も私を助けるというふうに。

――もし彼と性的な関係を持っても、ナームスは傷つかないのでしょうか？

アイテン：その場合、私はナームスを失うでしょう。ナームスを失うということは、〔宗教的な〕罪を犯すということです。でもだから何だというのですか？　誰も私を愛してはくれなかったのですから。


アイテンもまた、夫が彼女や子供を愛しているなら、彼の夫・父としてのつとめ（妻を病院に連れて行く、子どもの学校の登録をする等）を果たさなければならないし、彼女のナームスを守りたいのならセクシュアリティに干渉するだけでなくきちんと扶養しなければならないと考えている。彼女にとってはまた、セクシュアリティに干渉する権利があるのは彼女を愛してくれる人だけだった。つまり彼女のなかでは愛情とナームス、愛情と扶養が不可分の関係にある。恋人との関係においても、煙草をおごる、食料品を買う、バイラムの贈り物をするといった経済的な支援が、悩みを聞いてくれることなどと並んで愛情の証として語られる。日々の食べ物に事欠いた経験のあるアイテンにとって、これらは大切にされているという喜びを与えてくれるものであり、たとえばサビハが述べた「妻子を扶養しない男は無責任」というときの扶養とは異なる意味を持つことは明らかである[11]。

貧困層出身の女性にとって、親族や家族は経済的なよりどころであるとともに、ナームスの維持を通じて社会的アイデンティティを獲得する場でもある。だが自由主義的経済政策のもとで、相互扶助や妻子の扶養は困難になり、そうしたしくみに変化が起きている。親族の互助のネットワークからの排除は、経済的な困窮だけでなく疎外感をもたらす経験であった。生活が不安定化し、先の見通しが立ちにくい状況では、トゥーチェやアイテンのように経済的に自立するための能力や自信を持てない女性たちにとって、きちんと扶養されること、生活に困っていないかどうか気遣ってもらうことこそが、愛されているという実感をもたらしてくれる。だが男性たちは妻子をまともに扶養できず、忸怩《じくじ》たる思いを抱きつつ、だからこそ自身の体面としてのナームスを気にしている。彼らは妻に嫉妬するが、これは妻たちから見れば、自身の体面としてのナームスを守ろうとするからであって、たとえばエズギが求めたような妻を愛するがゆえの嫉妬ではない。扶養というかたちで愛されたい妻と、扶養できず体面にこだわる夫。両者のあいだのこうした温度差こそが、夫に愛してもらえない、守ってもらえないという女性たちの寄る辺ない気持ちの一端をかたちづくっているのである。

付記　本章の資料の一部は、『アジア経済』五四巻三号（二〇一三年）掲載の「トルコの都市貧困女性と結婚・扶養・愛情——ナームス（性的名誉）再考の手がかりとして」と重なることをお断りしておきたい。

注

（1）トルコでは学術研究だけでなく文学においても、孤独はミドルクラスの専権事項とされてきた。最近の例外としてたとえば、地方からイスタンブルにやってきた貧しい青年の内面を描いたバルシュ・アンドゥルンルの『猟犬』（Barış Andırınlı. *Kopoy*. İstanbul: Haykitap, 2011）がある。（ハティジェ・アイヌル氏（イスタンブル・シェヒル大学）のご教示による。）

（2）研究が少なく不明な点が多いが、その過程が一様でなかったことは確かである。たとえば建国期にイスタンブルや新生の首都アンカラのミドルクラスの女性が、ナショナリズムや近代化イデオロギーと結びついた「良き母、良き妻」を規範としたのにたいし（Durakbaşa 1998）、近代化改革の直接的な恩恵を受けなかった農村部の女性は、第二次世界大戦後の経済成長を背景に、夫の母など年長女性の支配と重労働からの解放と物質的な豊かさを象徴する生活様式としての「都会の主婦」（kentli ev kadını）にあこがれを抱いた（Kandiyoti 1982; Özbay 1990）。

（3）トルコの黒海地方の農村で調査した人類学者の中山も、女性のセクシュアリティの管理は抑圧的側面とともに夫婦間の絆の強化など保護的な側面を含んでいると指摘し、「様々な要素を含んで循環する装置の一環」としてとらえるべきだとしている（中山 二〇〇五）。

（4）寡婦は夫方の親族に保護の責任があると言われることが多いが、実際には夫方、妻方を問わず、支援する余裕がある親族が支援する。

（5）二〇〇〇年の人口センサスによれば、二五歳以上人口のうち小学校修了未満は、イスタンブル市全体で一三・八％にたいしS区は二〇・七％（SIS 2002）。

（6）トルコ統計局ホームページ（http://www.turkstat.gov.tr）。二〇一三年一二月一日最終閲覧。

（7）ゲジェコンドゥは、一九五〇年代から都市への急速な人口流入とともに急増したが、歴代政府は、住宅供給政策をとらないかわりに、これを現状追認的に認め、移動者の住宅へのアクセスを助けた。しかし一九八〇年代以降、経済自由化政策により都市の不動産価格が上昇すると、公有地占拠にたいする寛容な措置は廃止された。一部の移動者は土地を売って利益を得たが、新たに都市に移動した人々は安価な住宅へのアクセスを失った（Işık ve Pınarcıoğlu 2001）。

（8）一九五〇年代以降、黒海地方や中央アナトリアからの人口流出は減速し、かわって東アナトリアからのクルド系住民の流出が始まった。前者がよりよい生活を求める自発的な移動を中心としたのにたいし、後者はトルコからの分離独立を求めるクルド系非合法武装組織とトルコ軍の戦闘が激化したために、強制立ち退きや戦闘から避難するため、家畜や畑を放棄し財産を持たず、近隣の都市やイスタンブルなどの西部の大都市に移る、（半）強制的移動であった。彼らは移動先に頼るべき親族や同郷出身者とのネットワークを持たない、あるいは貧しいために彼らから支援を拒まれ、かつての移動者と同じ定着の過程をたどることができない（Keyder 2005; Şen 2002）。

（9）人類学者のボラは、貧困層出身の女性にとって、互助的な関係を失うことは、日々の食卓を整え子供たちに必要なものをそろえられないことにより、母／妻としてのアイデンティティを傷つけられる経験であると指摘する。彼女の夫も扶養責任を果たせないことで自尊心を傷つけられるが、男性が政治家や政治を責めることができるのにたいして、女性は自分を責めるしかない（Bora 2000）。調査地でも女性たちが貧しさについて語るときにもっともよく口にしたのは、「人が寄りつかなくなる」こととともに「子どもに満足に食べさせてやれない」ことだった。

（10）男性の場合は、近隣のコーヒー店（*kahve*）が社交と情報交換の場である。経済的に余裕がないとコーヒー店に足が向かなくなり社交が減るのは男性も同様である。

（11）扶養と愛情を結びつける愛情観について、それは愛情ではないという批判があるかもしれない。だがそうした批判は、親密さとお金を対立するものと考える欧米のブルジョワ家族の規範を前提としている（Zelizer 2005）。

参考文献

松原正毅　一九八六「価値観と評価——トルコ社会におけるナムスをめぐって」、板垣雄三編『イスラム・価値と象徴』（講座イスラム四）三五—五三頁、筑摩書房。

村上薫　二〇〇五「トルコの女性労働とナームス（性的名誉）規範」、加藤博編『イスラームの性と文化』（イスラーム地域研究叢書第六巻）四七—六六頁、東京大学出版会。

——　二〇〇六「トルコの『新しい貧困』問題」『現代の中東』四一号：三七—四六。

——　二〇一三「トルコの都市貧困女性と結婚・扶養・愛情——ナームス（性的名誉）再考の手がかりとして」『アジア経済』五四巻三号：二八—四七。

中山紀子　二〇〇五「夫婦関係を盛り上げる仕組み——トルコ西黒海地方の農村の事例を中心に」、加藤博編『イスラームの性と文化』（イスラーム地域研究叢書第六巻）二三—四四頁、東京大学出版会。

Bora, Aksu. 2002. "Olmayan Nesini İdare Edeceksin?" In *Yoksulluk Halleri*, edited by Necmi Erdoğan, pp. 65-86. İstanbul: Demokrasi Kitaplığı.

Buğra, Ayşe and Çağlar Keyder. 2003. *New Poverty and the Changing Welfare Regime of Turkey*. Ankara: UNDP.

Durakbaşa, Ayşe. 1998. "Cumhuriyet Döneminde Modern Kadın ve Erkek Kimliklerinin Oluşumu: Kemalist Kadın Kimliği ve

Münevver Erkekler." *75 Yılda Kadınlar ve Erkekler*, pp. 29–50. İstanbul: Tarih Vakfı Yayınları.

Erder, Sema. 1995. "Yeni Kentliler ve Kentin Yeni Yoksulları." *Toplum ve Bilim* 66: 106–119.

———. 1996. *İstanbul'a Bir Kent Kondu: Ümraniye*. İstanbul: İletişim Yayınları.

Erdoğan, Necmi, ed. 2002. *Yoksulluk Halleri*. İstanbul: Demokrasi Kitaplığı.

Erman, Tahire. 2001 "Rural Migrants and Patriarchy in Turkish Cities." *Internaitonal Journal of Urban and Regioanl Research* 25(1): 118–133.

Güneş-Ayata, Ayşe. 1991. "Gecekondularda Kimlik Sorunu, Dayanışma Örüntüleri ve Hemşehrilik." *Toplum ve Bilim* 51/52: 89–101.

Heper, Metin. 1982. "The Plight of Urban Migrants: Dynamics of Service Procurement in a Squatter Area." In *Sex Roles, Family and Community in Turkey*, edited by Çiğdem Kağıtçıbaşı, pp. 249–267. Bloomington: Indiana University Turkish Studies Press.

Işık, Oğuz ve Melih Pınarcıoğlu. 2001. *Nöbetleşe Yoksulluk*. İstanbul: İletişim Yayınları.

Kandiyoti, Deniz. 1982. "Urban Change and Women's Roles in Turkey: an Overview and Evaluation." In *Sex Roles, Family and Community in Turkey*, edited by Çiğdem Kağıtçıbaşı, pp. 101–120. Bloomington: Indiana University Turkish Studies Press.

Keyder, Çaglar. 2005. "Globalization and Social Exclusion in Istanbul." *International Journal of Urban and RegionalResearch* 29 (1): 124–134.

Meeker, Michael. 1976. "Meaning and Society in the Middle East: The Black Sea Turks and the Levantine Arabs (I)." *International Journal of Middle East Studies* 7: 243–270.

Özbay, Ferhunde. 1990. "Kadınların Eviçi ve Evdışı Uğraşlarindaki Değişme." *1980'ler Türkiye'sinde Kadın Bakış Açısından Kadınlar*, edited by Şirin Tekeli, pp. 129–158. İstanbul: İletişim Yayınları.

Parla, Ayşe. 2005. "Honor: Turkey and Caucasus." In *Encyclopedia of Women and Islamic Cultures, Volume II Family, Law and Politics*, edited by Suad Joseph et al. pp. 218–220. Leiden: Brill.

Sirman, Nükhet. 2004. "Kinship, Politics, and Love: Honour in Post-Colonial Contexts: The Case of Turkey." In *Violence in the Name of Honour: Theoretical and Political Challenges*, edited by Shahrzad Mojab and Nahla Abdo, pp. 39–56. Istanbul:

Istanbul Bilgi University Press.

SIS (State Institute of Statistics Prime Ministry Republic of Turkey). 2002. *Census of Population, Social and Economic Characteristics of Population, Istanbul*. Ankara: State Institute of Statistics.

Şen, Mustafa 2002. "Kökene Dayalı Dayanışma Yardımlaşma: 'Zor İş ...'". In *Yoksulluk Halleri*, edited by Necmi Erdoğan, pp. 164–192. İstanbul: Demokrasi Kitaplığı.

Üstündağ, Nazan. 2007. "Toplumsallık, Şiddet ve Kadınlık İlişkisi Üzerine Bir Deneme." *Amargi* 4: 18–19.

Zelizer, Viviana A. 2005. *The Purchase of Intimacy*. Princeton: Princeton University Press.

【エッセイ】女性の専業主婦願望と「婚活」

妙木 忍

専業主婦願望と女性の労働環境

女性の専業主婦願望――このことについて考えるとき、ある新聞記事の見出しが印象的だったことを思い出す。それは、二〇一〇年六月一日、『日本経済新聞』朝刊の「専業主婦志向 一転強まる」という記事だ。「若い層で目立つ」「伝統的家族観 回帰の兆し」とも書かれている。これは、五年ごとに実施されている国立社会保障・人口問題研究所の「全国家庭動向調査」の分析（二〇〇八年七月実施）が紹介されたものであるが、「夫は外で働き、妻は主婦業に専念すべきだ」と考える既婚女性の割合が、低下傾向から上昇傾向に転じて四五％を記録したという。また、「妻がフルタイムで働いていても夫の6人に1人は全く家事をしておらず、女性の負担が重い実態が続いている」との記載もある。この調査が、既婚女性を対象としたものであることはとても興味深い。仕事と家事の二重負担が既婚女性を圧迫しているのではないか。この調査によると、夫が週一～二回以上している家事のなかで最も多いのは「ゴミ出し」「日常の買い物」「食事の片付け」であり、料理や洗濯といった毎日継続される家事は入っていないという。このような家事の負担は、フルタイムで働いていようといまいと、ほぼ妻の身に重くのしかかっている。この意味において、既婚女性の専業主婦願望は、二重負担の強さに対する逃避願望のあらわれとも考えられる。

ここで、一九九〇年代に家族社会学者の山田昌弘さんが指摘していた、未婚女性の「『消極的専業主婦』志向」についてもあわせて考えてみたい。外で働くよりも家事をしたほうが楽だと考えて専業主婦を希望する、と解釈して、山田さんは「消極的」という表現を用いた。女性の労働環境は、厳しい条件のもとにある。目には見えにくいかもしれないが、統計データブックを見るとそれは歴然としている。賃金格差、非正規雇用の多さ、「ガラスの天井」など労働環境における障壁は大きく、老後の格差も大きい。「消極的」という語からは、そのような障壁を避けることが未婚女性の「専業主婦志向」の遠因にあることを示している。そして、この状況はこんにちもなお変わっていないようだ。

さらに時代をさかのぼり、戦後日本の思想遺産である「主婦論争」との関係において考えてみたい。とりわけ、一九七二年という「女性の主婦化」がまさに進行するさなかに生まれた、第三次主婦論争の一つの論に注目しよう。武田京子さんは「主婦こそ解放された人間像」(『婦人公論』一九七二年四月号)という論考のなかで、主婦の自由時間に注目してそれを賞賛した。そこには、「生活」する女性と「生産」する男性とに分断してしまう資本主義社会への痛烈な批判が込められていた。この専業主婦礼賛説から四〇年以上が経ったが、武田論の背景に家庭と仕事が同時に成り立たないような働き方を私たちに強いる社会への批判が含まれていたことは、今でも注目されてよい。

専業主婦願望と非婚化

変わらぬ女性の二重負担、女性の困難な労働環境、生活と両立しがたい働き方という現実を直視するとき、女性の専業主婦願望は、単に家事を積極的にしたいという意味とは異なり(またはそれだけではなく)、社会における女性の働きづらさの指標であるとさえいえる。

一方、現在では、結婚自体しない/できないという晩婚化・非婚化も進んでいる。二〇〇〇年代初頭に「負け犬」論争（第六次主婦論争）が起きたことも記憶に新しい。「負け犬」とは、「未婚、子ナシ、三十代以上の女性」を指す語としてエッセイストの酒井順子さんが定義した語だ（『負け犬の遠吠え』講談社、二〇〇三年）。

この論争の背景には、結婚が選択肢の一つにすぎなくなったことや、女性のライフコースの多様化がある。「負け犬」論争は、それまでの主婦論争とは異なり、結婚後の役割の論点が姿を消し、結婚するか否か、出産するか否か、が主な焦点となった。その変化を指して社会学者の加藤秀一さんが示した「女たちはもはや結婚や男たちに何も期待しなくなった」（『日本経済新聞』二〇〇九年一一月二九日朝刊、二三面）という解釈は興味深いものだ。結婚したら二重負担が待っていることを女性たちは知っており、それゆえにこそ非婚化や少子化という行動となってあらわれたのだ、と。

二重負担を避けるためには、結婚して家事を選択するか、結婚しない道を選択するか、という、一見正反対に見える選択肢が残る。この意味において、専業主婦願望と非婚化は表裏一体である、ともいえる。「男性は仕事、女性は家庭」という性別役割分担や、それに起因する「男は仕事、女は仕事も家庭も」という新・性別役割分担（樋口恵子さんの一九八五年の言葉「新・性別役割分業」より）は、今なお、女性たちに重くのしかかる。

男性の非婚化

結婚や出産のために仕事をあきらめる女性は今も多いが、それは男性にとってもまったく無縁の悩みというわけではない。私は先日、ある地方で教育の仕事に携わっている男性と話す機会があった。その男性はこう話していた。「教員の仕事はとても忙しい。忙しいから結婚しても家庭で十分な時間が取れないだろう。結婚して早く帰宅する先生はいるけれど、自分は仕事を遅くまでやりたい。でも結婚はしたいし、子どもも持ちたい。そのため、それを実現するためには、教員を辞めようかと思っている。収入なら、暮らせるだけの収入で十分だから、今ほどの収入は必要ない。人の役に立てる仕事を探して、働くことができればそれでよい」。教員を続けながら家庭を持つということに、その男性は困難を感じているようだった。

働くことと生活することの矛盾について、私はしばらく考え込んだ。仕事と家庭の調和をとりながら教員として働く働き方をこの男性は採用しないという。早く帰る教員に、ノーと言っているのだ。この教員の考えは、家庭のために早く帰宅する既婚者たちの選択よりも、家庭のために仕事を辞めていった女性たちの選択に近いのだろうか。しかし、結婚するために仕事・収入を犠牲にするという選択の後には、さらに男性は規範に遭遇するかもしれない。たとえば、「結婚のためには男性は収入の責任をより多く負うべき」という規範に遭遇するという矛盾が待っているかもしれないと指摘する人もいる。仕事と家庭の両立は、女性にも男性にも異なるかたちで悩みをもたらしている。

「婚活」の背景

「婚活」という語が生まれた背景には、結婚することが難しい時代に入ったことがある。女性にとっても男性にとっても結婚することの意味が変化してきており、結婚を必須としなくなった一方、結婚に求める理想や条件も高くなってきている。かつて結婚は、男性にとっては生活上の便利、女性にとっては経済的な安心という意味があった、といわれることもある。しかし、家事の社会化、女性のライフコースの多様化、女性と男性にとっての不安定な雇用などにより、結婚によってそうした便利や安定を得られるとは限らなくなったのである。雇用が不安定だからこそ高い収入の男性を探そうとする女性もいるが、そのような（収入の高い）男性は統計的に少ない。条件をクリアする「稀少な結婚相手」を勝ち取ろうとするがゆえに、婚活となるのである。結婚は女性にとっては経済的安定をもたらすもの、という旧来の考えは、非正規雇用化が進む今日、いっそう強化されているようにさえみえる。

独身者調査では、「いずれ結婚するつもり」の人が「一生結婚するつもりはない」人よりも圧倒的に多いが、結婚の意思をもつ未婚者の結婚への態度としては、「理想的な相手が見つかるまで結婚しなくてもかまわない」という消極的なものが多い。しかし、「理想的な相手」はなかなか見つからない。

社会学者の上野千鶴子さんは、「相手の経済力を期待しないほうが──期待しないですむ自分自身の経済力を確保している正社員女性が──より高い結婚確率を示す」と述べている（『女たちのサバイバル作戦』文藝春秋、二〇一三年、一一四頁）。さらに、正規雇用の女性は産休や育休があり、非正規雇用の女性に比べて結婚・出産後の二重負担が軽減される。つまり、経済的に不安定な女性は、ますます結婚から遠ざかる。

婚活といえばなぜかただちに女性が注目されるが、結婚をしたくてもできない男性たちの論点が、その背後にはある。非正規雇用の論点はもちろんのこと、正規雇用であっても仕事と家庭の両立に悩む男性もいるのだから。

「シングル」と縁

二〇〇〇年代初頭の「負け犬」論争は、独身＝「シングル」であることを、結婚にいたらなかった（結婚市場において「負け」た）女性として評価する社会への暗黙の批判から生まれた。それはしばしば、未婚・キャリア女性と既婚・無業女性の対立図式で語られた。このような比較が起きること自体、

「結婚したら主婦になる」という、戦後から一九七〇年代半ばまで進行した女性の主婦化の影響が、なおも続いていることを示している。女性を、シングルであればキャリアと、結婚していれば家事と結びつけようとする人びとのイメージはねづよい。

一方、既婚・キャリア女性も「負け犬」論争で魅力的に取りあげられていたことも忘れることはできない。仕事を持っており、かつ「結婚している状態」が、新たな価値基準になっているかのようだ。結婚の稀少性ゆえに、あるいは、未婚・キャリア女性が移行する可能性のあるライフコースとして、既婚・キャリア女性が注目されたのだろう。

結婚が稀少となった時代に、人びとがシングルでいることを選ぶとき（あるいは選ばざるをえないとき）、どのような関係が築かれるのか。シングルであることによって可能となる縁、人びとがシングルであることとシングルでないこととの間で揺れ動く葛藤、これらは明らかにされるべき重要なトピックである。

Ⅲ　絆を再編する

ひとりで生きていくことを学ぶ
――フランス・パリ地域、マグレブ系移民の家族事情

植村清加

1　シングルからみる／記述するということ

近年、世界各地で「シングル」の増加とともに、その生き方が注目されている。フランスでも独身者（celibataire）[1]の増加傾向はたびたび話題にあがっている。二〇一二年度には男性の五一・四％、女性の五六・二％が、独身（未婚、離婚、死別を含む）である（INSEE 2013）。また、一九六二年に六・一％だった一人暮らしは、二〇〇七年には一四・二％に増加した（INED 2011）。大きな要因には、離婚やひとり親の増加、ＰＡＣＳ（Pacte Civil de Solidarité：民事連帯契約）[2]や事実婚（union libre）[3]等の結婚以外のパートナー関係の増加が含まれる。

この数字に対し、さまざま見解が出されている。例えば、独立、自由、活動的といったフランス社会の諸価値を媒介してきた個人主義にもとづく帰結だという意見がそれだ。確かに、一九六〇～七〇年代はじめに進んだ男女平等、経口避妊薬ピルの解禁と人工中絶の合法化に象徴された女性の性解放、カップルのみに認められていた養子縁組が二八歳以上の独身者にも認められるなどの社会制度の変革とともに、急速に独身者や非婚カップル、新たな家族の形態が増加してきたフランスでは当然の見方かもしれない。また、今日のような消費社会では、都市的なマーケティングの大きなターゲットにシングルを想定することが一般的になり、ライフスタイルとライフコストの観点から、独居と共同生活のメリット・デメリットが議論されてもいる。

しかし、フランスは、移民、つまり異なる地域との往来や多様な文化的実践をもつ人びとを含んだ地域だという視点

に立てば、フランスにおける「シングル」化現象の背後に、もう少し異なる要素がみえる。例えば、急速に男女や家族のあり方をめぐる社会制度が改革された栄光の三〇年とよばれる高度経済成長期（一九四五〜七五年）、フランスは安価な労働力として大量の移民を受け入れていた。移民の大部分は南欧（スペイン、イタリア、ポルトガル）とフランスの植民地だったマグレブ地域（アルジェリア、モロッコ）からのものだった。なかでも、製造業や多くの公共事業を担ったマグレブ系移民は若年の単身男性が多く、専用の単身寮も用意された。都市の住居や国境をまたいだ家族生活の環境において、社会的、経済的につくりだされた集合的なシングルの存在が浮かび上がる。

石油危機に続く経済危機によりＥＣ域外の新規労働者の受入が停止された一九七四年以降になると、マグレブ地域からの移民の主流は「家族移民」(4)に転じる。労働者としての入国が制限される代わりに、外国人に「通常の家族生活を営む権利」が認められ、具体的な制度として、出入国管理法に「家族の再結合」による入国および滞在の要件が設けられたためだ。単身男性に替わり、家族を呼び寄せともに暮らす移民が主流となり、フランスの都市部に移民家族が多く暮らす地域ができた。家族移民後の世代が成長する一九九〇年代には、出稼ぎ者が故郷に戻らず単身のまま高齢化する例や（Gallou 2006）、フランス人女性よりもマグレブ系女性のほうに晩婚・未婚化傾向があること（Tribalat 1995）(5)などが報告されてきた。移住者個々の生にとって、家族から出て単身で暮らすことと、家族と一緒に共住することは、政策や制度、社会構造によっても左右され、ジェンダーやライフステージによっても多面的な意味をもつ。必ずしも、対比的に捉えたり、単一的で統合的な個人をシングル主体とする分析枠組みで捉えたりすることはできない。

本章では、フランス社会のシングル化現象を、人の移動と都市空間における人びとの相互交渉を中心的な考察の対象とし、人びとが、その人にとって特定の制約のある環境のなかでどのように暮らしを営み、自らの生を意味づけ、模索していくのかという点から捉える。その際、ムーアのいう「自己の意識」――個人は複数のものとして構成される主体であり、言説や社会的実践の範囲のなかで複数の主体の位置をもつ。これらの位置のいくつかは矛盾し、競合するが、個人は単一の位置というより、いくつかの、ときに矛盾する位置を通じて自己の意識を構築する――を参照したい（Moore 2007: 41：長坂 二〇一一）(6)。これにより、シングルを、特定の生き方を選びとった個人や、特定の感情領域と捉えるのではなく、自らの生をめぐる絶え間ない出来事のなかに位置づける。

2 フランス―マグレブ間移動――分割の跡地で

フランスの総人口は六五五八万人（INSEE 2012）、そのうち外国人は三七〇万人、移民は五五一万人にのぼる。移民の出身はヨーロッパ約二〇三万人（EU二七ヶ国で一八〇万人）、アフリカ約二二七万人（マグレブ三国で一六〇万人）、アジア約七五万人、アメリカ・オセアニアで二八万人）で（INSEE 2008）、移民の四割にあたる二七五万人がフランスに帰化している（INSEE 2009）。パリとその隣接八県を含む大都市圏、イル・ド・フランスは国内でもっとも移民・外国人の居住率が高く（一七・六％）、多様な出身国で構成される。一九七〇年代から増大する「家族移民」の影響で、なかでも北アフリカ、アフリカ地域出身者が多く暮らす。本章で取り上げるマグレブ系移民は、移民のなかでもマジョリティを構成（約四八％）するだけでなく、フランスで生まれ育ちフランス国籍をもつ第二・第三世代も出現するなど、フランス社会に深く根をおろしている[7]。

一方、アルジェリアからの移住人口データをみてみよう。アルジェリアは、一九六〇年代までフランスに若年男子を中心とする大量の移民を出すが、その後、国の産業の比重を石油と炭化水素収入に移し、国家政策としては、ポスト植民地主義形態の一方的な移民の流出を打ち切った。そのため、やはり一九七三年から三〇年間、アルジェリアからフランスへの主要な移動が「家族の呼びよせ」を中心に展開

表1　アルジェリアからの移住状況

居住地域／国	1995年		2002年	
	人数	%	人数	%
ヨーロッパ諸国	1,118,674	88.4	1,209,900	93.0
フランス	932,275	74.5	1,105,000	85.0
ベルギー	18,166	1.5	n.a.	n.a.
英国	15,000	1.2	n.a.	n.a.
ドイツ	9,018	0.7	n.a.	n.a.
スペイン	7,079	0.6	n.a.	n.a.
イタリア	5,753	0.5	n.a.	n.a.
アラブ諸国	72,987	5.9	65,000	5.0
チュニジア	30,000	2.4	39,000	3.0
モロッコ	25,000	2.0		
北米諸国	13,933	1.1	26,000	2.0
カナダ	10,080	0.8	n.a.	n.a.
その他	45,558	3.6	-	-
合計	1,261,052	100.0	1,300,000	100.0

出所：Bartolomed et al.

する。地下天然資源の国有化による重化学工業化政策がとられるが、失業率の増加や農地の荒廃と深刻な経済危機、食糧危機が訪れた（福田 二〇〇六）。

一九八〇年代にアルジェリアは、ＩＭＦの構造調整プログラムを受け入れる。一九九〇年代はイスラーム救国戦線ＦＩＳ（Front Islamique du Salut）が勝利した国政選挙を軍部が無効としたことで、テロが吹き荒れる内戦状態となる。この時期に国外へ避難した人びとも多い。変化が指摘されだすのは二〇〇〇年代に入ってからであり、アルジェリア社会での高い失業率と、特に大学卒の高学歴・高いスキルをもつ人びとの海外移住の増加にともない、行き先が多様化してからである（Bartolomed et al. 2010）（表1）。今日、アルジェリア移民たちのネットワークは、フランスのみならず、多くの地域に広がっている。

アルジェリアからフランスへの出稼ぎ――パリ地域と移民たち

早くからヨーロッパ諸国や植民地から労働力を調達したフランスは、戦後、独占的に労働者を募集する移民管理庁（ONI：l'Office nationale d'immigration）を北アフリカ各地に設置し、低熟練労働力をできる限り安価に大量に導入した。特に、第二次大戦後の高度経済成長期には、北アフリカからの一時的・季節的な不熟練・半熟練労働者として若年の独身男性を求めた。労働力として力があり、所帯持ちに比べて諸社会手当（家族手当、住宅手当等）を最小限に抑えられる若年層を二年から四年ほど制限雇用して、必要な労働力をフレキシブルに確保しようとしたのである。

富裕層が生みだす雇用のほか、多くの手工業的作業場や郊外につくられた工場、都市や国土の開発による大規模な建設現場はパリとパリ郊外に、無数の日雇い労働を生んだ。特に郊外は、こうした移住者たちの働く場であり、生活の場ともなった。彼らは家具つきアパルトマンや安宿、地下室、カフェ、不法に建てたバラック、そしてフランス政府がアルジェリア「県民」のために建てた単身寮ソナコトラ（SONACOTORA：Société nationale de construction de logements pour les travailleurs）[8]などに住んだ（写真1、2）。

これまでの研究は、初期の単身出稼ぎ者たちを、フランス側の独身・単身者の位置づけと異なり、主に移民の家族としての世帯戦略と、単身で生活する人びと相互の生活戦略の二点から「つながりを有したシングル」として描いてきた。

写真１　移民の住まいにもなったカフェや安宿

写真２　移民家族も入居した社会住宅団地

ひとつは、植民地体制を引き継いで進行した出稼ぎ移動が、当事者世帯にとっての一時的な換金労働――借金返済や農作物の不足を補う、婚資を稼ぐなどのターゲットワーク――の性格をもち、稼ぎや社会保障で得た収入の一部が家族に送金されるかたちで、各自の出身の村や親族、家族の生存維持と生活戦略に埋め込まれていた点に現れる(9)。もうひとつは、共住型モデルともいえる移住先でのシングルたちの連帯である。単身者同士の共同生活では出身村落での上下関係や職業、出身地で一人前認定の基準ともなっていた既婚・未婚の別といった階層性や区別は棚上げされ、同じく異郷の地にある者として対等の立場の相互扶助の実践が注目された（Sayad 1993：宮治　一九九三；渋谷　二〇〇五）。単身者は単独で捉えられるよりむしろ、故郷の家族の延長や、都市の疑似的な家族的紐帯のなかで捉えられてきたのだ。そのうえで、個々の暮らしでみれば、その後も出稼ぎ型を維持した人と家族を呼び寄せ、あるいはフランスで新たに家族を形成していく人がいるだけでなく、それらのつながりのあり方も時間の蓄積とともに変化している。

単身寮の古株ムラッド（アルジェリア出身、六〇歳代、男性）

一九七〇年代から年に一度ヴァカンスに一～二ヶ月アルジェリアに戻り、残りはフランスで働く生活を三〇年以上続ける。払いのいい仕事はまだあるので、六五まで働いたら退職して帰国するつもりだ。寮では世話役をしており、最近来た若い人を含め、みんなの相談にのる。子どもは一九六六年生まれの長男を筆頭に九人いるが、全員アルジェリアで親族と同居しながら暮らす妻の下で成長した。ムラッドが持つ二〇枚ほどの写真の裏には、すべての子どもの名前と、撮影日時が書かれている。ただ、長く顔を合わせない生活がつづいたため夫婦はよそよしいままで、昨年離婚

写真3　単身出稼ぎ生活は35年を越える。

した。子どもに、自分たちが嫌いになったのか、と訊かれたと話す際には顔をゆがめたが、ほどなく、三五歳の女性とアルジェリアで再婚した。「向こうに戻って家族と過ごす時間が一番だ。でも、自分はもう、ここでこうして暮らすことに慣れてしまった」とも言う。（二〇〇三年）

ムラッドの住むマッシー市の寮には、いったん引き揚げたものの稼ぎが必要になりフランスに戻ってきた年配のマグレブ系男性が多く住むほか、最近では比較的若いアフリカ出身者が増え、少数だがフランス人学生も暮らす。三階の一室を礼拝室（モスク）にしたので、寮外からも人が集まり、金曜や祭日には室内に入りきれないほどだ。食堂やモスクでは挨拶やおしゃべりの機会があり、古株から新参の若者まで、生活情報交換、スポット仕事の情報、物の貸し借り、一緒に食事することも一部では行われる。家族を共住単位としない生活方法をここで身につけたムラッドは、面倒見がよく親切な世話役である。

都市部につくられた単身寮という形態の住居[10]の存在は、ムラッドのようなシングルが社会的につくりだされたものであることを物語る。同時に、家族の生活を支えるための世帯戦略として生まれた出稼ぎは、夫婦が共住せずに、それぞれの生活ネットワークを形成する生活スタイルを、両地域それぞれに定着させてきた。

しかし、出稼ぎにきた人びとは全員が同じ状況を選んだわけではない。

団地の単身者ハッダ（アルジェリア出身、六〇歳代、女性）

「一九六八年、夫に合流するため、上の子たちを連れて渡仏した。住んだのはナンテールの町はずれのバラック集落。隣人はほとんどアルジェリア人家族。今の団地には八〇年代に来た。子どもは全員家を出て、夫は三年前に他界した。同じ棟に昔からの隣人で友達の夫婦がいるので、日中はその家でおしゃべりしている。ときどき一緒に食事をつくり、男手が必要なときは助けてもらう。子どもも友だちの子も、週末には顔を出してくれる。戻りたいけど、子どもたちに会えなく

なるもの。いまはまだここで暮らすわ。」（二〇〇三年）

戦後からアルジェリア系移民が多く住むパリ郊外ナンテールは、一九五〇年代、都市化するパリ地域の建設需要や公共授業、郊外にあった自動車等の製造業につく男性の短期滞在に始まり、家族の呼び寄せや子どもの誕生で、アルジェリア出身者の人口が膨らんだ。六〇年代、移民家族が町のはずれにいくつかのスラムを形成すると、町の人口の約三〇%が北アフリカ人となった。その後、移民家族は八〇年代にかけて、市内につくられた社会住宅団地（写真2）に分散的に入居していったが、スラムや脆弱な住居でつくられたマグレブ系移民同士の隣人関係は、その後の団地での隣人関係や友人関係と重なっている。

出稼ぎのために渡仏した男性たちと違って、この世代の移民女性の多くは家族で一緒に暮らすために渡仏し、フランスで子どもを育てたが、それゆえにまた、夫の墓を故郷に建てた後も、子どもたちが生活するフランスに残りたいという思いを口にする。彼女の生活もまた、家族だけでは完結しておらず、フランスの社会資源である団地や社会保障、隣人、友人関係、家族ぐるみのつきあいなど、これまで培ってきたネットワークに依っている部分がある。そうしたつながりがあることでむしろ、一人暮らしで、物理的にはシングルあっても、日常的にはそれが回避された状態がつくられている。

3　家族をなすことを要請するものと「独身」――次世代たち

では、フランス育ち世代のシングルとは、どのような人びとだろうか。冒頭に述べたように、家族移住後の世代が成長する一九九〇年代には、フランス女性より独身・未婚者が多いと報告された若いマグレブ系女性にも注目が向けられてきた。彼女たちのバックグランドであるイスラームでは、結婚は実行することが望ましい事柄であり、周囲も結婚を薦める傾向があるにもかかわらず、である。

そのため、フランスでは、移民の統合による個人の文化変容という説明か、移民コミュニティ独自の文化的・宗教的

表2　第二世代の結婚とシングル（2001～2012年の調査より）

誕生		独身		既婚（配偶者選択の方法）	
1950s (A)	男性	–		1	父親同士が同郷の友人1
	女性	2	独居1，離婚1	2	父方イトコ1，父親同士が同郷の友人1
1960s (B)	男性	2	関係解消1，同棲1	4	父系親族集団内1，親の仲介1，自分2
	女性	3	離婚1，未入籍1，実家1	2	親の仲介1，自分1
1970s (C)	男性	2	兄と1，同棲1	2	友人の紹介1，自分1
	女性	11	離婚1，同棲2，実家6，独居2	3	親世代の仲介1，自分2
1980s (D)	男性	4	実家4	–	
	女性	2	実家2	–	
総数		26人		14人	

な要因という説明がされてきた。前者は、移民たちのあいだで「恋愛結婚」を希望する女性が増え、親や周囲のアレンジによる結婚が当事者に避けられたこと、後者は、とはいいながら実際は、両親が薦める結婚条件を優先し、マグレブ系男性か、少なくとも同じムスリムである「文化的に近い」男性を希望し、夫候補を限定する傾向があるため、家族と若い女性双方が受け入れる夫候補者が減った（Flanquart 1999）という説明などである。移民先で、男性ムスリムはユダヤ教徒・キリスト教徒との結婚も許されるが、女性はムスリム以外との結婚は認められないことも、一因とされる。

　前節でみたように、親世代となる移民たちが隣人同士をはじめ世帯をこえたネットワークを使ってシェアや相互扶助の関係を築いたことは、一方では彼らの生活に欠かせない要素となった。そのため、移民家族が多く住む地区周辺には、移民同士で形成した文化的・慣習的・宗教的な実践の諸要素が重ね合わさった、ローカルなやり方が生みだされることになり、子どもの行動規範や配偶者選択にも影響を与えた。まず調査対象者のうち四〇名の第二世代について、彼ら自身の年齢幅を考慮しながら[11]、配偶者の選択をみてみよう（表2）。

　従来、マグレブ地域における結婚は、長らく父系イトコ婚を理想のものとして実践されてきた。マグレブ地域の都市化にともない、徐々に配偶者の選択範囲が拡大していくが、早くから家族を呼び寄せた移民のあいだでは、親が選択主体となり、イトコ婚や親族や友人・知人間の信頼関係をもとに親や周囲が配偶者を選び、調整をする結婚（le mariage arrangé）を奨励した。結婚する当事者にとってそのアレンジが強制的な結婚の取り決めであるか、よりゆるやかなお見合いや引き合わせを意味するかは時代によっても異なる。また、そこにはフランスで成長

表3　独身の背景

(A)	女性	親の薦めるイトコ婚を拒否，１人暮らし／親の決めた結婚で子ども１人，20年後に離婚。離婚２年後に宗教上の再婚
(B)	男性	イタリア系フランス人女性と内縁関係後，関係解消。子ども２人／非婚主義のユダヤ系フランス人と同棲。
	女性	宗教上の結婚はしたが未入籍，子ども２人／宗教上の結婚後，離婚。１人暮らし／恋人なし，実家暮らし。
(C)	男性	恋人なし，兄と同居／フランス人女性と同棲
	女性	カナダ在住アルジェリア人と結婚後，離婚。実家暮らし／フランス人男性と同棲／アルジェリア人男性と婚約を終えて，同棲／恋人なし，実家暮らし／大学生，実家暮らし×５人／親元を離れて大学生，一人暮らし×２人
(D)	男性	調査当時高校生・実家暮らし×４人
	女性	調査当時高校生・実家暮らし×２人

した息子・娘の一部を、結婚でアルジェリアに戻す実践も含まれていた。(A)の年代では父系親族や出身地域あるいは出稼ぎ時代に知り合った友人など親が子の結婚を決定し、相手もアルジェリア人同士であるが、(B)になると、段階的に二人を引きあわせて結果的に当事者同士に自己選択させる仲介の形態が登場し、(C)にはさらに親世代の紹介ではなく、友人の紹介も追加されていく。(B)(C)の年代では、自分で相手を見つける者が現れ、その大多数がフランス人などアルジェリア人以外と結婚している。徐々に親の仲介や友人の紹介、時に親の意に反しても本人が自分の結婚相手を選ぶケースが増えたことがわかる。

次に、表2で独身に分類したうち調査当時学生だった(C)の一部と(D)を除いた背景に注目すると、未婚・離婚でパートナーがいないか、相手がマグレブ系、ムスリムではないケースで同棲を選択しているか[12]、相手がムスリムで宗教上の結婚または婚約（後述）は終えているか、に分かれる（表3）。シングルをとりまくローカルな文脈をつかむため、以下では結婚していない人、離別した人の二事例を取り上げる。

世帯を分ける

(A)交渉するファティア（一九五九年生まれ、三歳で渡仏、八人キョウダイの長女）

「学校教育はフランスで受けたけど、当時の教師の多くや両親は、移民の娘を進学の対象にしてなかった。中学卒業後は家事手伝い。一七歳のとき、私が生まれた時に兄弟で約束したという父方イトコとの結婚を薦められた。

当時、同世代のいとこや友人は、結婚式当日はじめて会うようなかたちで、アルジェリアや在仏アルジェリア人と結婚したわ。オジ一家とは、渡仏後彼らが家を見つけるまで同居していたから、兄弟みたいな相手と結婚する気になれなかった。内緒で呼び出して、お互いにその気がないと確認して、それぞれ親の薦めを断った。かなりの間、オジは怒っていた。つらかったのは周囲がみな嫁いでしまった後。家にいるのが苦痛で、父に「家計を助けるから」と外で働く交渉をしたの。ちょうど八〇年代終わりから九〇年代は、不景気や産業構造の変化で男性の仕事が減ったんだけど、女性向けの仕事はあったの。あの時期、フランス育ちで言葉もわかる女性たちは、仕事をもてるよう父や兄や夫に交渉した。それは、家庭内で女性がある種の自治を得ることでもあった。最初のお給料を渡そうとしたら、パパは、これはお前が働いて稼いだお前のお金で、私に渡す必要はない。銀行に行って自分の口座を開いて預けてしっかり管理しなさいって言ってくれたの。すごくうれしかった。」（二〇〇三年）

彼女と同じ世代のイトコや友人には、親たちがアレンジした結婚を受け入れ、場合によっては育ったフランスを離れ、アルジェリアに嫁いだ人もいる。周囲のアレンジで結婚した人たちは、「当時、結婚とはこうやって決まるものだと思っていた」と話す。しかし、親が子の配偶者を決めるという周囲のやり方に反するかのように、ファティアは自分の縁談を拒否した。彼女は、先に本人同士で話し合い破談を選択したうえで、双方の両親の思惑を退けた。イトコとの近さをつくったのは移住初期のフランス都市部での住居の制約によるものだが、事前に当人同士の話し合いで破談にできたのも、フランスで同じ地区で生活しながらも親や周囲の目に触れないところで若い男女が会える環境がつくれたためだ。黙って受け入れられなかったことを彼女は「地中海気質と、私自身の性質」と表現する。周囲のやり方に埋め込まれえない衝動であり、それは親たちにとっても予想外のことだった。

その後、ファティアは仕事を始める。資格がないため、最初は移民女性が――つまりフランス育ち世代としてではなく、若いマグレブ出身女性として――、参入しやすい個人宅での家政婦（femme de menage）をした。ただし、個人のネットワークで得た仕事ではなく、役所に登録して仕事を得る形態だ。その後も県が提供する研修を重ねて、保育園の手伝いからソーシャルワーカーのアシスタントへと、そのキャリアを積んでいく。「独立」を実感したのは、自分名義の銀行口座をもったことと、実家を出て一人暮らしをしたことだった。

そこには家族内で未婚の娘に対して父が認めた「世帯の切り離し」のやりとりが含まれる。同じ時期、アルジェリアの村落部に嫁いだイトコは、「お砂糖を入れた棚の鍵の管理は姑のもの、嫁にその権限はない」という世界を生きていた。[13] そこからいけば自分名義の銀行口座をもち、それを自分で動かすことには、大きな意味があったし、それを父親が未婚の娘に認めたことにも意味があった。彼女やその兄弟姉妹はこの判断を、父親の人柄や彼が個としてもつ考え方の現れと話す。[14] アレンジ婚の拒否、父との交渉、独身のままの独立など、彼女がいまシングルであるのは、なりゆきである。しかし、その語りにおいては、文化や地域社会の規範的な生き方に対し、たまたま兄弟のように育ったイトコと自分の関係や周囲の意に背く衝動、父親が娘の独立や独身に対してオジや他の家庭と違う対応をしたこと、他ならぬ自分との関係に現れた父の考え方といった出来事を通じて、自分と周囲の人びとそれぞれの個の固有性が顔を出すものとして表現されている。

シングルであることは、あらかじめ決まった特定の生き方の選択や特定の感情領域を通じて表現されるものではなく、「複数の矛盾する位置」のなかで生きる自分とそこに関わるそれぞれを、個別性を帯びた人として語ることに他ならない。また、居間の砂糖を管理する鍵や、お給料をいったん「家に入れ」て世帯を維持する方法から、一人用アパルトマンや銀行口座という社会装置に媒介された生活スタイルに一部置き換え、世帯を分離させるプロセスがみえる。

「愛」と「信頼」と「隠れた」結婚

フランスの移民たちのあいだでは一般的に、結婚には二種類あることが認識されている（Boukhobza 2001）。ひとつはフランスの民法上の結婚（mariage civil）で、役所で結婚式を行い、届出される法的結婚である。市長の下、証人同席のなかで宣誓する。冒頭に述べた統計にカウントされる「結婚」とはこの数字を示す。もうひとつが、宗教的結婚（mariage religeous）で、フランス国内の宗教的・文化的・慣習的な「それぞれの方法」による結婚だ。ムスリム移民のあいだでは、イスラーム法であるシャリーアにもとづいた夫婦の契約と宣誓による結婚がそれにあたる。証人となるムスリムの立会いのもと、クルアーンの最初の章（*al Fatiha*）を含む数節を唱え、新郎・新婦と立会人（男性ムスリム）と証人（二人以上のムスリム）が結婚契約書にサインし——夫から妻へのマハル（婚資）や離婚時の条件までを取り決める——、結婚を公開するのだ。ただし、後者の結婚は、フランスにおいて公式には、民法上の結婚式を終えたカップルしか行えない、第二の結婚の位置づけにある。そのため、宗教的結婚をもとに同居を始めても、民法上の結婚手続きを行わなければ現代フランスの民法上は独身である。

しかし、ムスリムたちのあいだでは、民法上の結婚に至らなくとも、宗教的結婚の儀礼を経ることで、「恋愛関係」ではなく、結婚契約を行ったパートナーとして承認され、一緒に出歩いても非難されることはない。次にみるメテナの例は、この二つの結婚のズレが移民たちの暮らしの便宜のなかで様々な使われ方をすることを示している。

(B)**結婚できないメテラ**（一九六九年フランス生まれ、九人キョウダイの三女）

「二〇代の頃、両親に秘密でフランス人とつきあいはじめた。フランス人女性と結婚や事実婚をして子どもを持つ人、親には言わずに家を出てフランス人男性と同棲しているイトコはいるけど、うちは、フランス人女性と同棲している弟を除けば全員アルジェリア人と結婚しているか独身なの。私が相手との同棲や結婚を考えはじめた途端、それまで交際を黙認していた姉妹全員にフランス人と結婚するならすべての縁を切ると反対されて、諦めた。その後、休暇で旅行したマルセイユでアルジェリア人の男性と意気投合した。彼には滞在許可書がなかったけど、家族も賛成してくれて、二〇〇一年、まず宗教的結婚をしたわ。でも続かなかった。結婚すると、男性優位な人で、生活費の多くも私が工面することになった。それ以前に、彼には妻がいて、結婚当時妊娠中だったこともわかった[15]。翌年には「離婚」した。最後は私の持ってた車まで乗っていかれたわ。」（二〇〇四）

ファティアとメテナは一〇歳違いだが、大きな違いは、メテナが小学生の頃、ナンテールには大きな集合住宅団地ができて、アルジェリア人だけではなくフランス人をはじめとする様々な人びとが同じ地区に住む環境で育ち、フランス人とのつきあいに踏み出す第二世代も現れてきた点にある。ファティアのように独身で仕事を持ち、一人暮らしをする女性が現れたのも、コミュニティの次世代の生き方の幅を広げる雰囲気をつくっていた。表だった男女交際が難しい地域コミュニティでも移住者の多様化や日常的な移動で出会いの機会が広がり、配偶者を選ぶ主体が結婚当事者へと変化してきている。

しかし、メテナの最初の例は、結婚や「よい相手」をめぐる制約は両親だけでなく、その希望や通例を参照する兄弟姉妹によっても設定されており、彼らが親の意向を事前に汲み取って動くことを示している。姉妹たちの動きは、フランス人を配偶者に迎えていた他のイトコたちにとっても少なからずショックな出来事だったという。

二度目の場合では、メテナにとっては、自分で見つけた相手であり、家族にとってはアルジェリア人でムスリムという点では「信用」でき納得がいく相手だった。その後、相手に妻がいることがわかったときも、二人の関係さえうまくいっていれば、「［一夫多妻を認めている］アルジェリアでならありうること」だと言われれば、受け入れられると思わなくもなかった。しかし、すべてを持って彼が「消えた」後では、フランス国籍や仕事、いくつかの財を持つ彼女のような第二世代は、自分自身も「道具」として利用されかねないリスクと背中合わせであり、宗教的結婚もその相手次第では「道具」に利用されることを認めざるをえなかった。メテナにとってこの「失敗」は、自己の固有性を否定されて「利用される」こともまた自己を構成する複数性のひとつであるということ、そのことに向き合う作業でもあった。

宗教的結婚の手続きによって、彼女の「結婚」はコミュニティの人たちのあいだでは承認されたが、その分、彼女が実家に戻ってくるとこの顛末は噂として広まり、「離婚」として理解された。しばらくしてメテナは、隣町で一人暮らしを始めた。家族や親のネットワークから外れた地域のほうが、自由がきく。かつてつきあっていたフランス人男性と再び一緒に暮らしているのではないか、という噂も流れたが、「離婚」経験のある女性として周囲には見なされているため、かつてのような反対を受けはしないという者もいた。

愛情に基づく人間関係と思ったものが「偽物」かもしれず、メテナの二度目の相手のように同じアルジェリア人やムスリムだといっても実際にはその素性がわからない人もいるのであって、「信用」とは別と考えなければならないのかもしれないという意見が、フランス育ちの女性からも聞かれるようになっている。逆に、マグレブ育ちで、第二世代の女性にアプローチした若い男性移住者のなかには、数年の交際を重ね、彼女を「本当に好き」であっても、その親や親族に「滞在許可のために利用する気だろう」と疑われて接触を拒まれ、プロポーズを諦めざるを得なかった人もいる。

こうした都市の匿名的環境は、アルジェリア人同士、ムスリム同士の信頼を損ない、当事者たちがすぐさま結婚に踏み込むことに躊躇するひとつの要因となる。しかし、親には紹介しないまま数年の交際や同棲を重ねたのちに、両者の間を「信頼」で結び、かつ周囲の人びとに二人の関係を承認してもらう重要な儀礼として宗教的結婚を行うことは可能である。表3には、その後民法上の結婚にはまだ至っていないカップルや、離婚後に出会った新しいパートナーと同棲する際に、宗教上の結婚式のみ執り行い、そのままフランスの民法上は独身者として暮らすシングルやシングル・ペアレントも含まれている。

シングルが独身か既婚者かという単純な分類ではないことは明白だ。都市で暮らす彼らにとって、親や近隣の目があり、誰と歩いているか暮らしているか等の噂がたつ地区と、周囲に自分のバックグランドについて知る人がいない地区とでは、できることとできないこと、意識するふるまいが異なる。ファティアやメテラが生活基礎を隣町に移すのは、ローカルな地域空間と自分の関係を調整する技法といえる。また、「独身」と「既婚」のあいだには様々な関係があり、フランスの社会制度だけでなく、イスラームに基づく結合・解消・承認方法が、文脈を変えながら活用されている。そこには人びとが特定の社会規範に従って生きる姿だけでなく、複数の生き方の仕組みや空間を調整し、規範そのものを出来事の中でその都度運用していく姿を捉えることができるのだ。

4　ひとりで生きていくことを学ぶ過程

単身で働く人、連れ合いに先立たれた人、離婚して戻ってくる人、結婚せずにパートナーと子どもを育てる人、結婚しない人、彼らの周りにはいろいろな生き方をする人びとがいる。加えて、人びとは、仕事を通じて、様々な人を知ることからも自分の生き方と時間の過ごし方についての多様な意見を持ち始めた。実家の近くに住む実母に子どもの世話をまかせ、自分は同じ年の子どものベビーシッターや保育をし、赤ちゃんのときから多くの時間を過ごし成長を見ている子に自分の子どもと同じような感情を持つケースや、慣習や文化が違うとか、言葉が違うという様々な文化経験にさらされてきた自分の感覚が少し変わり、自分の子どもだけ育てていたら気づかなかった人間の共通点に気づいたりするケース、高齢者のケアに関わるなかで親との関係、社会と家族の関係を考えるケースもある。四〇歳を過ぎた頃からファティアは、新たな家族の形を考えるようになった。このまま独身なら、養子をとることを考えだしたのだ。

社会的な活動としての家族

結婚はしないかもしれないけど、私と同じアルジェリア人の子を養子にできないか考えてる。親は、余計にお嫁に行けなくなるとか、助けるなら親戚の子を、と言って反対するでしょう。でもその子に親や兄弟姉妹がいるなら、引き離したくない。アルジェリアには親族が育てるケースはあるけど、孤児院の子を迎えるのは慣習的にはほとんどなかった。だけど、九〇年代からは社会情勢が悪化して、マグレブには女性差別もあるから孤児院に入る子は増えている。フランス人はひと目で養子とわかる子を引き取ることも多いけど、子どもにとってそれがいいのかわからない。だからできるだけ自分と肌の色が似て出身が同じ子が、私がそうだったように、フランスで生活する足がかりをつかめればいいと思う。（二〇〇二年、二〇〇三年）

写真4　子どもを育てるしごとがある社会で働くこと

彼女は家族や親族のネットワークの延長上で親になるのではなく、シングルのまま「家族」をつくろうとしていた。それから調査に行くたびに、彼女が少しずつこのアイディアを実現するために動いているのが見えてきた。最初は二〇〇六年、ファティアは国際養子縁組に対応するアソシエーション団体の説明会に参加し、養子を探す動機、収入、住環境のチェックや適正な家庭かどうかを確認する家庭訪問といった一連の申請条件について情報を入手していた。最大の収穫は、フランスでは独身者が養子を迎えるのは違法ではないと知ったことだ。翌年、家庭訪問をクリアし、申請準備をはじめる一方で、イスラームの法では独身者が養子をとれるのかも調べはじめた[16]。しかし、二〇〇九年（五〇歳）頃になると、実際の縁組への迷いを口にしはじめた。一番気がかりなのは、小さな子どもを育てるには、子どもから見て、また実際の生活として一人では無理ではないか、という点だった。ちょうど妹に子どもが生まれ、誰かにちょっとでも見ててもらわなければ自分の用事や睡眠時間もとれない様子を目の当たりにすると、「やはり、先にパートナーを見つけるべきなのでは？」と考えだし、ネットを使って積極的にアラブ系独身者サイトや中年独身者向けサイトにアクセスしはじめた。登録しているのは離婚経験者や、大きな子どもがいる男性がほとんどで、彼女はチャットや実際に会って食事するなど新たな出会いを重ねた。離婚も子どもがいることも気にしなかったが、一時的な関係を求める彼らと彼女のニーズは一致しない。

「ネットからパートナーを見つけるのは無理」と諦めかけたとき、インターネット上のサイトを通じてコートジボアールの現地の団体を紹介され、事前の見学を求められたのを快諾する。しかし、お金のトラブルになった（二〇一〇年）。

あの時はどうかしてた。最初に七五〇ユーロ送ったら、家にも職場にも毎回違う人からどんどん電話がきて。フランス国内だと思っていた送金先は向こうの私書箱宛だから受取人の住所もわからない。なのに追加のお金が三〇〇〇ユーロ必要だと言ってきた。何に使うとは言わずに、独身の弟や妹からお金を借りたわ。弟には、「今まで一度もお金の相談なんてなかったのに、どうしたの？」と聞かれたけど。その後も、銀行からも国外への送金のことで問い合わせがあって、このまま続けるようなら口座を凍結すると言われて、すっかり恐ろしくなったの[17]。みんなに言われて、一切電話に出ない、かけ直さないことにしたけど、それから半年の間、家にもオフィスにも電話が続いたわ。それで、同僚とお金を借りた弟妹、ベロニク〔親友〕にだけ話したの。みんな「今すぐやめなさい」とかカウンセリングに行くようにとか言ったわ。ベロニクや弟は「そんなことをしなくてもあなたは一人じゃないよ」って。でもこの年になるとみんなそれぞれ自分のことがあるもの……。私はとにかくしばらくの間、興奮しきっていて、まともじゃなかった。落ち着いてみれば、結局、結婚しなかったことをずっと気にしていたのかもしれない。ひとりでは養子は難しいと思うことにして、もう忘れようと思うわ。
（二〇一二年）

フランスに移住するしか選択肢がない状況で渡仏し、フランスで育った子どもとして、自分のバックグランドに近い出自の子どもを「家族として呼び寄せ」、つながれないか、という考えは、独身のまま単身の子と一緒に暮らすという発想に貫かれたものだった。そこにパートナーを加えようとしたのも、発想はシングル同士がつくる家族的な生活空間と時間をつくることであった。

しかし、お金のトラブルに巻き込まれた際、周囲の人びとは、それを「独身の彼女」の孤独、あるいは家族的つながりへの憧れやプライドの発露だったのかもしれないと受け取り、彼女の「内面」に渦巻いているだろうと想像される何らかの感情の帰結として受け止めた。社会福祉に携わる職場の同僚たちは、国際養子縁組のトラブルを扱う専門の団体に相談にいくことと、適切な心理カウンセリングを受けることを薦めた。弟と親友は、「あなたは一人じゃない」と励ましの声をかけたのだ。いまや本人も、結婚しなかったことを「ずっと気にしていたのかもしれない」と感じてさえいる。そこには、一見、シングルを、独立や自由で語り、肯定的で、「もはや普通のこと」として扱い始めているとみえるフランスにおいても、「独身者」に対する一定の見方——「実は」寂しさや孤独を内面に抱えている——が集合的に作動しはじめることを示している。

ひとりを受け入れるプロセス

事件から二年後のファティアは少し落ち着いて当時を振り返った。この間、他にも自分と同じような状況に陥った人の話を聞き——その人は、「あなたはまだまし！　私は自宅を抵当に入れた！」と彼女に告白した——、今まで話さなかった人生のことも、いろいろな人と話すようになったという。

先日実家で同世代の友人に言われたの。「私はスカーフをして姑や夫やの意見を聞いてからしかこういう場にも出れない。みんなと違っても自分が思う格好をして言うべき意見を言う、そういうあなたが本当は羨ましい。私もあなたのように生きられたらと思ってる」って。みんな形は違うけど、それぞれ悩みもある。この年になってようやく、自分がどんな生き方をする人間なのか少し見えてきたところかなと思ってる。五〇を過ぎて、まだ悩むだろうけれど、こういうことを繰り

返しながら私はそれを学んで、そうやって生きていくんだろうって。ようやくそんな感じなの。（二〇一二年、五三歳）

この友人に、養子縁組の顛末は話していない。しかし、同じように自分を見失いながら養子を迎えたいと考える人たちと、様々な経験を語り合い、また自分と違う環境で生きる人のなかに、自分と同じような想いがあることを知ることは、彼女のふるまいを「独身者」の孤独や不安の発露とし、それに対処し、解消しようと働きかけられることとは異なっている。それは「独身者」としてではなく、様々なキャラクターを帯びた一人の人間ファティアとして、その生き方を肯定的に受け入れてくれる人の存在に触れることだった。

彼女は、一連の出来事を「この年になっても人生はどうなるか自分にはわからないということ」を示す事象として受け入れていく。独身のまま、小さな子どものパートナーになろうとした彼女の一〇年越しの活動は、今のところ「失敗」した状態だ。しかし、この過程のなかで、同じようなことを考えて行動に移した女性と出会ったり、結婚生活を続ける友人とそれぞれの位置の生き方なりの悩みを話し、励ましあう時間が生まれた。養子を得るためのパートナー探しの文脈を離れれば、気の合う男友達としてつきあえる人もできた。ときに女同士、ときに独身者同士の横のつながりの結び直しのなかで、この先どう生きていくのか、どんな人生を引き受けるのかわからないこと自体を受け入れ、了承していく関係が表れている。年齢や経験を重ねた末にできてきたこうした横のつながりは、シングルであること、シングルとして生きることに何か説明を与えなくてはならない社会において、説明からの解放にもなるだろう。

本章は、断続的ながら筆者が一一年（二〇〇一〜二〇一二年）の幅で関わってきた人びとを対象にしたものであり、「シングル」を特定の生き方や生活様式、ライフステージの特徴、あるいは感情の領域として対象化せずに、むしろシングルであることも、時間とともに変わりゆく複数の矛盾した位置の一つとして捉えたものである。

シングルが増加するとされる現代フランスにおいて、人びとに「生きられているシングル」のあり方とは、この地域に歴史的に蓄積されてきた人的、文化的、社会的な様々な装置とともにあるということだった。しかしそれは、静態的な社会構造の説明や約束された地位によって語りはじめられるものではない。人びとの生活環境が、移動や環境変化や年齢的な蓄積を含めた多様性とともにあり、様々な局面で生成する自分の身体や感情に向き合いつつ、それらを調整する方法を試し、またそうして生きる他者の論理に目配りしているというものでもあった。

人びとは、フランス社会の構造と移民たちが移住先に持ち込んだ実践コードや制度をも運用しながら、新たな生の仕組みのなかで暮らしはじめている。それは何らかの「標準的な」暮らし方なるものに自分をすり合わせる作業や、あるいはそうした規範的な人生像からはじき出された者としてシングルを語ることとは異なるものである。彼らは「主体的」に人生を選ぶ人びとであるが、同時に選択をする自分自身がどのような人間であるかや、社会のあり方をはじめから固定することもない。というより、できない。むしろそうした揺れ動きのなかで、ひとびとは自分自身や自分を取り巻く人びと、環境の新たな要素を意味づけ、自分に起こる新たな出来事や要素を受け入れながら、それらにつきあいながら、なりゆきとともに生きていくことを学んでいる姿だといえるだろう。

注

(1) 公式的な言葉の定義は、「結婚年齢に達しているが、結婚していない人」である。

(2) 同性または異性の成人二名による共同生活にあたり、裁判所を通じて締結される契約。婚姻に準じた保障があるが、社会保障等の受給権やパートナー間の相続権、夫婦としての養子縁組はできないこと、ひとりの一方的決断で関係解消が可能など、いくつかの違いがある。

(3) コンキュビナージュ（concubinage）ともいう。所得税の共同申請はできないが、安定した共同生活の継続を証明し、役所で同棲証明書の発行を受ければ、子どもの家族手当は平等に受けられる。

(4) 家族移民は三種類ある。①フランス国籍者の家族（Famille de Francais）：フランス国籍者と結婚した外国人配偶者またはその子の長期滞在。フランス国籍をもつ移民の二世代目以降の家族も該当。②家族の呼び寄せ（Regroupment familial）：フランスに正規滞在する外国人が本国から家族を呼び寄せる場合。③個人的および家族的絆（Liens personnels et familiaux）：フランスでの個人の、および家族の絆がとても強いために滞在を拒否すれば、その個人・家族生活の権利を侵害する場合。

（5）二五歳から二九歳の女性を対象にした結婚に関する調査で、フランス出身者の四八％が既婚者なのに対し、マグレブ出身女性の結婚は三八％だった（Tribalat 1995）。出身別統計がほとんどとられないフランスで、移民統合の成功を示したとされる研究である。

（6）こうした視点は、社会関係や自己の構築・再構築に注目してフィリピンからの第一・五世代移住者による生の模索プロセスを研究する長坂（二〇一一）や、移民の子どもから移動する子どもへの視点転換を提唱する川上の議論（二〇一三）、移住の女性化において世帯戦略のアプローチではなく世帯内部の関係性とライフコースそのものの推移に着目した小ケ谷（二〇〇五）など、子どもや女性の移動に着目する移民研究の動向から示唆を得た。

（7）フランスは出生地主義のため、移民二世代目以降は帰化手続きなしにフランス国籍を保有できる。

（8）一九五六年建設当時は、都市部で働くアルジェリア県（当時）出身のフランス人ムスリム（Français musulmans）のための住居としてフランス政府主導で運営されたが、アルジェリアの独立を受けてアルジェリア人という限定が外され、七〇年代を通してフランスのナショナルな労働力をつくりだす空間だった（Bernardot 1999）。

（9）フランス側は「独身男性」を求めたが、村では既婚でも未婚でも世帯経済の一因を担う家族集団の代表を「独身者」として派遣した（渋谷 二〇〇五）。仕送りや海外での就業にともなう家族手当、各種年金、保険金が故郷の暮らしを支え（宮治 一九九三）、家長も出稼ぎにでるようになると、故郷の世帯構成が拡大家族的兄弟間の財産共有から核家族化した（渋谷 二〇〇五）。

（10）単身者寮には、ドミトリータイプと四・五平米の個室タイプがある。個室一〇室に対し、共同トイレ・シャワー、キッチン兼食堂が設置されたユニットが「生活単位」として設計されている。個室で一ヶ月一二〇ユーロ（約一五〇〇〇円）前後だ。今日住居形態としては減少しているが、入居者は一般化し、共同的要素を減らし個人空間を広げる等、内部の建築構造も変化する。ただし、一九九〇年のデータで、この形態の住居に住むフランス人は一％未満に対し、アジア系二・二％、トルコ系二・三％、モロッコ四・六％、アルジェリア七・一％、アフリカ系（北アフリカを除く）五・六％で、もっとも多いアルジェリア系のうち四三％は五六歳以上と高齢化が進む（Document DAL 2000）。

（11）移民の次世代となる第二世代の層は厚い。親の移住時期の違いだけでなく、第一世代は比較的多くの子どもを出産しており、長子と末子の年齢差に約二〇年の開きがあるケースもあるからだ。

（12）同棲や事実婚の後、子どもができると、両親が相手の改宗と結婚を説きはじめ、相手が応じた場合は結婚、応じない場合は事実婚を継続するケースがみられた。他にも、フランス人男性と結婚した女性のケースでは、結婚前に相手の男性がムスリムに改宗してから式を行った。

（13）砂糖は女性たちの社交に欠かせないミントティに入れる象徴的な財であり、鍵の管理は世帯の女主を示す。比喩的に使われることもある。彼女の実家には今もリビングに鍵つき棚があり、砂糖がしまわれている。便宜のため、鍵は棚に刺したままだが。

（14）一般に「息子には自由を認めるが娘には制限をかけるのがマグレブ文化」だと語られるが、ファティアやその兄弟姉妹たちは「うちの父は、違う。子どもたちの扱いは常に男女平等だった」と言う。一九六〇年代のフランスの男女平等の動きの中で女性の銀行口座を開設する権利の主張が行われた際にも、こうした平等や解放の語りがみられた。

（15）フランスやチュニジアの法律では、一夫一婦制の順守が定められているが、アルジェリアやモロッコでは一定条件の下、一夫多妻が認められる。

（16）イスラームにおいては、後見人制度はあるが、こうした養子縁組は認められていない。また、フランスの法律においても、養子縁組制度のない外国の子どもを養子にすることが禁じられている（二〇〇一年）。ただし、アルジェリアにおいては、孤児院に受け入れられている子どもの国際養子縁組の枠組として、親子関係を形成しないKafalaという後見人制度を、五歳以上の子どもに用いることは可能である。

（17）二〇〇七年には「ゾエの箱舟（Arche de Zoé）」事件（孤児を欧州で養子縁組させる活動を進めていたフランスのNGOがチャドで拘束された）などがあり、近年国際養子縁組をめぐる問題は新たな社会問題となっている。

参考文献（ウェブ上の文献はすべて二〇一四年一二月三日最終閲覧）

小ケ谷千穂　二〇〇五　「海外労働と女性のライフコース――フィリピン農村部の若年シングル女性と世帯内関係を手がかりに」お茶ノ水女子大学『ジェンダー研究』八号：九九―一一一。
川上郁雄　二〇一三　「『移動する子ども』学へ向けた視座――移民の子どもはどのように語られてきたか」、川上郁雄編『移動するこども』という記憶と力』一―四二頁、くろしお出版。
渋谷努　二〇〇五　『国境を超える名誉と家族』、東北大学出版会。
長坂格　二〇一一　「フィリピンからの第1・5世代移住者――子ども期に移住した人々の国際比較研究に向けての覚書」、上杉富之編『グローカル研究叢書４　グローカリゼーションと越境』成城大学民俗学研究所グローカル研究センター。
福田邦夫　二〇〇六　『独立後第三世界の政治・経済過程の変容――アルジェリアの事例研究』西田書店。
宮治美江子　一九九三「移住の人類学序説」『応用社会学研究』三三号：一―二六。
Abdelmalek, Sayad. 1993. *Un Nanterre algérien, terre de bidonvilles*. Paris: Autrement.
Bartolomed, Anna Di, Thibaut Jaulin and Felphine Perrin. 2010. *CARIM-Migration Profile: Algeria*. European University Institute.
Bernardot, Marc. 1999. "Chronique d'une institution: LA SONACOTRA (1956-1976)" *Revue Sociétés Contemporaines* 33-34: 39-58, Paris: L'Harmattan.
Boukhobza, Noria. 2001. "Dénouer les noces." *Revue Terrain* 35: 45-56. Paris: Patrimoine.
Association Droit au logement, Document DAL. 2000. « Le logement des immigres.» *Internet Centre Anti Racism in Europe*. 〈http://www.icare.to/franceimmigres.doc〉 Accessed December 5, 2013.
Flanquart, Hervé. 1999. "Un désert matrimonial. Le célibat des jeunes femmes d'origine maghr ébine en France." *Revue Terrain* 33: 127-144. Paris: Patrimoine.
Gallou, Rémi. 2006. "Le vieillissement des immigres vivant seuls en France." *Les Annale de la rechrche urbaine* 100: 121-128. La Défense: PUCA.
INED (Institut national d'études démographiques). 2011. "Combien de personnes résident seules en France?" Population and Société 484: 1-4. 〈http://www.ined.fr/fichier/t_publication/1570/publi_pdf1_484.pdf〉
INSEE (Institut national de la statistique et des études économiques). 2008. "Exploitation principale." 〈http://www.insee.fr/〉
———. 2009. "Évolution de la part des populations étrangères et immigrées en 2009." 〈http://www.insee.fr/〉
———. 2012. "Estimations de Population 2012." 〈http://www.insee.fr/〉
———. 2013. "État matrimonial légal des personnes de 15 ans ou plus en 2012." 〈http://www.insee.fr/〉
Moore, Henrietta L. 2007. *The Subject of Anthropology: Gender, Symbolism and Psychoanalysis*. Cambridge: Polity.
Tribalat, Michèle. 1995. *Faire France. Une enquête sur les immigrés et leurs enfants*. Paris: La Découverte.

トランスナショナルな家族の縁
――コモロ人移民女性と子供たちによる家族の再編

花渕馨也

1　別れと再会

「長男のアリに会うのは八年ぶりでした。空港で再会した時、私たちは抱き合って一緒に泣きました。長い間どんなにわが子に会いたかったでしょう。アリはちっとも変わっていませんでした。私がマヨット島に渡った時、彼はまだ一二歳でした。他の子供たちはまだ小さかったので、私は彼だけに密航のことを話しました。そして、弟や妹の面倒をよく見るように頼んだのです。アリは本当によくやってくれました。そして、今でも私を助けてくれます。彼は私の特別な子なのです。(……)」[1]

ザイナバは、息子と再会したときの喜びを、彼女の人生の中でも最大の喜びとして何度もくり返し話してくれた。ザイナバは、フランスのマルセイユに住む四〇代半ばのコモロ人女性である。彼女は東アフリカのコモロ諸島にあるグランドコモロ島の小さな漁村で生まれた。村で結婚し、六人の子供を産んだが、二度目の離婚の後、子供たちをすべて村に残してフランス領のマヨット島へと仕事を求めてひとり旅立った。それから八年後、さらに新たな生活の場を求めてマヨット島からフランス本土のマルセイユへと渡った彼女は、そこで、先にフランスに来ていた長男と再会を果たしたのだ。そして、マルセイユの地において、ザイナバはコモロに残してきた子供たちとの遠い距離を再び縮めようとし始める。

本シリーズ第一巻の論文「移動するシングル女性――コモロにおける越境と出産の選択」（花渕 二〇一四）では、ザイナバが故郷のグランドコモロ島からマヨット島に密航し、そこで結婚して、子供を産むまでのライフヒストリーをとり上げ、「移動」という方法により故郷や家族から離れて「ひとり」（シングル）になることで、新たな人生の可能性を切り拓いたザイナバの生き方について書いた。本章では、さらに、マヨット島からフランス本土へと移動したザイナバが、マルセイユにおいて、故郷に残してきた子供たちとの生活をとり戻し、新たな家族の形を作り上げるまでのライフヒストリーをとり上げ、ひとりの移民女性の経験から、コモロ社会における移民の母親と故郷の子供たちとの家族の縁が、トランスナショナルな空間の中で再編されるあり方について考察してみたい。

グローバル化の中で人の移動はより柔軟で頻繁なものとなり、移民の状況は大きく変わりつつある。かつては、コモロからフランスに移動する人々のほとんどは単身男性であったが、九〇年代以降、家族による移住や単身女性の移住が増加するとともに、民族的アイデンティティや故郷との紐帯を保持し、トランスナショナルな家族や故郷とのネットワークを形成する移民の存在が顕著になっている。それにともない、移民論においても、「トランスナショナル・ファミリー」の形成や故郷とのつながりが主要なテーマとして論じられるようになってきた[2]。また、故郷に子供を残し、家事労働者として海外に単身で移住する「トランスナショナルな母親」（transnational motherhood）の増加にともない、再生産労働のグローバル化による母子関係や家族の構造の変化についての研究も増えてきた[3]。

東アフリカの小さな島国であるコモロは、フランスを中心に多くの移民を海外に送り出しており、海外移民による故郷への送金額は国家予算の二倍にのぼるとも推計されている。今では、国家から小さな家族に至るまで、移民との関わりなしにはその生活が成り立たないほどになっている。特に、グランドコモロ島では家族や親族にひとりは必ずといっていいほど海外移民がいる状況にあり、家族のあり方も大きく変化してきている。ザイナバのように単身で海外に移住した母親と故郷に残された子供とのトランスナショナルな家族関係もめずらしいことではない。

こうしたコモロにおける移民の状況を、グローバルな政治的、経済的構造がもたらす移動の傾向として分析し、トランスナショナルな家族の形成について一般的なパターンを抽出することも可能であろう。しかし、多くの移民のライフヒストリーの聞き取りをしていく中で見えてきたのは、移民と家族との一般的な関係を見出すことが困難なほどに、個々の移民によって形成される家族のあり方は多種多様であり、むしろ、そうした一般化し難い固有の物語性をもつことこそが移民と家族の関係の特徴であるということだ。移民による家族の結びつきは、社会制度と個人の選択、そして運命の偶然性といった要素が複雑に絡みあう個々の移民のライフヒストリーの中で形成される、まさに「縁」としての結びつきだともいえるだろう。

シングルと家族の縁

一般に、「血は水よりも濃い」というように、家族の縁、親子の縁、特に母子の縁は、他のどのような人間関係よりも、強く深い縁と考えられている。それは、生まれによって発生する、利害や損得を抜きにした、最も親密な関係であり、切っても切れない、生涯続く関係と考えられているのではないか。しかし、他方では、「親子の縁を切る」こともあるように、血を分けた親子であろうと関係を切ることはできるのだとも考えられている。親子の縁を切るのは、相当な理由によりどうしても関係を維持できないような場合なのであろう。しかし、「親子の縁が切れる」可能性があるということは、親子の縁もまた自然なものではなく、文化的規範や社会的制度として成立している側面をもつということを示している。

もし家族の原初的紐帯といった考えを捨てるならば、家族であっても、それは「一人ひとり」の人間の集団であり、「家族」や「親子」といった関係についての文化的な観念や規範があり、集団の関係を維持する儀礼や交換といった制度があってはじめて「縁」を形成し、「親密さ」が維持されているのだと考えることもできるだろう。そういう見方をするならば、家族を問うことは、家族を維持する文化的観念や規範、諸制度によって、いかにある一人ひとりの人間が親子や家族として結びついているのかを問うことになる。

さらに言うならば、実際に生きられる家族は、そうした規範や制度に還元することもできないだろう。具体的状況の中で家族の縁を形成し、確認し、維持するための、「家族をする」という実践を通じて、縁は具体的な関係として現れる。そのため、同じ社会の中でも、家族のあり方は、一人ひとりの選択と実践によって多様な現れ方をするのだ。また、そもそも「縁」ということばには、「ご縁がある」というように、なにか偶然性によって結びついた関係というニュアンスがある。家族になることは、あらかじめ定められた運命や制度や規範によって一元的に規定される関係ではなく、そこには具体的実践の中での偶然の結びつきがあり、状況の中で揺れ動くあやうい関係でもあるとする考えがあるのではないか。

本章では、移民と家族との関係を、そうした家族の縁が潜在的にもつあやうさの上に成り立つ関係とし、家族の縁を、移動による別れと再会の中で問い直され、再編される実践として捉えてみたい。

家族の結びつきという時、家族は離れることなく一緒に暮らすべきであり、共に暮らすのが家族であるとする考え方は、家族についての広く聞かれる基本的考え方であり、コモロ社会にも存在している。それに対し、移動により「ひとり」（シングル）になること、家族や友人や共同体から離れて暮らすことは、それまでの日常的に近い関係から距離をおいた関係となり、場合によっては疎遠になり、関係（縁）が切れる潜在的なリスクをはらんでいるといえるだろう。実際、マヨット島やフランス本土へと渡った父親や母親と、故郷の家族との関係が切れてしまうような例も、コモロ人移民のなかにはある程度存在している。

移動により離れて暮らすことは、「親子の縁」や「家族の縁」が確かめられる一つの試練の機会となる。ザイナバのように子供たちを故郷に残してひとりで海外へと移動する母親の場合、あたり前のように家族がともに住み、日常的に顔を合わせる生活がなくなることで、家族がばらばら（シングル）となる危機が訪れるといえるだろう。それは、遠く離れた親子が、二つの社会空間を結ぶトランスナショナルな環境の中で親子の縁を再生産し、新たな家族の縁の結び方を生み出すことができるかどうかが試される場面となるのだ。

本章では、ザイナバというひとりの女性のライフヒストリーを通じて、移民の母親と故郷に残された子供たちが、いかにこの家族の試練をのりこえ、強いつながりを維持し、家族の縁を再編しうるのかという一つの事例を示したい。[4]

2　移動する母、故郷の子

コモロ諸島は、東アフリカのモザンビーク海峡に浮かぶ四つの島から成り、コモロ連合国に属している。[5] この諸島に住むコモロ人は、コモロ語を話し、スンナ派のムスリムであり、ほとんどは自給自足的な農業や漁業、牧畜などによって生活している。ザイナバの故郷であるグランドコモロ島は諸島の中で最も大きな島で、面積は一一四八平方キロメートル、人口は四七万六〇〇〇人（二〇一一年）、コモロ連合国の首都モロニとプリンス・サイード・イブラヒム国際空港がある。

コモロ社会の家族や親族の形態は、母系的な特徴をもっている。特に、グランドコモロ島では、母系的な親族組織のまとまりが強い。コモロ社会では家族のことを、家を意味する「ダホ」（*daho*）、または腹を意味する「ンバ」（*mba*）という。つまり同じ家に住む集団、あるいは、同じ腹から産まれてきた集団が家族であり、母である「ムザゼ」（*mdzadze*）を中心に結びつく集団として捉えることができる。"*mdzadze*" は動詞の "*udzaya*"（産む）の派生語で、「産む（んだ）人」を意味する。また、共通の母系の祖先によって結びつく母系親族集団としての氏族を「ヒニャ」（*hinya*）とよび、「ニャ」（*nya*）とは母親のことを指す古い語に由来するとされている（Blanchy 1992）。ヒニャの場合、すでに具体的な親族関係や系譜は認識されていないが、ダホは母系的親族関係が認識されている集団であり、一般に同母の兄弟姉妹のうち年長の兄が務める「ダホの長」（*shitsuwa daho*）が存在し、結婚や相続などにおいて指導的役割を果たす。

結婚は妻方居住婚であり、花嫁側が「マニャフリ」（*manyahuli*）という母系相続される共有地に新居を用意する。土地と家は妻方のものであり、夫は入り婿である。よって、同じダホに住む集団とは、母方の家と土地に住む集団のことであり、母の両親や母の姉妹の家族と同居、あるいは近接して住む集団ということになる。

グランドコモロの親族呼称では、父方オバ（FZ）、母方オバ（MZ）のことを実母と等しく「ムザゼ」（母）と呼ぶ。父親のことは「ンババ」（*mbaba*）と言い、父方オジ（FB）のことも等しくンババと呼ぶが、母方オジ（MB）は特別に「ジョンバ」（*djomba*）と呼び、甥や姪にとって敬意をはらうべき指導的役割をもつ存在として認識されている。子供は母方の親族の中で、ムザゼと呼ぶ母方オバたちに世話をされ、実の父親よりもジョンバにより指導を受けて育つ(6)。

コモロ社会では父と子の縁はしばしば脆弱である。離婚が多く、離婚した場合に入り婿の父親が家を出ていかなければならないことが、その傾向を強める原因にもなっている。子供は母親の元で育てられることが多く、父親が子供の養育費を入れることなどほとんどないので、父親と子供の関係はますます疎遠となるか、断絶してしまうことが多い。それに対し、子供と母親、あるいは母方の親族との結びつきは強く、長く維持される傾向にある。

海を渡った母

ザイナバはグランドコモロ島の南西にある、人口二〇〇〇人ほどの小さな漁村で生まれ育ち、そこで一二歳の時に親が決めた相手Aと結婚し、二人の子供をもつ母親となった。しかし、その後のザイナバの結婚生活は、多くのコモロ人女性がそうであるように波乱に満ちたものであった。ある日、ザイナバは夫Aに理由もわからないまま一方的に離婚されてしまう。それから間もなくして、恋人となった男性Bとの間に三番目の子供をさずかるが、Bは産まれて間もない子供を残したまま去ってしまう。その後、運転手をしていた男性Cと結婚し、三人の子供をさずかる。しかし、Cがもう一人の女性と結婚して一夫多妻をしたいと言い出したことにより喧嘩になり、結局離婚してしまう。こうして、まだ二八歳だったザイナバは、六人の子供をかかえたシングル・マザーとなり生活に困窮するようになった[7]。

そこで、彼女は仕事を得るためにマヨット島へと渡る決心をする。マヨット島は同じコモロ諸島にあり、同じコモロ人が住む隣島であるが、コモロが独立を果たした一九七五年以来、フランスが実効支配し続けている島で、実質的にフランス領となってきた。フランスがマヨット島への渡航にヴィザを課してからは、仕事を求めてコモロからマヨット島へと密航する人が急増した。若い男性だけでなく、若い単身女性や、フランス領で子供を産むために、多くの臨月の妊婦もマヨット島に渡っていった。一九九五年、六人の子供たちを姉に預け、ザイナバはひとりで仏領マヨット島へ密航した。

マヨット島に渡ると、すぐに彼女は高齢の裕福な男性Dと結婚し、一九九七年に女の子を産んだ。子供の出産により、彼女の運命は大きく変わった。フランス国内でフランス国籍をもつ夫との間に生まれた子供はフランス国籍をもつことができ、その母親としてザイナバも正式に滞在許可証を得ることが可能になったのだ。その後、男性と離婚したザイナバだが、白人の家で家事労働者として働きながら、故郷の子供たちへの送金を続けた。

故郷の子供たちは、ザイナバの姉によって、姉の実の娘とともに育てられていた。コモロ社会では、兄弟姉妹間や、親戚、あるいは友人の間で子供を養子に出すことがよく行われている（Blanchy and Chami-Allaoui 2004）。養子といっても、実際に養子先の子供となる場合と、一時的な扶養の場合がある。貧しい家庭が食い扶持を減らすためや、より大きな町の学校に子供を通わせるためなど理由はさまざまであるが、特に、子供がいない姉妹の家の手伝いをさせるために女の子を養子に出すケースが多くみられる。

そのように子供が親族間でやり取りされ、姉妹がそれぞれの子供を育てることは珍しいことではないので、ザイナバの子供たちは、特に差別を受けることもなく、ザイナバの姉を母《ムザゼ》と呼び、本当の母親のような愛情を受けて暮らしていたという。むしろ、年月が経つにつれ、ザイナバがマヨット島に旅立ったときにはまだ幼かった子供にとっては、母方オバが本当の母親のようであり、ときどき電話してきたり、写真や贈り物を送ってきたりするザイナバという女性は、母親だと言われても、よく知らない、不思議な存在であったようである。「私が本当の母親がザイナバだということを知ったのは、一緒に暮らしていた母《ムザゼ》（母方オバ）が亡くなり、ザイナバが葬式に来た時です。私はまだ小さかったので、その時までザイナバはフランスに住むおばさんだと思っていたのです」。ザイナバの四男は、ザイナバが自分の母親だと気づいた時のことをこのように語った。

コモロ社会では、外へと移動するのは男性であり、女性は家に留まるというのがジェンダーによる空間の分類であった。コモロの村で生活する限り、女性は結婚するまで家に留まり、外から婿を迎え入れ、離婚しても母親は子供とともに家で暮らすのが一般的である。しかし、グランドコモロ島では、仕事を求めてマヨット島やフランス本土へと渡る単身の女性、しかも独身女性だけでなく、家族をもつ女性や、シングル・マザーの移動が増加してきており、それに伴い、女性の生き方だけでなく、家族のあり方、母と子の関係に大きな変化が起き始めている。

切れる縁、切れない縁

「マヨット島に渡る女性たちのなかには家族を捨てる人たちもいます。でも、私は子供たちを育てるために海を渡ったのです。子供たちを育てるにはマヨット島で仕事を見つけるしか他に選択がなかったのです。……いつも、いつも子供たちのことを考え、お金のほとんどを子供たちに送っていたのです」。なぜ子供たちを置いていったのか、という私の質問に、ザイナバは少しむきになって答えた。

コモロからマヨット島に単身で移動した女性たちのなかには、故郷の村に家族を残したまま、音信不通になり戻ってこないケースも少なくない。なかには、夫と子供に黙ったまま、単身でマヨット島に渡り、そのまま別の男性と結婚して家族をもっているケースもある。見知らぬ土地へひとりで移動するということは、故郷の家族や仲間とのつながり（縁）、あるいは文化的規範から離脱し、新たな縁を築く可能性を開くということである。まだ若かったザイナバの場合も、マヨット島で結婚し、子供をさずかるというチャンスを獲得したことにより、故郷との縁を切って生活することもできただろう。

しかし、「私は子供たちを育てるためにマヨット島に渡ったのです。子供たちを愛していたのです」。ザイナバはそう強調する。ザイナバの場合、マヨット島でお金を稼いで、故郷の子供たちを育てるのだという強い意志をもっており、また、わずかながらも故郷に送金できる仕事を運よく見つけることができたことにより、故郷とのつながりが切れることはなかった。むしろ、彼女にとって、マヨット島で新たに結婚したことは、彼女自身のためというより故郷の子供たちへの援助のためであったし、マヨット島で新たに子供を産むことは、彼女自身だけでなく、故郷の子供たちと再び共に暮らすという夢を実現する可能性を手に入れることでもあった。

マヨット島で離婚し、再びシングル・マザーとなったザイナバは、仕事をしながら、今度はフランス本土へと渡る計画を立て始める。ザイナバがフランス本土への移住を計画したのは、マヨット島の密航者の増加により不法滞在者の取締りが厳しくなり、仕事口が少なくなったこともあるが、子供への社会保障手当てが充実したフランスの制度を利用したいという目論見があったからである。当時、マヨット島ではフランス本土と同じ社会保障制度が適用されていなかった。マヨット島は二〇一一年に県制化し、正式にフランスの海外県になるまで、フランスと同じ法律が適用されていなかったのだ。そのため、コモロからの不法移民に押し出されるかのように、マヨット島から多くの移民がフランス本土へと移住する現象がおきた。特に、若いシングルの女性やシングル・マザーが社会保障を目当てにフランスに多く渡った。ザイナバにとって、それは同時に、故郷の子供たちと再び共に暮らす計画を実現させるチャンスでもあった。

3　家族再結合

フランスでは、一九七〇年代半ば以降、新規の外国人労働者の受け入れを停止し、帰国奨励政策をとるようになった。

しかし、その一方で、国際的な「家族はともに生活すべきである」という理念に従い、一九七六年に「家族再結合」(regroupement familiale) による入国が法的に認められたことにより、その後も移民は増え続けた (Costa-Lascoux 1989; Zehraoui 1994)。特に九〇年代以降には、アフリカ系移民の家族呼び寄せにより、女性や子供の移民が増加するようになった。移民規制が強まるなか、DNAによる血縁証明など家族再結合の条件を厳格化させる動きが強まってきており、何十年もフランスで暮らしていた非正規移民の家族が分断されるケースも増加している。

コモロからマルセイユへの移住は、インド洋航路をもつ海運業者に雇われたコモロ人航海士たちが定住したのが始まりだった (Direche-Slimani and Le Houérou 2002; Vivier 1999)。その後、単身の男性による出稼ぎが増加し、一九七五年にコモロがフランスから独立してからは、定住してフランス国籍を取得した者が家族を呼び寄せることでコモロ系移民が急激に増加してきたとされている。

しかし、コモロ人移民の家族には、正式な手続きによって家族を呼び寄せることができないため、さまざまなインフォーマルなルートを利用して家族再結合を実現しているケースも少なくない。ザイナバの場合、その計画は、まだ彼女がマヨット島にいた時に始められた。

一九九七年、娘シティを産んだ後に離婚したザイナバは、白人の看護師の家で家事労働者として働きながら、少しずつお金を貯めた。そして、二〇〇〇年には、その蓄えたお金でマヨット島民の若い男性から身分証明書を買い取って長男アリに送り、コモロからフランスに送り出した。フランス国民であるマヨット島民は、ヴィザなしでフランスに入国することができるので、当時、このような方法でマヨット島からフランス本土やレユニオン島へと移動する不法滞在者が多かったという。

しかし、アリはパリの空港で身分証を怪しまれ、入国管理局によって拘束されてしまう。アリを受け入れる予定であったマルセイユに住むザイナバのイトコがこれを知り、アリを助け出すために動きだす。ザイナバの故郷であるS村の同郷組合の長であった彼は、組合の募金によって弁護士を雇い、入国管理局と交渉してアリを無事に解放した。

この交渉がどのようなものであったかザイナバは詳しくは知らないというが、アリはヴィザをもたない不法滞在者のままイトコの家に居候するようになった。しかし、その後、滞在許可証を得るあても、仕事を見つけることもできなか

写真１　マルセイユのアパートで暮らすコモロ人の母子(8)

ったアリは、イトコの家の居間のソファーに寝て暮らし、一日中ほとんど外に出ることもなく過ごす日が三年間も続いたという。コモロでは、フランスに新しくやってきた新参の移民のことを、ソファーという意味の「カナペ」（canapé）と呼んでいる。それは、親族や同じ村の同郷者とのネットワークをたどってフランスに単独でやってきた新参の移民が、最初のうちは、親族や友人の家にとりあえず居候し、カナペで寝起きしながら、フランスでの生活のノウハウを学び、仕事や住む場所を探し、やがて独り立ちするというのが一般的だからだ。

しかし、アリにとってこの時期は、何もすることができず、先の見えない非常に苦しい時期であったという。「本当にどうしようもありませんでした。仕事も、お金も、家族もなく、いつも部屋の中にいるしかなかったのです。親族が仕事に出た後、私はひとりぼっちで部屋に残り、一日中コーランを読んで暮らしていました」。アリはそう当時の生活をふり返る。

そうしたアリの生活は、ザイナバがフランスに来ることで大きく変化する。二〇〇三年、ザイナバはフランス国籍をもつ娘の母親として一〇年間の滞在許可証を取得することができ、娘を連れてマヨット島からフランスに渡り、アリと再会を果たす。彼女が故郷の村に子供たちを残し、ひとりで旅立ってから八年ぶりであった。長い時間を経て、マルセイユの地において、彼女は再び息子とのつながりを取り戻したのだ。アリはザイナバと娘のシティと三人で部屋を借りて暮らし始めた。やがて、ザイナバは家族手当を取得するとともに、同郷者のつてにより家事労働の仕事を見つけて働き始め、なんとか家族で生活することができるようになった。

七〇〇〇ユーロで父親になる

次に、ザイナバは、不法滞在者として日陰に暮らすアリを救い出すために動きだした。それは、自分が娘を産んだことによってフランスに滞在する許可証を手に入れたように、アリにフランスで子供をもたせる方法をとることであった。しかし、アリは結婚しておらず、未婚の女性を妊娠させた事実もなかった。そこで、二〇〇五年、ザイナバは同じグランドコモロ島出身の妊娠している未婚の女性と交渉し、借金をして調達した七〇〇〇ユーロのお金を支払って、生まれてくる子供の父親の名義を買い、その子の父親をアリとして登録させた。その子供は出生登録上アリの子供となったが、実際には、本当の母親によって育てられ、アリとは無関係に暮らすことになる。しかし、アリはフランス国籍をもつ子供の法的な父親となることで、フランスから一〇年の滞在許可証を取得することができたのである。その後アリは、マルセイユの大型スーパーで契約社員の仕事を見つけ、二〇〇九年には、グランドコモロ島出身の娘と結婚した。

不法移民にとって、コモロ語で「紙」を意味する「カラタシ」(*karatashi*)を取得することは最重要な課題である。カラタシは、国籍、滞在許可証、その他の身分証明書などを意味している。アリのような不法滞在者にとってカラタシを正式に取得する道はごく限られており、二〇〇〇年代になり、移民法の厳格化によってその道はますます狭くなってきている。しかし、コモロ系移民に聞き取りをしていくと、コモロ語で「ムカラカラ」(*mukarakara*)といわれる裏取引や、法の抜け道を使ってカラタシを獲得しているケースが少なからず存在していることが見えてくる。マヨット島においても行われている、親子関係の偽装によってカラタシを取得することはよく聞くやり方である。

もちろん、こうした子供の出自の売買のようなことが行われる背景には、子供を産む母親のきびしい経済的事情も存在しており、そこに取引のマーケットが出現しているということもある。しかし、コモロとフランスの二重の社会制度を生きる移民が置かれる状況を考慮することが、ザイナバが一見して躊躇いもなくこのような行為を行っているという事実をより深く理解することになるだろう。

こうした行為は、フランスにおいて不法行為であるが、コモロ人にとってその意識は薄く、また、出生簿のような身分登録によって子供が将来的に困難な状況におちいるという考えもあまりないようだ。それは、彼らがコモロにおける結婚や家族についての考え方に従っており、それにより、フランスの制度をうまく利用しているからだと見ることができる。コモロ社会において、結婚は宗教的なものであり、これまで国に婚姻届を出すようなことはなかった。また、最近でこそ出生届を出すようになってきたが、その管理はかなりあいまいな状況である。

さらに、先述したように、子供は母方の親族を中心とした大家族の中で育つ環境にあり、離婚と再婚や、養子のやり取りも多いため家族構成はとても複雑で、法的に実の親子関係であることはそれほど大きな意味をもっていないともいえる。このようなコモロにおける結婚や家族のあり方からすれば、フランスにおいて、出生登録上の親子関係を偽装することは、実際の生活を送るうえでたいして大きな障害にはならないと考えられるのだ。特に、フランスに来たばかりの新しい移民にとって、役所での身分登録がもつ法的な意味を理解するのは難しいといえるだろう。

四男の呼び寄せ

アリの身分も生活も安定すると、ザイナバは次に、四男のバカルをフランスに呼び寄せる計画を立てた。ザイナバによれば、「いずれ子供たちみんながフランスに来て、一緒に暮らすことが私の希望なのです。次男のようにコモロで仕事をしている子はよいのですが、バカルは学校も途中でやめたし、仕事がありませんでした。村には仕事はありません。だから、アリと相談してバカルをマルセイユに来させたのです」。

バカルはコレージュ（中学校）を卒業した後、村の図書館でボランティアとして働いていた。しかし、バカルによれば、「コモロには仕事はなく、フランスに来なければならなかった。フランスには少なくとも希望がある」と考え、母親に渡仏を相談したのだという。ザイナバとアリはわずかな貯蓄と借金をしたお金で、フランス国籍をもつコモロ人のパスポートを五〇〇〇ユーロで買い、それを渡航費と一緒にバカルに送った。バカルによれば、白人は黒人の顔を識別することができず、コモロ人の顔はみんな同じように見えるので、似たような男のパスポートなら入国管理官の目を欺《あざむ》くことも容易なのだという。実際に、多くのコモロ人が偽パスポートによってフランスに入国しているという。

しかし、バカルがフランスにたどり着くまでには多額のお金と長い苦労が必要であった。一度目、バカルは経由地であるタンザニアの空港で偽装パスポートの疑いで捕まり、母親が送った保釈金によって釈放されて強制送還された。ザイナバとアリは再びバカルにお金を送る。二度目、バカルは経由地のマダガスカルの空港でやはり偽装パスポートの疑いで捕まり、母親が送った保釈金によって釈放されて強制送還された。そして、三度目、用意周到にパリの入国管理官にも一六〇〇ユーロの賄賂をわたしたためなのか、バカルはなんとか二〇一〇年にフランスに入国することができたのである。ザイナバにはまだ多額の借金が残っている。

バカルは母親の家の居間の床にマットレスを敷いて寝泊りする生活を始めた。バカルは不法滞在者の取り締まりを怖くないといい、昼間でも自由に出歩いている。同じS村出身者の集まりによく参加し、子供たちのコーラン学校で先生として教えている。しかし、不況のせいもあり、不法移民が仕事口を見つけることは難しく、長く仕事がないままの状態である。

そんな時、長男アリの妻が妊娠した。そこで、ザイナバは、バカルが滞在許可証を入手できるように、生まれてくる子供をバカルの子供として出生届を出す提案をアリと妻の家族にした。アリはそれを認めようとしたが、それに対しアリの妻の父親が激怒し、猛反対したため、結局、この目論見は取り下げられ、ザイナバは別な妊娠中の女性を探すことにした。

「私は、アリの時のように、バカルを子供の父親として届出を出すことでうまくいくと思ったのです。これはまったく『コモロのやり方』(*shikomori*)です。コモロ人は『ムカラカラ』が好きなのです。それがコモロ人の生き方なのです」と、ザイナバは笑いながら言う。先述したようにムカラカラとは、お金による裏取引のことを意味する言葉で、コモロ人移民がカラタシを獲得するためによく行っているさまざまな取引のことを言っている。

バカルの事例が示すのは、アリの結婚によって、家族の生き残りのために利用しうる姻族を含めた親族間関係が広がる一方で、子供の出生届のやり取りについては、親族内でも認識の違いが存在し、協力関係を得られないこともあるということだ。慣習的な家族とは異なる意味をもつ「法的な家族」という、コモロ社会にとっては新たな家族についての認識には諸個人のあいだでズレがあり、このズレを埋めるための交渉が失敗したのだ。

アリと妻はフランスの法的な結婚はしておらず、その子供をバカルの子として登録してもＤＮＡ鑑定をしなければ、おそらく問題となることはない。ザイナバの認識では、フランスの法的な制度はカラタシを獲得するための手段であり、コモロ社会において出生簿が大きな意味をもたないように、フランスにおける書類上の法的な親子関係の偽装は、実際の親子関係にとって大きな障害ではない。しかし、アリの義父は、フランス社会で生きる子供の将来にとって、法的な父子関係を証明する書類は重要な意味をもちうるカラタシだと考えたのだ。

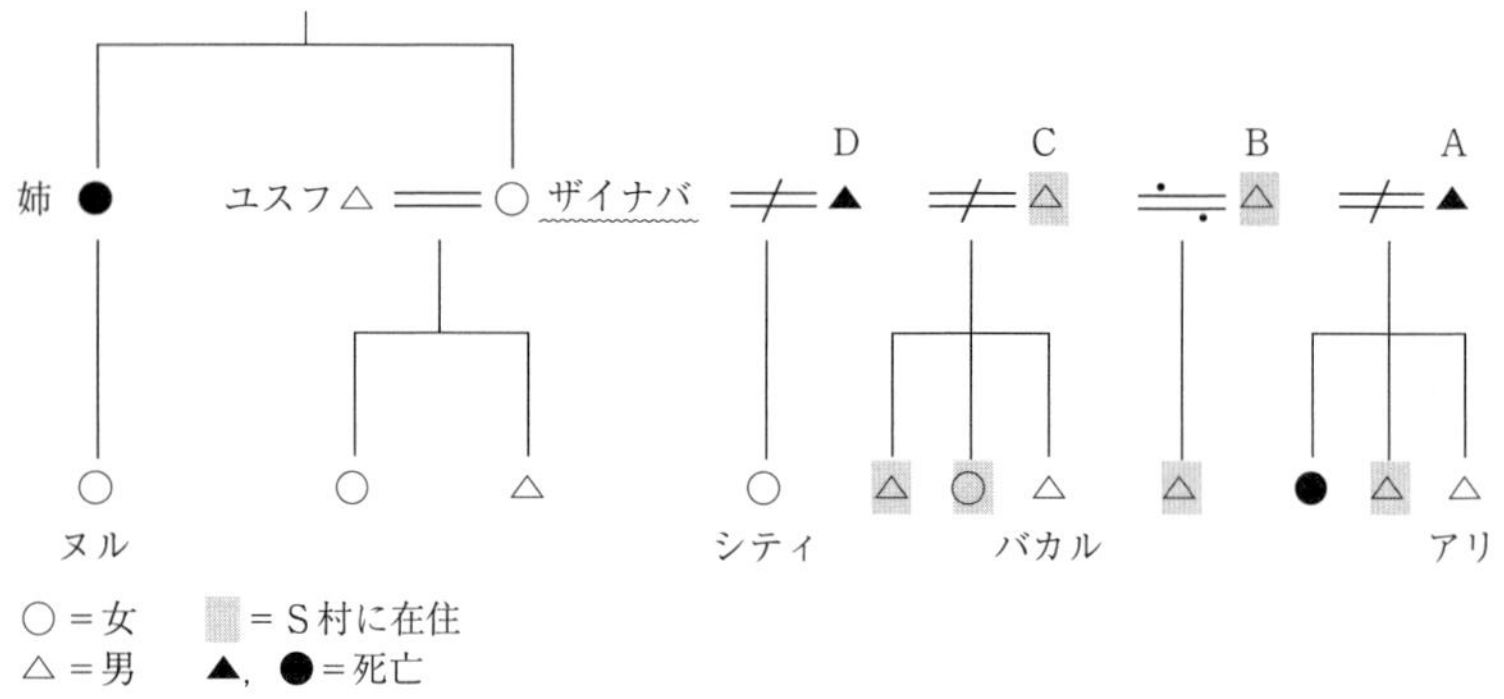

図1　ザイナバの家系図

二つの社会、二つの文化が混交する社会空間に生きる家族にとっては、このような交渉の場面において、「家族とは何か」、「家族とはどうあるべきか」という問いが突きつけられているともいえるだろう。そして、トランスナショナルな空間におけるそのような交渉を通じて、慣習的な家族のあり方ではない、新たな家族のあり方が生み出されていくのである。

4　トランスナショナル・ファミリー

ザイナバは、フランスに来てまもなくして、家族手当について市役所の相談窓口を訪れたとき、そこでアルバイトをしていたコモロ人男性ユスフと出会った。ユスフは、コモロの故郷に妻と子供もいたが、しばらくして二人は一緒住むようになる。ユスフとザイナバは、フランスの法的な結婚はしておらず、コモロ式の事実婚である。やがて、ユスフとの間に二人の子供を授かり、ユスフは子供の父親として出生届けを出した。

アリが結婚して家を出たので、1LKの狭いザイナバの家には、ユスフと二人の子供、バカル、シティの六人が暮らしている。大家族の中で異父兄弟姉妹があたり前に一緒に暮らしているコモロ社会と同様に、ザイナバの家でも、兄弟姉妹には何のいさかいもなく仲良く暮らしている。アリやバカルは、下の子供たちの兄としてふるまい、父親的な役割を果たしている。

ユスフは、時々アルバイトの仕事をすることもあるが、長続きはせずRSA（積極的連帯所得手当）の支給を受けている。ザイナバも仕事はないが、家族給付が充実するフランスでは、子供を産むことが生活の手段にもなる。さらに、ユスフとは公的には結婚していないため、ザイナバは「ママン・イゾレ」(maman isolée)と呼ばれるシングル・マザーへの諸手当も受けることができる。二〇一一年の時点で、フランス生まれの三人の子供をかかえるシングル・マザーであるザイナバは、すべて合わせて月に一五〇〇ユーロほど家族手当をもらっていた。ザイナバはそうした手当を節約しながら、フランスの家族の生活を切り盛りするだけでなく、故郷にいる子供たちにも少しずつ送金している。

ザイナバはマルセイユで新しい家族をもったが、故郷の子供たちとも家族としての強い紐帯をもち続けている。故郷のS村には、次男、三男、長女、五男の四人が住んでいる。二〇一二年の時点で、次男は高校を卒業してバカロレアを取得し、公務員として働いていたが、三男はまだ大学生、長女も五男もまだ中学生である。次男と三男は、母親のマニャフリに建てられた家に一緒に住んでいる。長女はザイナバの姉の娘ヌル一家と共に住んでおり、五男はその家の横に建つ小さな小屋に住んでいる。ヌルは小学校の教員で、運転手の夫とのあいだに三人の子供がおり、長女が家事手伝いや子供の面倒をみている。兄弟姉妹の生活費は、母親や長男の送金のほかに、次男やヌルの稼ぎによってまかなわれている。

ザイナバと故郷の子供たちとの連絡は、月に一度か二度の電話である。マルセイユには、「タクシフォン」(Taxiphone)と呼ばれる国際電話を格安でかけることができるサーヴィス業者が多くあり、コモロ人移民も頻繁に利用している。コモロでも二〇〇〇年代になり急速に携帯電話が普及し、次男と三男がそれぞれ携帯電話を持っている。また、次男はノートパソコンを持っており、インターネットも使えるため、マルセイユの四男とはメールでの連絡もしており、家族内でのさまざまな問題についてザイナバやアリと相談している。電話や電子メディアを通じた頻繁なコミュニケーションが、離れて暮らしていても同じ問題を共有する家族としての「親密さ」(intimacy)を生みだす重要な媒体となっている(Parreñas 2005)。

マルセイユからコモロまでの航空運賃は、二〇一二年時点で、安くても往復で一〇〇〇ユーロ以上する。毎年、ヴァカンスの時期には大勢のコモロ人が故郷に帰り、空港が出迎えと見送りの家族でごったがえす光景が見られる。仕事をもつ、比較的裕福な移民の中には、毎年一度は帰郷するという人もいる。

しかし、仕事もなく、社会保障の手当てで暮らしているザイナバにとって、コモロに帰郷することは経済的に困難である。一九九五年にザイナバがマヨット島にひとりで旅立ってから、再び子供たちに会えたのは、一二年後の二〇〇七年に姉の葬式のために帰郷した時である。別れた時には、子供たちはみなまだ幼く、次男が一〇歳ほど、一番下の五男はまだ一歳にもならずハイハイをしていた。子供たちにとっては、ほとんど記憶にない母親であったが、それでも、次男によれば「彼女は長い間私たちの生活を支えてくれた母親」なのだという。ザイナバと子供たちの感情的なつながりについては本当のところは分からないが、故郷の子供たちが遠く離れて暮らすザイナバを自分たちを育ててくれた母親として認めていることは確かである。

アンダの母になる

二〇〇七年に姉が死亡し、さらに二〇〇八年にも兄が死亡したため、ザイナバの兄弟姉妹のうち生き残っているのは彼女だけになってしまった。そのため、母系相続される共同の土地マニャフリの所有権はザイナバがもつことになった。また、母方オバは実の母親と同じような責任と義務を姪に対してもつと考えられているので、亡くなった姉の娘ヌルに対し、今度はザイナバが母親の立場に立つことになる。そして、そのことが、ザイナバを故郷の人々とのつながり、そして慣習的な規範の重力圏へと引き込むことになった。

グランドコモロ島の村では、長女が結婚する場合には、「アンダ」(*anda*)という年齢階梯制による盛大な「大結婚式」(*ndola nkuu*)を行う慣習がある。男性は一生に一度、多額の費用がかかる盛大な大結婚式を村で行うことで「一人前の大人」(*mndru-mdzimwa*)の階梯に昇らなくてはならないとされている。結婚式には大結婚式ではない「小さな結婚式」(*mna daho*)もあるが、一家の長女は大結婚式で結婚させなければならないとされており、長女が生まれた家は、娘が年頃になるまでに花嫁の新居と大結婚式の資金を用意しなければならない。長女の大結婚式を行うことは、特に母親にとって名誉であり、アンダを行った母親は「アンダの母」(*mdzadze wa anda*)と呼ばれるようになる。

ヌルは長女である。ヌルはすでに結婚しており三人の子供もいるが、母親が亡くなったこともあり、まだ大結婚式は行っていなかった。ザイナバにとって姪のヌルは、実の娘と同じであり、自分の子供たちの面倒を見てくれた姉の娘である。そのため、ザイナバは姪の大結婚式の資金のほとんどを負担しただけでなく、家族の土地に花嫁の新居を建てる資金も援助したのだ。

　ザイナバのように、フランスに渡りある程度お金をもつようになった女性が、自身や娘の大結婚式を主催することは今日では珍しいことではない。ザイナバがヌルの大結婚式を行った背景には、アンダを行うことの社会的要請、特に移民への期待という圧力があったと思われる。村の人々にとって、ザイナバはヌルの大結婚式を主催すべき母親であり、さらに、お金を持っている移民である。フランスでたとえどんなに貧しくとも、コモロに住む人々にとって移民は都会で暮らす、お金を持った人たちというイメージで捉えられている。かつては、男たちがアンダを行うために単身で海外に出稼ぎに出て、お金が貯まると帰郷して全財産をはたいてアンダを行った。今でも、フランスに定住する多くの移民が、ヴァカンスの時期になると村でアンダを行うために帰ってきて、アンダが終わるとフランスに戻っていく。九〇年代以降、移民の経済力によってアンダはより贅沢で、盛大に行われるようになってきた。「フランスに移住して、アンダを行えば村では名士だ」と言われているように、故郷の村で盛大なアンダを行うことは、移民にとって故郷に錦を飾ることなのだ。

写真2　アンダの結婚式における花婿と花嫁[8]

　こうしたことは、マルセイユにおいても、コモロ人移民の生活が村の人々との関わりの中にあり、村の慣習の影響力がフランスにも及んでいるからだともいえる。フランスにはディアスポラ・コモリエンヌ（Diaspora Comorienne）と呼ばれる数多くのコモロ人移民が住んでいるが、とりわけマルセイユに多く、約八万人のコモロ人移民がいると推計されている。コモロ人移民はそれぞれの村ごとに同郷組合（association）を組織しており、故郷への活発な援助活動を行っている。S村は人口二〇〇〇人であるが、そのうち八〇〇人がフランスに移民しており、そのほとんどがマルセイユに住んでいる。マルセイユにはS村の大きな同郷組合があり、頻繁に会合やイベントを開催し、モスクや道路の整備など村への援助活動を行っている。S村からの移民はこの同郷組合活動の中で、故郷の慣習を再生産し、維持しており、故郷の村のアンダによる年齢階梯制に従っている。「ここでの暮らしはまるでコモロと変わりありません」とザイナバが言うように、マルセイユにはコモロ人の村が再現されており、村社会の空間はトランスナショナルに拡張している。コモロ人移民は故郷村を中心とするその重力圏の中で生活しているのだ(9)。

ザイナバが、貧しい生活状況にもかかわらず、伝統的慣習に従い、多額の費用を負担して姪の大結婚式を主催するために帰郷したのも、トランスナショナルな村社会の中で、母親としての彼女の義務を果たし、家族の社会的な地位を獲得するためであった。

移民の可能性として、故郷の人々とのしがらみや規範から自由になるという選択もあるだろう。しかし、コモロ人移民の多くは、むしろ積極的に故郷とのつながりを維持し、その規範の中に生きようとしている。ザイナバが、頻繁に帰郷できるわけではない故郷の慣習に従い、多額の出費を行うのは、マルセイユにおいて、故郷出身者の同郷組合を中心としたコミュニティの中で彼女が生活しており、そこでは故郷の伝統的な価値が称揚され、マルセイユで再現されているからである。ザイナバが故郷の村でアンダを行うことは、マルセイユのコモロ人コミュニティの中で、彼女自身の威信を高めることでもあるのだ。

新たな家族の縁

二〇一二年一一月、ザイナバは姪のヌルの結婚式のために、夫ユスフ、長男アリ、それに三人の子供たちとともに故郷のS村に帰郷した。不法滞在の身である四男バカルはフランスで留守番となった。夫ユスフがS村に来るのは初めてであり、マルセイユ生まれの二人の子供たちはコモロに来るのも初めてだった。大結婚式は約三週間かけて開催される。村の年齢階梯制のメンバーや招待客に食事をふるまったり、花婿側と花嫁側で贈り物を交換したり、村全体でお祝いのダンスパーティーを開いたりとさまざまなイベントがあり、その仕事は主に花嫁側の家族と、花嫁とその母が属する村の女性グループによって行われる。結婚式の裏方として指揮をとったのは長男アリであり、次男が会計を務め、その他の子供たちがみな共に働き、大結婚式の成功を支えた。夫ユスフもまた、妻の故郷の子供たちや親族とのつながりをもったただけでなく、結婚式を取り仕切る妻の元夫Cと交流し、彼によって村のアンダへと加入した。結婚式の食事会でスピーチを求められたユスフは、「私がS村に来るのは初めてですし、〔S村の〕子供たちに会うのも初めてです。ですが、遠く離れていても、〔S村の〕子供たちはザイナバの子供であり、私の子供でもあります。こうして、S村に来て共に大結婚式を行えたことで、私たちは家族になれたような気がします。そして私が村のアンダに加入でき、この村の一員となれたことに大変満足しています。」と語った。

結婚式や葬式などの家族儀礼は、一緒に暮らす家族においても、そのつながりを確認する重要な場面であるが、とりわけトランスナショナルな家族にとっては、離れて暮らし、何年も会うことのできない家族のメンバーが一同に集い、そのつながりを再確認し合い、関係を深める重要な場面となる。ザイナバにとっても、この家族の大イベントは、まさに家族の絆を確認し、深める場であったし、それはまた、家族の中心となる母親としての責任を果たす喜びでもあり、故郷の村の仲間によって母親としての自分の地位が承認されることの喜びでもあった。

今日のコモロ社会では、ザイナバのように、家族が共に暮らすのではなく、国境を越えて離れて暮らしていることも、移民の母親が移動した先で新たな家族を増やし、遠隔地にまだ顔を見たこともない兄弟姉妹が暮らしている状況ももはや珍しいことではない。コモロ人移民の場合、一般に、移民の母親と故郷の家族、あるいは村の仲間との結びつきは強く維持される傾向がある。そうしたつながりが維持される一つの理由として、トランスナショナルな村の社会空間の中で、アンダという儀礼的交換の場を通じて、村における伝統的な家族のイデオロギー、家族をめぐる伝統的な観念や、家族の果たすべき村の義務といった文化的規範が再生産され、遠隔地に暮らす家族のつながりが社会的に要請されているということがあるといえるだろう。

5 故郷に帰る日

本章では、ザイナバというひとりの移民女性のライフヒストリーから、離ればなれとなった母親と故郷の子供たちが、どのようにその縁を維持し、新たな縁を結びつつ、トランスナショナルな縁の形へと展開させてきたのかという家族の縁の再編について見てきた。

移動によって生じる距離は、ローカルな空間において日常的に自明なものとされている家族の縁に潜在的な切断の危機をもたらす。それは、家族の縁に試練をもたらし、共通の母の「ンバ」〔腹〕から生まれた子供たちが、母系集団の土地に建てられた「ダホ」〔家〕に共に住み、衣食をともにし、助け合って暮らすという、特に母と子の親密な関係を中心としたコモロの家族のあり方を大きく揺るがすことになる。

故郷に子供たちを残しひとり旅立ったザイナバは、移動先での結婚と出産により新たな家族を増やしながら、故郷の子供たちとの関係を維持し、仕送りによって子供たちの生活を支えてきた。さらに、彼女は柔軟な手段によって子供たちをフランスに呼び寄せて共に暮らすことを実現させただけでなく、彼女を中心として、海外で生まれた子供たちと故郷の子供たちが結びつくトランスナショナルな家族の縁を生み出している。彼女は、距離によって生じる家族の試練を乗り越え、同じ家に共生しなくても、同じンバとして親密に結びつく家族の縁を実現したのだ。

「子供たちを置いて旅立った私が、結局、良い母親であったかどうかは分かりません。でも、そうしなければ子供たちを育てることはできなかったし、きっと、こうして子供たちと暮らすこともできなかったでしょう。……いつかは、S村の子供たちがフランスに来て、みんなで一緒に暮らすのが私の願いです。……マヨット島でも、マルセイユでも、私の生活は楽ではありませんでしたが、子供たちに仕送りをして、子供たちと一緒に暮らすという希望だけが私の生活のすべてでした。それがすべてなのです。それが〔私の〕人生なのです」。まだ幼い末の娘を胸に抱きながら〈C'est tout. C'est la vie.〉〔「それがすべてです。それが人生なのです」〕とくり返すザイナバは、どこか誇らしく、満足そうであった。

だが、ザイナバはマルセイユに骨を埋めるつもりはなく、さらなる移動について考えているようである。

「でも、私が年老いて、孫たちがここで大きくなった頃には、S村に戻って長女と一緒に暮らしたいと思っています。コモロ人〔移民〕はみな、最期にはコモロで死にたいと、そう思っているのです」。

実際、故郷に家を建て、アンダの結婚式を済ませ、コモロで小さな雑貨店を開店できるほどのお金を貯めることができると、故郷に家族がいる移民は、隠居の年代になると故郷に帰ることを選択する人も少なくない。若いうちにフランスで働き、結婚し、子供が大きくなってから故郷で隠居生活をするというパターンが、コモロ人移民の一つの典型的なライフコースとしてイメージされているといってもよい。

また、ムスリムのコモロ人移民にとって故郷の村に埋葬してもらうことは大変重要である。フランスのコモロ人移民コミュニティには、フランスで亡くなった場合に、遺体をコモロに送るための保険業や頼母子講があり、ほとんどの人が加入している。生きて帰るか、死んでから帰るかの違いはあるが、いずれにしても、少なくともザイナバのような移民一世は、フランスに住むことはお金を稼ぎ、家族を養うための手段として考えており、最期は故郷の村に帰りたいという思いを抱きながら暮らしているのだ。

しかし、息子のアリはちがう。「私の子供たちはフランスで生まれ、フランスの学校で学び、フランスで仕事を見つけることになると思います。S村に私の土地はないのですから、私の孫たちもコモロに帰ることはないでしょう。私の家族がフランスにいるのですから、私はここフランスに埋葬されることになると思います」と言っている。

ザイナバの家族の物語《ヒストリー》はまだ終わりではない。また新たな移動による別れの試練の中で、家族はばらばら（シングル）に離散するかもしれないし、再び結びつき、ネットワークを広げ、つながりをより一層強めるかもしれない。それは、トランスナショナルな空間の中で、家族についての新たな考え方、家族の縁の新たな形を創造していく実践なのだ。ザイナバの家族の縁が、今後世代を越えてどのように展開していくのか。それは、ザイナバの家族と縁をもった私の長い時間をかけた課題となりそうである。

注

（1）二〇一一年にマルセイユで行ったインタビューからの抜粋。本章は、一九九三年から継続してきたコモロ諸島での調査、および二〇〇六年から二〇一二年にかけてのマルセイユでの調査に基づいている。なお、本章における人名は人物が特定されないようにすべて仮名にしている。

（2）ブライスソンらによれば、「トランスナショナル・ファミリー」とは、「ほとんど互いに離れて暮らしながら、集合的な福利と結束、つまり国境を越えた『家族らしさ』（familyhood）を共に保持、または作り出している家族」（Bryceson and Vuorela 2002: 3）と定義される。従来の移民研究に代わるトランスナショナル・ファミリー研究の新たな視点については、Ambrosini（2008）、Bryceson and Vuorela（2002）、Le Gall（2005）、Levitt and Jaworsky（2007）、Razy and Baby-Collin（2011）等の研究でまとめられている。Barou（2001）、Grillo and Mazzucato（2008）、König and de Regt（2010）等の研究では、トランスナショナルな家族の形成がヨーロッパへのアフリカ系移民の強い傾向であることが示されている。

（3）トランスナショナル・マザーについては、多くの移民女性を排出する南米やフィリピンの社会を対象とした研究が先行している。遠距離母子関係の強い紐帯がいかに維持されるのかを分析したHondagneu-Sotelo and Avila（1997）、Parreñas（2005）や、再生産労働のグローバル化にともなう家族のケア関係の変化に関するMaher（2010）の研究などがある。Millman（2013）は、そうした状況により"motherhood"のあり方が根本的に変化してきていると指摘している。

（4）コモロのトランスナショナルな家族についての研究はまだ少ないが、医療へのアクセスという点からコモロ諸島内のマヨット島と他島のトランスナショナルな親族ネットワークについて分析したSakoyan（2011）の研究や、海外移民との戦略的な婚姻関係についてのWalker（2012）の研究がある。また、Blanchy（2010）はジェンダーの視点から移民の増加によるコモロ社会内の社会構造の変化について分析している。

（5）コモロ諸島全体の面積は二二三六平方キロメートル、人口は七三万七二八四人（2012）。グランドコモロ島、アンジュアン島、モエリ島、マヨット島の四島からなる。マヨット島以外の三島はコモロ連合国に属すが、領有をめぐりフランスと係争中のマヨット島は実質的にフランスの海外県である。

（6）母系的に相続される土地と家を基盤としたコモロの母系的親族関係についてはBlanchy（2007, 2010）の研究が詳しい。

（7）ザイナバがグランドコモロ島の村からマヨット島に渡り、さらにフランス本土へと移動するまでの経緯の詳細については既に書いたのでここでは省略する。花渕（二〇一四）を参照いただきたい。

（8）写真の人物は本章の内容とは無関係である。

（9）Delafontaine（1998）は、コモロ人移民コミュニティにおける同郷組合などの活動において、女性が中心的な役割を担っていると指摘している。

参考文献

花渕馨也　二〇一四　「移動するシングル女性――コモロにおける越境と出産の選択」、椎野若菜編『シングルの人類学1　境界を生きるシングルたち』人文書院。

Ambrosini, Maurizio. 2008. “Séparées et réunies: familles migrantes et liens transnationaux.” *Revue Européenne des Migrations Internationales* 24(3): 79-106.

Barou, Jacques. 2001. “La famille à distance. Nouvelles strategies familiales chez les immigrés d’Afrique sahélienne.” *Hommes & Migrations* 1232: 16-25

Blanchy, Sophie. 2010. *Maisons des femmes, cités des hommes, Filiation, âge et pouvoir à Ngazidja (Comores)*. Nanterre: Société D’éthnologie.

———. 2007. “Maison de la sœur, maison de l’épouse. Organisation sociale et genre à Ngazidja (Comores).” In Nicole-Claude Mathieu. Paris: *Une maison sans fille est une maison morte. La personne et le genre en sociétés matrilinéaires et/ou uxorilocales*. Maison des sciences de l’homme, pp. 271-298.

———. 1992. “Famille et parenté dans l’archipel des Comores.” *Journal des africanistes* 62(1): 7-53.

Blanchy, Sophie and Masseande Chami-Allaoui. 2004. “Circulation des enfants aux Comores: Classe sociale, Lignage, Individu.” In *De l’adoption: Des pratiques de filiation différentes,* dir. Leblic Isabelle, pp. 177-206. Clermont-Ferrand: Presses universitaires Blaise Pascal.

Bryceson, Deborah and Ulla Vuorela. 2002. *The Transnational Family: New European Frontiers and Global Networks*. Oxford: Berg.

Costa-Lascoux, Jacqueline. 1989. *De l’immigré au citoyen*. Paris: La documentation française.

Delafontaine, Rozenn. 1998. “Les femmes et la famille, au cœur de la communauté Comorienne de Marseille.” *Hommes & Migrations* 1215: 21-31

Direche-Slimani, Karima and Fabienne Le Houérou. 2002. *Les Comoriens à Marseille: D’une mémoire à l’autre*. Paris: Autrement

Grillo, Ralph and Valentina Mazzucato. 2008. “Africa < > Europe: A Double Engagement.” *Journal of Ethnic and Migration*

Studies 34(2): 175–198.

Hondagneu-Sotelo, Pierrette and Ernestine Avila. 1997. "'I'm Here, but I'm There': The Meanings of Latina Transnational Motherhood." *Gender and Society* 11(5): 548–571.

König, Reinhilde Sotiria and Marina de Regt. 2010. "Family Dynamics in Transnational African Migration to Europe: An Introduction." *African and Black Diaspora: An International Journal* 3(1): 1–15.

Le Gall, Josiane. 2005. "Familles transnationales: bilan des recherches et nouvelles perspectives." *Les Cahiers du Gres* 5(1): 29–42.

Levitt, Peggy and B. Nadya Jaworsky. 2007. "Transnational Migration Studies: Past Developments and Future Trends." *Annual Review of Sociology* 33: 129–156.

Maher, JaneMaree. 2010. "Motherhood: Reproduction and Care." In *The Globalization of Motherhood: Deconstructions and Reconstructions of Biology and Care*, edited by Wendy Chavkin and JaneMaree Maher, pp. 16–27. London: Routledge,.

Millman, Heather L. 2013. "Mothering from Afar: Conceptualizing Transnational Motherhood." *Totem: The University of Western Ontario Journal of Anthropology* 21(1), Article 8: 72–82.

Parreñas, Rhacel. 2005. "Long Distance Intimacy: Class, Gender and Intergenerational Relations Between Mothers and Children in Filipino Transnational Families." *Global Networks* 5(4): 317–336.

Razy, Elodie and Virginie Baby-Collin. 2011. "La famille transnationale dans tous ses états." *Autrepart*, n° 57/58.

Sakoyan, Juliette. 2011. "Les frontières des relations familiales dans l'archipel des Comores." *Autrepart*, n° 57–58: 181–198.

Vivier, Géraldine. 1999. *Les Migrations Comores-France. Logiques familiales et coutumières à Ngazidja*, thèse du 3e cycle, université de Paris-X Nanterre.

Walker, Iain. 2012. "Marrying at Home, Marrying Away: Customary Marriages and Legal Marriages in Ngazidja and in the Diaspora." In *Transnational Marriage: New Perspective from Europe and beyond*, edited by K. Charsley. London: Routledge.

Zehraoui, Ahsène. 1994. *L'immigration de l'homme seul à la famille*. Paris: CIEMI & L'Harmattan.

災害復興地で再編される「個」と関係性

――新潟県旧山古志村の高齢者の語りから

谷口陽子

1　関係性にひらかれたシングル

人との「絆」や「つながり」への注目は、日本において急速に進む少子高齢化と経済的格差の拡大といった社会問題、相次ぐ大規模災害を背景に顕在化し、人びとの人間関係の希薄化に対する不安感を引き起こしている。この不安感は、「無縁社会」や「孤独死」という語と結びつくことによって助長されているようでもある。「無縁社会」の語が二〇一〇年に登場して以降、マスメディアの報道や研究書で多用される状況を、人びとが現状において感じている人間関係上の不安と巧妙に接合されたことで人びとの共感を得たことにあると分析する研究者もいる（石田 二〇一一：八）。このような指摘をふまえたうえで、本章は、私の災害復興地でのフィールドワークの経験を基に、人との「絆」や「つながり」に対する潜在的な問題意識や不安の顕在化によって、かえって積極的な人間関係の見つめ直しや再編、さらには新たな関係性の展開がもたらされることに焦点を当てる。具体的には、災害によって人間関係の再編を余儀なくされた時、人びとは、従来の人間関係や生まれ育って長年過ごした場所への愛着の意識をどのように認識や見つめ直し、つなぎ直そうとするのか、あるいは新たに紡がれる関係性をどのように評価するのかについて検討したい。その目的のため、タイトルに示した「個」を、次のような語感を想定した語として用いようと考えている。

和製英語としての「シングル」の語は、独身者あるいは未婚者を指す語として定着しているが、ただ一つの、独身の、個々の、などを意味する形容詞、一人、独身者などを意味する名詞、あるいは選抜するなどを意味する動詞として日本語訳されることがある。つまり、本来シングルは、単に既婚か未婚かを問う語ではなく、同伴者や扶養者がいない（unaccompanied or unsupported by others）や、群れあるいは集団から離れること（to separate from the herd）をも意味する語である。既婚・未婚であるかにかかわらず、パートナーとして相互認知する間柄の人間関係の有無や、個人が属する集団あるいは社会との物理的あるいは心理的距離を問う語でもある。

本章では、以上の語感に注目することから、本章が対象とする災害復興地における次のような具体的状況、すなわち家族と一緒にいない、あるいは失った状況、コミュニティを離れた、あるいは失った状況などを、関係性をもたない「個」の状況ととらえる。この「個」は、こういってよければ、対人関係や社会そのものの存在を前提とした、関係性の只中に在る「個」であり、本論で論じる災害復興地という具体的フィールドの状況において、新たに、あるいはふたたび構築される関係性へとひらかれた存在としての「個」である。

2　災害復興地というフィールド

災害復興地は、特質のあるあるいは特徴のあるフィールドである。災害発生は多くの住宅の損失、被災者や犠牲者を生みだし、日常生活を中断させる。私が二〇〇七年から五年間にわたってフィールドワークをしている旧新潟県長岡市山古志地域は、二〇〇四年一〇月二三日に発生した新潟県中越地震で被災し、甚大な被害をうけた。地震発生当時はまだ長岡市との合併前で独立した行政単位「古志郡山古志村」であったため、地域ごとの被害の大きさに違いはあったが、村長の判断によって全住民が一時的に居住地域を離れて避難生活をおこないいわゆる「全村避難」の道を選んだ。

災害によって地域の社会システムが機能しなくなる状況のなかでは、米国人ジャーナリストのレベッカ・ソルニットがいうような「災害ユートピア」（ソルニット 二〇一〇）なるコミュニティがしばしば立ち現われることがあると指摘される。ソルニットは、災害がもたらす悲惨さや痛ましさは、たとえ副次的にどのようなプラス効果や可能性が生じようとも望ましいものではないと断りつつも、災害によって、通常の秩序が一時的に停止し、ほぼすべてのシステムが機能しなくなったおかげで、自由に生き、いつもと違うやり方で行動できるゆえに生じるコミュニティが出現することを指摘する。つまり、ソルニットによれば、災害によって人びとは「職業や支持政党に関係なく、自らが生き延び、隣人を救うために行動することを、それも自己犠牲的に、勇敢に、主導的に行動する」ことを要求され、「緊迫感や目的意識、連帯感、そして遭遇した危険に喚起され、心を揺さぶられ、行動へと突き動かされ」、それが災害時に上記のような特別なコミュニティを出現させるのだという（ソルニット 二〇一〇：一六―一八）。

震災から九年目を迎えた二〇一三年現在、「災害ユートピア」あるいは「コムニタス」の状況を通過し、人びとの生活は新たな局面を迎えていた。私の聞き取りによるかぎり、山古志地域のケースにおいてもそれの出現を人びとの語りのなかに確認することができた。具体的には、災害発生から二日後に救助用のヘリコプターによって全住民が村外へと輸送された状況や応急仮設住宅での避難生活をふり返る人びとの語りに、日常とは異なる特別なコミュニティの表出が見られる。

災害復興という状況は、従来の社会関係がもたらすある特定の緊密な結びつきや不安定さから人びとを解き放つ。この状態は、文化人類学の文脈では、ヴィクター・ターナーがいう「コムニタス」概念（ターナー 一九七六）と重ねてみることもできる。つまり、人びとが、避難や仮住まいなどの社会的に過渡の状態において生じる直接的なふれあいにもとづく強い連帯感を経験することによって、新しい地位をもつものとして社会に生まれかわる、あるいは新しい地位にもとづく人間関係を築くことを円滑にする力を蓄える時間あるいは空間であると理解できる。

災害復興地としての旧山古志村

震災発生当時の村長による全住民避難の判断は、村のインフラの復旧と住居の確保が行われた後に「帰村する」という選択肢があることを前提として下されたものであった。住民は、一年から最長三年におよぶ村外での避難生活中に、村に「戻る」かそれとも「出る」かという二つの選択肢をもつことになった。それは、震災後の人生を「どこで誰と」あるいは「どこで一人で」生きていくのかについての選択であったといえる。

旧山古志村は、標高二五〇から五〇〇メートルに位置する豪雪地帯の中山間地であるがゆえに、通勤や通学する若年者のなかにはより利便性の良い地域での生活を求めて転出する道を選んだ人も多く、一人あるいは夫婦だけで帰村した高齢者も少なくない。そのため、震災後は急速に高齢化と過疎化が進んだ。私が聞き取りをした村の高齢者は、人生のほとんどの時間を夫婦や親子などの関係性のなかで過ごし、すでに現役を引退し、子育てや介護も終えた人たちである。高齢者を中心に聞き取りをすすめるなかで、私は、予期せぬ震災によって突然日常生活を中断させられ生き方の変更を迫られる時、それまでの長い月日を、関係性の只中で過ごしてきた人が「個」であることや関係性についてどのように考えたり認識するようになるのだろうと改めて考えるようになった。具体的には、震災後の村に「戻る」か「出る」かの決断をした時、そしてそれから数年が経過した時にふり返り、高齢者がその選択をどのように考えるようになっているのか、決断の場面においていかなる条件が優先され、またいかなる関係性が求められたのかを考える必要があると思ったのである。

なお、災害復興地としての旧山古志村は、人びとの日常生活の場であると同時に、多様な立場や財源を背景とする多様な支援主体が個人あるいは集団単位で支援が行われる場にもなっている。私自身は、旧山古志村の住民が避難する応急仮設住宅での支援活動に参加した。それは、中越地震から三年が経過し、村の復旧工事がほぼ完了していた時期であった。その頃、応急仮設住宅では、閉鎖を目前に控え、住民の帰村や新天地への転居のための引っ越し作業が大詰めを迎えていた。こうして私は、閉鎖直前の応急仮設住宅、および災害復興過程にあり状況が刻々と変化する山古志地域でフィールドワークを開始し、その都度自らに求められる役割や位置づけを顧みながらフィールドの人びととかかわるようになった。

3　村に戻る・村から出るという選択

私がフィールドワークを開始した二〇〇七年一二月から二〇〇八年当時に話を聞かせてくれた人たちは、震災発生直後の村外避難と応急仮設住宅での生活をふり返り、日常の生活と大きく異なる生活環境で生じた様々なストレスに言及しつつ、「災害ユートピア」の表出を暗示する語りを頻繁に行った。

山古志の生活では、玄関のドアに施錠せずに過ごしていたが、仮設住宅では、仮眠をとろうと昼寝をしている最中に、隣人が突然ドアを開けて話しかけたり、またある時には、台所の換気のために開けていた窓の外から中を覗き込まれて話しかけられたりして互いに気まずい思いをするようなこともたびたび起こったと聞いた。また、外部地域からの救援物資が毎日のように届き、多様な動機と目的とを持った支援ボランティアが訪れて大変有難かったが、ボランティアセンターを通さず、個人で訪れる支援者のなかには、救援物資を玄関から「投げ込むようにして」置いていく人もおり、善意からなされた行動として感謝しつつも、それが度重なると住民にとっては気が休まらずストレスにつながることもあったと話す人もいる（谷口 二〇一一）。

一方、村での生活では、山や川で村内の一四集落が隔てられていることにより、他集落の住民と日常的に顔を合せる機会はまれであったが、仮設住宅では隣人として顔を合わせる機会が増え、新しい隣人と新たな関係性を作ることになったようである。意外なことに、こうした新しい関係性を紡ぐことから生じる楽しさが、仮設住宅の生活におけるストレスを軽減することにつながったと語る人は少なくない。プレハブ造りの仮設住宅では、隣りに住む人のイビキが聞こえるなどの音をめぐる問題が生じたが、それによるストレスを互いに回避しあうことから学んだことの多さや、毎日たくさんの新しい人たちと顔を合わせて生活することの楽しさを回顧して懐しむ人も決して少なくはない。とくに私の印象に強く残るのは、「個人的な意見である」としたうえで語られた六〇代の晴子さんの次の一言である。「私の理想的な老後は、山古志で宅地が広く確保できる場所に、応急仮設住宅で経験したようなコンパクトで多機能な『住宅地』をつくり、そこで暮らすことなの」。

写真１　冬の風景

家族およびある特定の場所との縁

フィールドの人びととの対話を続けるなかで、やがて私は被災経験の語られ方に変化を見出すようになった。それは、私自身が災害復興地における変化しつづける風景あるいは過程の一部になったことを示しているのだろう。フィールドワークを始めて四年目となった二〇一一年のある時、それまでの二年間にわたって私に話を聞かせてくれてきた恵理子さん（六〇代）が、それまでは決して見せたことがなかったような曇った表情とともに、はじめて私に「戻る」ことを選択しなかった自らの判断にずっと迷いを感じていたことについて語り始めた。

恵理子さんとその家族は、村から車で行ける距離の場所に新築された住宅地に転出した。毎日、買い物などのために車で通過する三差路は、右へ行くと村に至る道、左へ行くと現在の自宅に至る道となり、その三叉路に差し掛かると村の生活を思い出し、つい最近まで「泣きたい気持ち」になることがあったと話した。こうした心情はこれまでに村の友人に話したこともなく、転居してから五年が経過してはじめて、知り合ってまもない私に話す気持ちになったと語った。

震災から五、六年が経過した頃、私が頻繁に聞くようになった語りがある。それは、「やはり、生まれた場所が忘れられないのだろう。震災後に転出したが毎日のように村に戻ってくる人がいる」というものである。私は、村の自宅跡の周りにある畑の手入れや野池の鯉の世話や村の診療所に毎日自家用車やわざわざ本数の少ないコミュニティバスを利用して通う人がいること、転出したにもかかわらず住民票上はまだ村の住民であることや墓だけは村に残している人が少なくないことなどをしばしば聞くことになった。私は、これらのことは、村の中でも特に自分とかかわりが深い自宅跡と畑、墓という場所への愛着や帰属意識の現れであり、また、村の診療所に通い続けることは、自らの身体と特定の場所との結びつきとを確認する行為であるのではないかと考えるようになった。こうしたなか、私の印象に強く残るのは、村へ戻り一人で暮らすことを選択した八一歳の美紀子さんのケースである。

美紀子さんは夫と死別して以来一人暮らしである。豪雪地である山古志で、人びとの日々の助け合いの単位として機能してきたマキと呼ばれる同姓集団の大本家を務めている。三人の子どもがいるが、いずれも県内あるいは県外で独立した家庭を築いている。美紀子さんは被災当時、七〇代であった。震災発生当夜には、県内在住の息子が母の安否を確かめるために自家用車で駆けつけ、その後の半年間は、県外と県内の子どもたち家族のもとに身を寄せた。美紀子さんは、子どもや孫との生活を楽しんだが、村の自宅や畑や墓の様子が気にかかり、「山古志に戻る」ことを前提に一人で長岡市の応急仮設住宅に入り、村に通いながら自宅を復旧する決意したという。

二〇〇五年に入って復旧工事が進み入村許可が下りると、美紀子さんは仮設住宅から愛車で片道約四、五〇分の運転で村へ通い、片づけや家屋の修復工事に立ち会い、ガスと電気の復旧直後から自宅で暮らし始めた。震災後には、美紀子さんと日常からつきあいのあった親類世帯は転出し、息子が週末を利用して農作業の手伝いなどで訪ねてくる。春から秋までの日中は一人で畑仕事をし、夜はテレビを見ながら手芸をして過ごすことが多いが、地域の高齢者を対象とした活動に参加することもあるため、特にさびしさを感じることは少ないという。しかし、冬になれば三メートル以上も積雪することがあり、一人で家の中で過ごす時間がおのずと長くなり孤独を感じる機会が増えるという。そのことについて美紀子さんは、「一人暮らしは孤独の修業」であり、「この地に住み続けるのは（マキの本家としての）責任であり、それが私の務めだ」と話す。美紀子さんは、震災発生をきっかけに、それまでの人生で自らが築いてきた人間関係や生き方の見つめ直しを経て、一人で暮らし続けることから生じる孤独感や不安を案じるよりも、できる限り村に住み続けることを選択したのである。

その一方で、転出と帰村の決断は、家族単位で行われるものであるがゆえに、村へ帰る選択をした人たちのなかにも「全体としては良い選択だった」としたうえで、家族内における生活スタイル、価値観の世代間格差と家族メンバーの就学、就労状況の経年変化を背景に、村での生活に対する個々の家族メンバーの考えに少しずつ違いが生じている状況を語る人もいる。ある三世代家族の最年少の孫は震災当時に小学生であり、仮設住宅に入居している間は、長岡市街の近隣小学校に他の山古志の友達と共に通っていた。授業もクラブ活動も校舎を間借りして行うため、「自分たちの学校に帰りたい」、「山古志に帰りたい」という気持ちを家族のなかで最も強く表わしたのがその孫であったという。孫の強い希望に後押しされて村へ戻る決断をした家族は、小学校の再開時期に合わせて住居の補修工事を行い、震災から二年後に帰村した。しかし、親の世代の通勤、孫の就職や進学に際する通勤通学における状況が変化した現在、より交通の便の良い場所への転出という選択肢もありえたかもしれないとの認識も生じ始めているという。ただし、この家族のように、「個」ではなく家族単位で帰村の選択をした経験をもつ場合、大学進学や就職・結婚などの大きな転機が訪れないかぎり、今後メンバーが「個」として離れて暮らす可能性はあまり高くはないのではないかとも推測される。

私がこれまでに行ってきた聞き取りで感じることは、村に戻るか・村から出るのかといういずれの選択肢をとった人にとっても、「山古志」という郷里に対する感覚は年々強く意識されるものになっているということである。とくに、「地震前の山古志」への、愛着や帰属意識は、「村を出る」選択をしたあるいはせざるをえなかった人たちにより強く意識されるようになっている。その自らの身体的感覚と深く関わる特定の場所に対する「ローカリティ」とでもいえるような感覚は、物理的に離れて暮らすようになっても残り続けている。そのように考えると、一人で村に戻った高齢女性美紀子さんの選択は、決して人との関係性を否定したうえでなされた決断ではなく、自らの身体感覚と深く関わるある特定の場所に対する愛着や帰属意識から生じる、郷里との「縁」を優先する選択であったのではないかとも考えられる。

4 「個」にひらかれる新たな縁

震災から九年目をむかえ、話者の語りのなかに、災害復興における「喪失感」という表現が現れるようになっている。ここでいわれる「喪失感」は、震災によって中断させられ二度と回復できない震災前の日常生活に対する感情を指すものであるのみならず、「被災者」あるいは「被災地」とラベリングされることによって、好むと好まざるとにかかわらず、災害復興プロセスにおいて注目を大きく浴びていた状況が過ぎ去った時に感じるものでもあるようだ。ある人は、「何が変わったとははっきりは言えないが、地震前とは何かがすっかり変わってしまったように感じる」と語り、また別の人は「『被災者』といっても一人一人あるいは一世帯一世帯で置かれている状況や事情が異なるので、いつまでも『被災者』という見方をされるのには違和感がある。『被災地』という表現についても同様である」と語った。

「山古志」という地名は、震災を機に全国的に知られるようになったといってよい。新聞記事やテレビのニュースは、錦鯉と闘牛と棚田のある「日本の原風景が残る村」というイメージとともに、全住民が村外へヘリコプターで避難する様子や、避難時および震災後の村への一時帰宅が順次行われた際に、人びとが金銭や通帳よりも何よりも先祖の位牌を優先して持ち出す人の姿、重さ一トンを超える闘牛を一頭一頭ヘリコプターで輸送し救助する様子などを劇的に報道した。全国からは、多くの人的・物的支援が寄せられ、山古志地域では、震災が発生した一〇月二三日から一ヶ月間を「ありがとう月間」と名づけ、支援への感謝のしるしとして、加工品や農産物、手作りの土産品の直売や「ありがとうまつり」などのイベントが毎年催されている。全国から寄せられた支援に対する感謝を具体的に表現し発信することで、震災後に新たに得られた外部地域の人との縁を折に触れて意識する機会にもなってきたようだ。こうしたなか、震災から九年目をむかえる山古志では、これまでに全国から寄せられてきた注目や関心が急激に失われることへの不安が意識されるようになってきている。こうした心情を「喪失感」と表現する人もいる。しかし災害復興のプロセスによって災害発生前の社会とまったく同じ状態にすることが目標ではないし元通りになるわけでもない。むしろ、山古志をはじめとする中越地震の災害復興地では、中山間地の創造的復興と農山村の資源の発掘・育成というテーマのもとに変化していく道を積極的に選びとろうとしているように見える。具体的には、震災復興基金を活用した「財団法人山の暮らし再生機構」が一〇年間という期間を期限付きで設立され、災害復興の段階が地域の「再生」から「創造」へと順調に移行し、国と県、企業、NPO、大学などが連携して地域住民のニーズに応じた運用がなされている。

写真２　復興作業のため，閉鎖中の村に入る住民用の車輛通行許可証

そのなかで、山古志地域では、震災発生から二年後の二〇〇七年の七月に「山古志住民会議」を発足させ、住民が主体となって、また地域内の一四の集落や団体の枠や壁を超えた「山古志」全体を前提とした住民主体の持続的な地域づくりを目標として活動してきた。「住民会議」は、住民・各種支援団体・大学・行政の相互協力関係によって成立した組織であり、応急仮設住宅の避難時から継続的に支援を行ってきた地域復興支援員がファシリテーターとして、住民のニーズと地域の実情を外側の視点からとらえる役割を果たしてきた。その最大の成果は、集落や団体の利害を超えて「議論をする経験」を得たことであると、支援員も住民も評価している。つまり、被災と避難生活の経験や外部支援者および行政との相互協力の経験を経ることで、地域を全体としてとらえて新たな結びつきを意識し、これまで潜在していたが認識されてこなかった、あるいはあえて触れられてこなかった課題を議論の俎上に載せる視点がもたらされたことが成果として認識されている。

このような動きは山本博之が述べる「利災」という考え方で理解することも

できる。山本によると、「利災」とは、「災害は人名や財産を奪う不幸な出来事であるが、それを契機にその社会の潜在的な課題に働きかけ、よりよい社会を作り出すことができる」という考えを念頭に救援や復興に取り組むことであると述べる（山本 二〇一〇：五〇）。なお、山古志住民会議の議論から生まれ、実現した具体案としては、JTB関東と連携した各種観光ツアーがある。住民が「見てほしい」村のスポットを外に向かって発信し紹介する形式を取り、現在動き始めている。

また、震災をきっかけに、従来から人びとが持っていた外部へと広がる人的ネットワークが、支援の「つながり」として立ち現われた実例もある。それは、山古志地域の名産として知られる錦鯉がつなぐネットワークであり、昭和四〇年代に錦鯉ブームが起こった際、全国から錦鯉を求めて愛好家たちが山古志を訪れた。愛好家たちは、毎年一〇月二四日に開催される錦鯉の品評会の前後一週間ほどを山古志とその周辺で過ごす。養鯉家と愛好家との間には錦鯉を介した二世代にわたる個人間あるいは家族間の付き合いが生じ、震災後には、必要な家具や物資を直接提供するなどの支援のネットワークになった例がいくつも存在する。さらには、同様のネットワークは、東日本大震災の際にも機能し、付き合いのある東北の鯉の愛好家に対する個別支援も行われたと聞く。

震災後に新しく行われるようになった試みや関係性の形成は、「利災」という観点からすると、災害が外へとひらいた村を新しい変化に対してひらく方向性をめざし、さらに新たな縁を生みだそうとする動きであるように見える。過去八年間の災害復興のプロセスにおける「災害ユートピア」ともいえるような特別なコミュニティや「コムニタス」の局面を通過し歩んできた山古志の人びとにとって、災害は、喪失の契機でもあったが、家族、親族、集落、錦鯉や闘牛という民俗文化および職業的利害によって結ばれた関係性などの社会関係を見つめ直す契機ともなり、新たに外に向かって、あるいは外から内に向かってひらかれる関係性や、山古志という愛着ある場所との縁をつなぎ直すことにもなったともいえるのではないだろうか。もちろん、災害がもたらす被害や不幸は、その後どのような副次的作用がもたらされようとも決して望ましいものではないし、二度と繰り返されないための減災や防災の努力が必要である。しかし、私が過去五年間にわたる山古志でのフィールドワークによって知ったことは、災害は、日常の人間関係を分断するが、その一方で、それによっていったん関係性にひらかれ「個」に分断された人びとが、「個」としての自己を意識し、そのうえで改めて他の人との関係性を結び直し、新しい縁を結ぶ契機にもなりうるということであった。

災害支援が必要とされるフィールドで、フィールドワーカーが果たす役割は即時的な効果をもたらすものではないかもしれない。しかし、対人支援が行われる場に接するフィールドワーカーは、亀井伸孝と小國和子が示唆するように、「それを受け入れる人びととの協働作業を通じて、何らかの達成を見せ、問題を快方に導いていく過程の一部」となることを通じて、場の状況の側からの意味づけを待ちながら、問題が快方に向かうのをともに見守ろうとする「漢方薬のような存在」(亀井、小國 二〇一〇：九)になりうるかもしれない。それは、フィールドワーカーもまた、フィールドの現場においてはいかなる関係性にもひらかれた「個」としての立場から、人びとと関わりつづけ、その都度いかようにも存在の意味づけや位置づけを変えていく存在であるからである。

私は、フィールドワークによる人びととのかかわりを介して、話者が結び直したり新たに結んだりした縁の一部になったのだと考える。今後も動き続ける災害復興地山古志とのかかわりを続ける者として、多方向へとひらかれた関係性の一部分を担う存在としての可能性と責任とを改めて感じている。

付記　インタビューに応じて下さった話者の名前はすべて仮名です。本論に関連する資料を提供して下さったすべての方にこの場を借りて感謝を申し上げます。なお、本章の調査資料は次の研究に基づいています。「中越地震後の山古志への『帰村』に関する民俗学的研究」(平成一九年〜平成二一年度科学研究費補助金基礎研究(C)課題番号一九五二〇七二一。研究代表者陳玲)、「災害時の高齢者支援ネットワークの構築に関する考察」(三井住友海上福祉財団高齢者福祉部門平成二〇年度研究助成。研究代表者谷口陽子)、「災害復興時の持続的な高齢者支援に関する調査研究」(太陽生命ひまわり厚生財団平成二一年度研究助成。研究代表者谷口陽子)、「格差化・多元化する少子高齢社会における高齢者の家族観に関する文化人類学的研究」(平成二四年度科学研究費補助金《奨励研究》研究代表者谷口陽子)

参考文献

石田光規　二〇一一『孤立の社会学：無縁社会の処方箋』勁草書房。
亀井伸考、小國和子　二〇一一「はじめに　支援のある風景を描く」『支援のフィールドワーク――開発と福祉の現場から』一―一一頁、世界思想社。
木村周平　二〇〇五「第一章　自然・リスク・災害の人類学」『現代人類学のプラクシス』三〇―四〇頁、有斐閣。
財団法人山の暮らし再生機構LIMO通信編集委員会　二〇一三『LIMO通信』一七・一八号。
ソルニット、レベッカ　二〇一〇『災害ユートピア――なぜそのとき特別な共同体が立ち上がるのか』亜紀書房。
ターナー、ヴィクター　一九七六『儀礼の過程』冨倉光雄訳、思索社。
谷口陽子　二〇一一「第四章　災害復興地における地域社会づくりの取り組み」、鈴木七美・藤原久仁子・岩佐光弘編『高齢者のウェルビーイングとライフデザインの協働』五三―六八頁、御茶の水書房。
西芳実　二〇一一「災害がひらく社会――スマトラの経験を世界に」『地域研究』一一巻二号：四〇―四八頁、地域研究コンソーシアム『地域研究』編集委員会。
林勲男編　二〇一〇『自然災害と復興支援』明石書店。
福留邦洋　二〇〇七「第四節　中山間地域の生活再建とコミュニティづくり――阪神・淡路大震災から新潟県中越地震へ」、浦野正樹・大屋根淳・吉川忠寛編『復興コミュニティ論入門』一二三―一二七頁、弘文堂。
ホフマン、スザンナ、アンソニー・オリヴァー＝スミス　二〇〇六『災害の人類学――カタストロフィと文化』明石書店。
山古志住民会議　二〇一二『山古志魂』平成二四年度号。
山本博之　二〇一一「災害と地域研究――流動化する世界における新たなつながりを求めて」『地域研究』一一巻二号：六―一三頁。

Ⅳ 「家族」をつくる

ヘテロノーマティブな家族と選び取る家族

――日本におけるゲイ男性と家族との関係をめぐって

新ヶ江章友

本章では、日本におけるゲイ男性とその家族との関係について分析する。その際に着目するのが、ゲイ男性が家族へどのようにカミングアウトするのか、あるいはカミングアウトしないのかという問題である。家族は、ゲイ男性からカミングアウトをされたことに対して、どのような対応をするのだろうか。そしてゲイ男性自身は、家族へのカミングアウトをめぐってどのような葛藤を経験するのだろうか。

そもそもほとんどすべてのゲイ男性は、異性愛者の親から生まれてきた。多くの両親が自分自身のことを異性愛者だとまったく疑うことなく、あるいは自分が異性愛者だということをまったく意識しないまま、結婚し、子どもを生んでいる。そのような自らの「異性愛性」を全く疑問視しない男女間で生まれた子供がセクシュアルマイノリティだった場合、その親が自らの子をどのように認識し、理解し、受け入れるのか、あるいは拒絶するのかという問いは興味深い。なぜなら、異性愛者の親にとってセクシュアルマイノリティの子自体が、異性愛者の「常識」を超える理解不能なものとして立ち現われてくるからである。

つまり、ゲイ男性が生まれ育った家族の多くは、①男／女というジェンダー規範と、②そのジェンダー役割を支える異性愛を前提とした異性愛規範（heteronormativity）に支えられており（釜野 二〇〇九ａ：一八九）、③異性愛者の父と母からなる核家族である。本章ではこのような家族を「ヘテロノーマティブな家族（heteronormative families）」と呼ぶことにする。このヘテロノーマティブな家族こそが、ゲイ男性が育ってきた場であり、生殖により「血」をつないでいく場でもある。そのような家族の中で、ゲイ男性は血を断絶する存在と位置づけられる。ゲイ男性がこのヘテロノーマティブな家族と対決しようとするとき、どのような問題が生じるのかに着目したい。

本章で扱う事例はすべてゲイ男性に限定しているが、今回インタビューを行ったゲイ男性の中には、長男のものもいればそうでないものもいる。長男の場合、家を継ぐということと血を継ぐという両方のプレシャーを抱えることとなるが、長男でない場合は、家を継ぐというプレッシャーはない。本章で言及するヘテロノーマティブな家族も、子が結婚し生殖を行うことを求めている場合と、家督を継ぐべき地位にある長男に対し直系家族を形成することを求めている場合の両方の場合が含まれている。この点についても、それぞれの事例で随時言及することとする。

1　セクシュアルマイノリティとヘテロノーマティブな家族

近年のクィア・スタディーズの興隆や家族のあり方の多様化により、ヘテロノーマティブな家族についての見直しが図られている。とりわけウェストンは、「選び取る家族（families we choose）」という概念を提示し、一対一関係があるか否か、血縁・性的関係があるか否かにとらわれない、多様な親密圏の構築についての議論を行っている（Weston 1991）。日本においてはとりわけ家族社会学の領域でこれらの研究蓄積が見られるが、いずれもレズビアン女性に着目した研究が多いのが特徴である（釜野 二〇〇八、二〇〇九a、二〇〇九b：牟田 二〇〇六：三部 二〇〇九a、二〇〇九b、二〇一〇、二〇一二：杉浦ほか 二〇〇八：柳原 二〇〇七）。

しかしながら、血縁関係によって結ばれたヘテロノーマティブな家族とセクシュアルマイノリティ自身の関係をめぐる研究については、日本ではほとんど行われていない。近年、社会学者の三部倫子によって、セクシュアルマイノリティだと子どもからカミングアウトされた親とセクシュアルマイノリティ当事者によって作られた自助グループでの詳細な聞き取り調査の結果が、博士論文としてまとめられている（三部 二〇一二）。

ところで、ヘテロノーマティブな家族の中でセクシュアルマイノリティが問題化するには、セクシュアルマイノリティ当事者が家族にカミングアウトしなければならない。したがってまず、これまでのセクシュアリティ研究においてカミングアウトがどのように議論されているのかについて概観し、第二に、カミングアウトをされたヘテロノーマティブな家族とセクシュアルマイノリティの関係について、主に三部の議論をふまえて整理してみたい。

カミングアウトをめぐる議論

カミングアウトについては、これまで様々な論者によって議論されてきた。カミングアウトの議論で当初中心的役割を果たしてきたのが、ゲイ・スタディーズを日本に紹介したヴィンセントらであった（ヴィンセントほか 一九九七）。ヴィンセントらは、ゲイという主体形成におけるカミングアウトの役割を重視していた。ホモフォビックな社会を変容させるうえで、カミングアウトによってゲイやレズビアンの存在を可視化させることが、政治的に重要だと考えていたのである。

その一方でフーコーの議論に基づけば、カミングアウトとはフーコーの言うところの告白と同義と位置づけられ、告白は権力関係によって主体を服従させることだと捉えられた（赤川 一九九六）。このような赤川学の主張に対して、風間孝は、カミングアウトをすることは解放ではなく抵抗であり、カミングアウトをすることで権力関係の内部にとどまりつつ抵抗することが、社会を変革する実践として重要であると考えた（風間 二〇〇三）。

しかし近年のカミングアウトに関する議論では、風間の言うところのカミングアウト／クローゼットという二項対立そのものが批判的に検討され始めている。そもそも、「カミングアウト／クローゼット」＝「社会変革／抑圧」という二分法で議論することには限界があるという視点である。カミングアウトは個人の選択の問題であり、カミングアウトは相手との親密距離を縮めたりできる道具的なものにすぎないという立場（金田 二〇〇三）や、社会分化した社会において、カミングアウトをしないことの選択可能性が上昇しているという立場（草柳 二〇〇四）がある。また、カミングアウトとゲイという主体形成の関係を考える場合、自分の性的アイデンティティを認識していてもカミングアウトをしない場合、その人はゲイという主体とはみなされないのかという疑問も残る。カミングアウト／クローゼットという二項対立に基づく議論を批判する金田や草柳の主張にとって重要なのは、カミングアウトすべきという規範そのものがカミングアウトをしていない人々への抑圧ともなりかねない点にあるといえる（大坪 二〇一三）。本章においても、ゲイ男性が必ずしも全員家族にカミングアウトをしているわけではなく、カミングアウトしていない場合、家族とどのように付き合っているのかについての分析を行う。

カミングアウトとヘテロノーマティブな家族

家族にカミングアウトをしないゲイ男性がいる一方で、カミングアウトする人もいる。では、ゲイ男性からカミングアウトをされた家族は、どのような対応をするのだろうか。この点に関する先行研究は、日本では三部の議論以外に見当たらない。ここでは三部の議論を詳細に追いながら、論点を抽出していきたい（ただし三部の議論においては、ゲイ男性のみにターゲットを絞った分析を行っていない。以下、三部の議論については同性愛者という記述を用いることとする）。

① 同性愛の原因の探求――遺伝・ホルモン・育児の失敗

三部によると、カミングアウトされた同性愛者の子をもつ親の悲嘆をめぐる研究は、これまで主に心理学によって担われてきたという（三部 二〇〇九a：七一―七三）。心理学者は、不治の病に直面した患者の心理状況を説明しようとしたキューブラー・ロスの「死の受容の五段階過程」――否認と孤立、怒り、交渉、抑うつ、受容――が、子のセクシュアリティについて知った親の反応にもあてはまるとしている。

三部がインタビューを行った同性愛者の子をもつ親の語りによると、子が同性愛者だとカミングアウトをしたとき、親はなぜ子が同性愛者になったのか、その原因を脳科学や心理学などの科学的根拠に求めようとする場合があるという（三部 二〇〇九a：八〇―八一）。妊娠時のホルモンのバランスによるものなのか、遺伝によるものなのか、はたまた育児の失敗によるものなのか。子が同性愛者となったことの原因探しは、父親よりも母親によって頻繁になされる（三部 二〇一二：二六一―二六五）。とりわけ母親は、自分の子が同性愛者であることに対して、強い自責の念に駆られる[1]。親によっては、妊娠中に自分が何か悪いことをしたからではないか、自分の育て方が悪かったことが原因で子どもが同性愛者になったのではないか、シングルマザーであったことが原因ではないかと、自分自身を責めるという。そして、同性愛の説明をしばしば文字媒体の情報に探そうとする。

しかしながら、同性愛の原因について記された文字媒体は、非常に限定的である。同性愛者自身が同性愛について書かれた書物——例えば、ゲイ雑誌など——を読んで自らのセクシュアリティを解釈することは容易だ。じっさい同性愛者自身が自らを同性愛者だと知るきっかけとなったのが、ゲイ雑誌を読んでからだという語りは非常に多い（新ヶ江二〇一四）。しかし、異性愛者の親がゲイ雑誌を読んだとしても、必ずしも子の理解にはつながらない。親は子が同性愛者となった科学的根拠を、ゲイ雑誌よりも、むしろ医学や心理学などの書物に求めようとするのである。だが、異性愛者の親が同性愛者の子を理解するための手がかりとなる解説書的な書物は、現在ほとんどわずかしかないのが現状である。(2) 同性愛者の子よりも親のほうが、誰とも自らの経験を共有できない苦しみのなかに置かれている可能性は十分にあり得る。

② 同性愛の治療

自分が同性愛者だということを子が親にカミングアウトをした場合、親はそれを病気と捉え、子に治療するよう促すことがある。三部の調査の中でも、あるゲイが父親にカミングアウトをし、現在付き合っている男性がいるということを父に言ってけんかとなり、実家に帰るたびに「もう治ったか」ということを聞かれるという事例を出している（三部二〇〇九：二五七—二五八）。親によっては、同性愛が心理的・精神医学的治療によって治ると考えるのである。

③ 親の人生設計と夢の破壊

同性愛者の子をもつことによって、異性愛者の親は即座に「家が途絶える」ということと結びつけて考えようとすることが多い。とりわけその同性愛者の子が一人っ子であった場合、じっさい家名が途絶えることを意味する。そこにはそもそも、養子をもらうという発想は想定されていないし、遺伝子を共有し「血」とともに継承されるものとして家督が想定されているのである。同性愛者の息子からカミングアウトをされた母親が、その経験を、「息子に赤紙が来て戦死する」という比喩を用いて表現する場合もあった（三部 二〇一二：二五三）。このように、子が親に同性愛者だとカミングアウトすることによって、まず親は、自分たちの「家が途絶える」あるいは「血が途絶える」ということを問題とする。したがって、親は自分の子が同性愛を治し、いずれ結婚してくれるだろうと淡い期待をする。なかには、子といずれ同居することを夢見て二世帯住宅をすでに建て、あとは子が結婚するのを待つだけという状態の場合もあった。

三部は、同性愛者の子をもつ親へのインタビューの中で、自分の子の同性愛を理解したいと強く思う親が存在することを指摘している。同性愛者の子の親の多くは、自分の子のセクシュアリティについて理解し、彼／彼女の味方となってあげたいと思う。親の苦しみは、自分の子どもが同性愛者であった場合、その事実をどう受け止めて理解するのかが分からないことから生じる。(3)

「疑似家族」としての自助グループ

そこで三部の注目した点が、「疑似家族」としての自助グループである。三部の調査した自助グループは、同性愛者の子をもつ異性愛者の親のみだけではなく、同性愛者自身も参加している。ただし、親子が必ずしも一緒に参加しているわけではなく、親のみ、子のみの参加も見られる。ある親は、自分の子からカミングアウトされたものの、その後自分の子をどのように理解すればよいか分からず、他の同性愛者の若者からいろいろ話を聞きたいといい、またある同性愛者は、自分が親にカミングアウトすると親がどのような反応をするのかを知りたいために、カミングアウトされた親の話を聞きたいという。このように、実の親子の間で話ができないことを、自助グループでの疑似家族関係を通して、互いに語り合い、理解したいと考えているのである。

ここまで先行研究の整理が若干長くなったが、では実際に、日本のゲイ男性がどのようにヘテロノーマティブな家族にカミングアウトをしているのか、あるいはしていないのかについて見ていきたい。これまでの先行研究を見ると、日本のセクシュアルマイノリティは血縁家族との関係が悪化した場合に、その家族を離れて、友人ネットワークやコミュニティを頼ることによって、従来の血縁家族とは異なる新たな人間関係――選び取る家族――を模索するとしばしば言及されている（釜野 二〇〇九）。では果たして本当に、そのような人間関係の構築へと向かうのだろうか。以下、分析を行っていく。

2　分析方法

筆者は二〇一〇年から二〇一三年までの間に、X地方Y市を中心にセクシュアルマイノリティ男性とヘテロノーマティブな家族との関係を調査するためにインタビューを実施した。インタビューに協力していただいた方々は、Y市とその近隣に居住している。インタビューでは、調査協力者のライフヒストリーについて主に聞き、家族との関係については、現在の居住形態、家族構成、パートナーの有無、家族のうち誰にカミングアウトをしたかなどについて聞いた。以上の質問項目の他にも、インタビューでは調査協力者に自由に語ってもらった。

本章に登場する人物は、インタビュー当時の年齢が二〇歳代前半から五〇歳代前半までであった。また筆者は、本章に登場する人々とフィールドワークを通して出会い、その際、インタビューの協力を仰いだ。インタビューを行う際には相手の了承を得て録音し、その内容を論文にする際には本人が特定できないように記述する旨を伝え、インタビューは約一～二時間行った。本章において調査協力者の名前はすべて仮名とし、彼らの概要については表1に示す。年齢に関しては、インタビュー当時の年齢が二〇歳代前半の場合は「20前」、三〇歳代後半の場合は「30後」と記入した。調査協力者はすべて自分のことをゲイだと自認しており、過去に男性との性的関係をもったことがある男性である。彼らの性的指向はゲイである一方、ジェンダー自認は男性である。

3　家族へカミングアウトをしている場合

まず、家族へのカミングアウトをしている場合について見てみる。家族といっても、その構成員は様々である。表1を見ると、カミングアウトをした相手として最も多かったのが母であり、その次に多かったのが兄弟姉妹であった。父へカミングアウトをしたのはタイチだけである。

表1　調査協力者のプロフィール

名前	年齢	居住形態	同居人	家族構成	家族の誰にカミングアウトしたか	彼氏
アキラ	20前	親と同居	母	父，母，妹	母	いる
キヨシ	40前	母と同居	母	父，母，兄，兄	なし	いる
タツヤ	30前	一人暮らし		母，姉，姉，弟，弟	なし	いない
ケンジ	30後	一人暮らし（単身赴任）		妻，息子	なし	いない
タロウ	20前	一人暮らし		母，兄，兄	母	いる
ゴロウ	30前	親と同居	母	母，兄	なし	いない
ケンタ	30後	一人暮らし		父，母，兄	兄，兄の嫁	いる
タイチ	30後	一人暮らし		父，母，姉	母，父	いない
テツヤ	50前	親と同居	母	母，姉，妹	母，姉，妹，姪	いない
コウジ	20後	彼氏と同居	彼氏	父，母，兄，姉，姉，妹	なし	いる

母へのカミングアウト

　アキラは現在、母親と同居している(4)。父はいるが、病気のためアキラが子どもの頃から別居して生活していた。アキラの母は、アキラがゲイだということを彼が中学生の頃から知っていた。アキラが直接ゲイだとカミングアウトをしたわけではなく、正確にいうとゲイだと「ばれた」のである。アキラは中学時代にバトミントン部に所属していたが、ペアを組んでいた同級生Aと性的な関係（オーラルセックスのみ）を含む親密な関係となった。Aはしばしばアキラのうちに泊まりに来ていたが、一緒に就寝しているところを親や妹に目撃されたことがあった。そのようにして母は、アキラがゲイだということを知ったのである。その後もアキラは、しばしば男性の恋人ができるたびにうちに連れてきていたが、母親はそのことに対して何も言わない。むしろ、その連れてきた彼氏についていろいろ話もする。アキラがゲイだということに対し、母は抵抗を感じてはいないようである。

　アキラは長男であり、一般的に考えれば家名を継ぐ立場にある。しかしアキラの家ではそのことはまったく問題となっていない。その理由の一つとして考えられるのが、アキラの父が病気だからである。父は精神的な疾患を患っており、アキラのみならず、母も妹も、父からひどい暴力を受けたことがあった。アキラの父の兄弟姉妹は会社を経営する資産家であり、アキラの父が家を継がなくても、おじおばたちが家（もしくは血）を継げば良いと考えている。アキラも、母と妹も、父の家を継ぐことに対してはむしろ抵抗を感じている。このような背景もあり、家や血を継ぐという感覚が希薄であるように見える。

次にタロウについて見てみよう。(5) タロウは実家のある田舎から出て、現在Y市で一人暮らしをしている。兄が二人いるが、二人とも結婚している。両親はタロウが三歳のときに離婚しており、タロウは父の連絡先も知っているが嫌いだから連絡しないと言う。タロウは子どものときから、母と母方の祖父、そして兄二人と暮らしていた。タロウが高校を卒業するときに祖父が他界し、本当は大学まで行きたかったが、結局地元で働くこととなったと言う。働きながら母に仕送りをしていた。タロウは子どもの頃病弱で、母が遠い病院まで連れていってくれていた。女手一つで三人の息子を育てた母には、感謝している。兄二人が結婚して自宅を離れたこともあり、自分が母のそばにいなくてはいけないと思っていたが、結局高校卒業後約二年経ってから、遠く離れたY市に来たと言う。

母にカミングアウトしたのは、タロウがY市に行く前の二〇歳の誕生日だった。カミングアウトをしたところ、「あ、そう。好きにやりなよ」と言われた。母も現在は働いており、また男性とも付き合っていた。タロウには兄が二人いるため、その点で家を継ぐという心配はない。したがってタロウの場合も、親へのカミングアウトを通して大きな問題が生じてはいなかった。

アキラとタロウの事例から分かることは、二人とも父と離れて暮らしているため、父ではなく母へカミングアウトしているということである。また彼らのカミングアウトがスムーズであった背景として考えられるのは、彼らの家族がすでに父と母からなる核家族ではないということである。家族の仲は決して悪くはないが、それぞれが自立しており、互いに干渉し合わない。また、家を継ぐという観念自体も強くない。

このように、従来のヘテロノーマティブな核家族形態ではないところで育ってきた場合には、息子がゲイ男性であった場合の親の受容が比較的スムーズに進むと言えるのかもしれない。しかし、この点についてはさらに他の事例での検討の余地を残している。例えば、表1のゴロウの場合、アキラやタロウと同様に父がいない家庭で育ってきたが、家族の誰にもカミングアウトしていない。この点に関しては、後ほど検討することにしたい。

HIV陽性の場合

次に見るのは、タイチとテツヤの場合である。彼らは二人ともHIV陽性であり、病気との関係から親へカミングアウトすることになった。逆に言えば、病気にならなかったならば、ゲイだとカミングアウトしなかったかもしれない事例である。

タイチは友人や会社の上司など、幅広い人たちにゲイだとカミングアウトしているが、両親には直接カミングアウトをしたわけではなく「ばれた」のだと語っている。(6)タイチがカミングアウトをしたのは、大学時代の男女の友人数十名、最初に就職した職場の上司、次に就職した職場の後輩、現在働いている会社の上司などである。タイチは自分の性的指向が変わらないのならば、周りを変えるしかないと考え、とやかく言われる前に、周りに自分がゲイだと認めさせることが重要だと考えた。また、彼女がいると嘘をつくのも嫌だったと言う。

タイチがHIVに感染していることが分かったのは二〇〇三年であるが、二〇一二年までの一〇年間、両親には病気のことを隠していた。タイチは二〇〇八年から陽性者支援団体に関わるようになったが、その後二〇一二年の冬に、タイチがHIV陽性だということがたまたま他人の口から両親の耳に入り、特に母親に対して自分がゲイだということをそれとなくカミングアウトせざるを得ない状況となった。親は内心とても驚いていると思うが、現在そのことについては見てみぬ振りをしている状態だと言う。

タイチの場合、まずHIV陽性だということがばれてから、ゲイだということを親にカミングアウトしたという流れとなっている。両親はカミングアウトされたにもかかわらず、そのことに関しては触れようとしない。タイチの場合、病気によって両親にカミングアウトする前は、友人や会社の上司・同僚など、比較的広範囲にカミングアウトしていたにもかかわらず、親にだけはカミングアウトしていなかった。タイチの家族自体は父と母から構成されるヘテロノーマティブな家族であり、タイチは両親にゲイだとカミングアウトしても――そのうえ、HIV陽性だとカミングアウトしても――、表面上これまでの家族関係は変わらなかった。つまり、タイチの両親は彼がゲイでHIV陽性だということを、黙殺したと言える。タイチにとって、ヘテロノーマティブな家族の居心地はあまり良くないようである。

タイチは現在一人暮らしでつきあっている彼氏はいないが、彼氏でなくとも「家族がほしい」と語っている。恋愛とかではなく、一緒に年を重ねていけるようなパートナーということである。

また、テツヤについても見てみよう。(7)すでに五〇歳をこえた彼は、母と二人の妹、そして妹の子(テツヤの姪)にカミングアウトをしている。父は、テツヤが二八歳のときに他界している。テツヤが家族にゲイだとカミングアウトしたのは、自分がＨＩＶ陽性だと分かった二〇〇三年である。しかしそのときすでに、家族は全員、テツヤがゲイだということを知っていたと言う。カミングアウトをする前から、母からは「変なことしちゃだめよ」とよく釘を刺されていた。またテツヤが母にカミングアウトをしたときも、大きなリアクションはなかったと言う。

テツヤは現在、陽性者支援団体と関わっており、テツヤの姪が看護師ということもあって、彼がＨＩＶ陽性でゲイだということには理解を示している。自宅で陽性者同士の交流会なども行っており、家族はテツヤに対してサポーティブである。これは、カミングアウトによって、家族が変容していった事例として理解することができるだろう。

兄弟姉妹へのカミングアウト

では、家族のうちでも兄弟姉妹だけにカミングアウトをしている例を最後に見てみる。ケンタは兄とその嫁(義姉)に自分がゲイだとカミングアウトをしている。(8)そのきっかけは、ケンタがうつ病になったことである。ケンタは大学を卒業後、一九九九年に大手企業に就職したが、転勤が多く、いくつかの都市を転々とした。もともと考え込みやすい性格で、仕事のできる上司と自分を比べていつも自己嫌悪に陥った。二〇〇二年あたりからうつの症状が出始め薬も飲み始めたが、二〇〇四年には病院から重度のうつ病という診断をくだされ、「精神障害者手帳二級」をわたされ、その後、しばらく会社を休職した。ケンタは、義姉が精神科でアルバイトをしていたこともあり、義姉に自分がゲイだということを含めすべて話した。そして義姉がケンタの兄にその事実を伝えている。ケンタは家族のなかでは、兄と義姉にのみカミングアウトをしている。彼らは、ケンタに対してサポーティブである。

両親に対してはゲイだとカミングアウトをしていないが、親はすでにケンタがゲイだと知っているのではないかと言う。なぜかというと、以下のようなことがあったと語ってくれた。ケンタが大学生のとき家族と別居していたが、自宅のビデオデッキにはいくつかＤＶＤが置いたままであり、その中にはゲイ向けＤＶＤがあった。ケンタの父が何かテレビ番組を録画するためのＤＶＤを探しているうちに、ケンタのＤＶＤを手にしたようだった。ある日大学から実家に帰って来たときにそのゲイ向けＤＶＤをケンタが手にしたところ、「一八歳禁止」という父の手書きによるメモが入れられていたからである。だから父は、ケンタがゲイだということを知っているのではないかと話していた。

ケンタの場合も（ＨＩＶに感染する以前の）テツヤの場合と同様、家族は彼がゲイかもしれないと気づいているのだが、あえてそれを言葉にして直接話したりはしていない。家族の中では、ゲイの話題が問題化することを避けているようである。

ここまでは、ゲイの息子が家族にカミングアウトした事例を見てきたが、ケンタの場合のように、親は薄々気がついているがそれをあえて問題化しないケースが多くある。次にその事例について見て見よう。

4　家族へカミングアウトをしていない場合

家族へのカミングアウトをしていない場合でも、様々なパターンがある。ここではカミングアウトをしていないパターンとして、母と二人だけの同居の場合、既婚者の場合、家族がそれぞれ自立し干渉しない場合、家族とのつながりが強い場合の四つのパターンに分けて分析を行う。

母と二人で同居

先ほど、母へのカミングアウトを行っていたアキラとタロウの事例をあげた際に、ゴロウについて少しふれた。アキラ、タロウ、ゴロウに共通しているのは、父がいないという点にある。したがって、父と母からなるヘテロノーマティブな核家族という従来の家族形態とは異なっており、その規範から抜け出ているために、ゲイ男性に対しても寛容なのではないかという趣旨について述べた。だがゴロウの場合、アキラとタロウと異なり、家族にカミングアウトをしていない。それはなぜなのだろうか。

ゴロウは非正規職員として働きながら、自営業の母とともに住んでいる。(9) ゴロウが働く会社の若い女の子は彼がゲイだということを知っているが、ゴロウの親は知らない。なぜ母へのカミングアウトを行わないのかは、現在ゴロウが唯一つながっている親族が母だけだからだということが考えられる。ゴロウは非正規職員のため、一人暮らしができるだけの十分なお金がなかった。ここでカミングアウトをして母との関係を悪化させてしまえば、唯一の親族関係が切れるだけでなく、その結果今の家に住めなくなり、完全に孤立してしまう可能性もある。カミングアウトをしない背景として、家族との経済的つながりについても考慮する必要があるだろう。

もう一つの例は、キヨシである[10]。彼は家族の誰にもまだカミングアウトをしていないが、近い将来、母にはカミングアウトをしようかと考えている。そのきっかけは、ちょっとした事件からである。キヨシはY市で一人暮らしをしていたが、最近、母が家を出てキヨシのところに転がり込んできた。キヨシの母は昔から夫との関係が良くなく、夫の退職をきっかけに離婚を考えていた。父と一緒にいることが耐えられなくなった母がキヨシのうちに転がり込んできたため、キヨシは現在母と二人で住むことになった。最初は母と二人で住むことを躊躇していたが、現在、少し落ち着きを取り戻してきている。

キヨシは三人兄弟の末っ子で、結婚していない四〇代半ばの兄がいる。その兄と父が実家に二人で現在住んでおり、三人兄弟の二番目の兄は結婚して子どももおり、別居している。キヨシは三男であるため、家を継ぐといったプレッシャーもない。

キヨシは従業員を一〇人ほどかかえる地元中小企業の社長であり、経済的にも安定している。遠距離恋愛を続けており、月に数回、Y市と「彼氏」のいる都市を往復していた。母が転がり込んで来た結果、その彼氏はキヨシの家に来ることができなくなってしまったが、キヨシは彼氏に事情をすべて話し、理解してもらった。

このような事情もあり、キヨシはこの際、母に自分がゲイだということもすべて話してしまおうかと考えている。母がキヨシの父のいる実家に戻ることはもうなく、母はキヨシのことを経済的に頼るしかない。キヨシは数年前にY市内にマンションを買っている。いずれ父と母は離婚し母が自分のうちに来ることがあるかもしれないと常々考えていたからである。母は、キヨシが友達を連れてくると歓待することが好きだった。ここで自分がゲイだということをすべて話したとしても、母は自分のことを理解してくれるのではないかと考えていた。離婚によって、母親自体も家父長制ないし何らかの家族のイデオロギーに対する抵抗を示しているようにもみてとれる。だからこそ、息子のカミングアウトを受け入れることができるようになるのかもしれない。

既婚者の場合

ケンジはゲイを自認しているが、女性と結婚して子どもがいる。[11] 現在、単身赴任のためY市で一人暮らしをしているが、妻には内緒でゲイとしての活動もしていた。ケンジのことをゲイだと知っているのは、これまでにゲイの活動をとおして出会った数人のゲイのみであり、両親も妻も知らない。ゲイの人と一緒にいるときは自分のことを何でも話せるが、そうでないときは自分を隠さなくてはいけない。自分がゲイだということを、妻には一生隠し通す覚悟であり、この秘密は墓場までもっていくと語っている。ケンジの場合、ヘテロノーマティブな家庭を自ら作っているものの、自分自身がその家族からずれている事例として見ることができる。

自立した家族関係

タツヤは姉が二人と弟が二人の五人兄弟姉妹のちょうど真ん中であり、長男である。[12] タツヤは兄弟姉妹が五人いたこともあり、あまり目立つこともなく、兄弟姉妹もそれぞれ父や母に頼ることなく自分で自立して生きていくように教育されてきた。父は建築会社で働いていたが、タツヤが一八歳のときに病気で他界した。父と母の関係は、良いのか悪いのかタツヤには分からなかったと言う。

自分がゲイだと気がついたのは中学三年のときだったが、その当時も今も、自分の性的指向で全然悩んだりしたことはなかった。そのことよりも、自分がこれから誰にも頼らずにどうやって生きていけばいいのかを考えることのほうが重要だった。兄弟姉妹も仲が悪いというわけではないが、自分がゲイだということを言ったとしてもたぶん関心はもたないだろうという感じだった。家族はそれぞれ独立していて、互いに深く干渉し合わないとタツヤ自身はとらえている。タツヤ自身が長男であるが、弟が二人おり、彼らは異性愛者である。そのため、家を継ぐことに関しては弟に任せると言っている。とはいえ、家族はすでにばらばらに住んでおり、家を継ぐという観念そのものが希薄である。

家族の強いつながり

最後の事例は、コウジである。(13) コウジもタツヤと同様五人兄弟姉妹であるが、家族同士のつながりは強い。現在も家族でよく旅行に行き、家族の仲が良い。しかし父は現在実家を出ており、夫婦の関係は良くない。公務員である父はコウジが大学生のときに家を出ているが、父以外の家族のメンバー同士は親密である。コウジの母も働いているが、長男である四〇歳代半ばで独身の兄も母と同居して家計を支えており、経済的にも安定している。

コウジには現在彼氏がおり、実家を離れてY市で同居している。コウジの実家とY市はそれほど離れていないため、時々実家に帰って家族と会う。母には、今は先輩のうちにお世話になっていると伝えてあり、母もそう思い込んでいる。コウジが実家に帰ると、「結婚しないのか」としばしば聞いてくる。同居している先輩――コウジの彼氏――もコウジがずっと家にいると、結婚できなくなってしまうのではないかと、コウジの母は心配しているそうだ。母は、コウジが男性と付き合っているとはまったく思っていないとコウジは語る。

コウジは、母や兄弟姉妹には自分がゲイだとカミングアウトするつもりはないと言う。その一方で、高校や大学時代の同級生には自分がゲイだとカミングアウトしている。友人たちはコウジのセクシュアリティをそのまま受け入れており、カミングアウトの結果、離れていった友人はひとりもいなかった。コウジが家族にカミングアウトができないのは、今の家族との良い関係を壊したくはないという思いがあるからである。カミングアウトをしたとしても、家族は受け入れてくれるかもしれないが、あえてカミングアウトをする必要はないと判断している。コウジの家族も、父がいないという点では従来の家族とは異なっているものの、ヘテロノーマティブな価値観を内面化してしまっているようだ。このように理想とされる異性愛的家族の価値観が強ければ強いほど、ゲイ男性のカミングアウトが難しく、カミングアウトをされた家族自身も大きな悩みを抱えることになる。

5　カミングアウトの受け皿としての家族

ここまで述べたヘテロノーマティブな家族とカミングアウトの関係を見ると、三部の主張と本章の主張で大きく異なっている点があることが分かる。最も大きな違いの一つとしてあげられるのは、今回の調査協力者であるゲイ男性が家族へカミングアウトした場合、当人と家族との間に直接的な対立や葛藤――もちろん、カミングアウトを黙殺するという間接的な対立や葛藤を読み取ることは十分可能である――を引き起こすような問題が発生していないということである。なぜなのだろうか。その理由として考えられるのは、三部の場合、自助グループの参加者に調査協力を依頼したのに対し、本章の場合、フィールドワークで出会った人々に調査協力を依頼した点で異なっていたからだと考えられる。

三部の調査協力者は、子どもからセクシュアルマイノリティだとカミングアウトされた親と、親にカミングアウトしたほうがよいかと悩むセクシュアルマイノリティの子、もしくはすでに親にカミングアウトした子からなる自助グループであった。このグループに参加する人々はすでに何らかの悩みや葛藤を抱えており、その結果自助グループに集まってきた人々である。したがって、そもそも三部の調査協力者はヘテロノーマティブな価値観を強く内面化した家族のメンバーであった可能性が高く、その結果、その価値観とセクシュアルマイノリティの子の存在との折り合いをつけるための悩みや葛藤が強かったのではないかと考えられる。三部の分析結果を見ると、カミングアウトをされた親は夫婦で会に参加し、自分の子について語り合っている事例が多かった。

一方、本章の場合、筆者がフィールドワークで出会った人々へのインタビュー調査であり、調査協力者には機縁法によって参加協力を呼びかけている。したがって調査協力者に偏りがある可能性はあるが、三部の調査と比較すると、本章で取り上げた例のかなり多くが、親に何らかのトラブル――離婚や別居等――を抱えており（あるいは父が病気で他界しているケースも多かった[14]）、調査協力者は両親の揃った核家族というヘテロノーマティブな家族形態ではない中で育ったか、もしくは現在そのような状況に置かれているものが多かったということである。その結果、カミングアウトをした当人もその家族も、精神的にも経済的にも自立した個（＝シングル）であることを余儀なくされた人々であったと言えるかもしれない。本章が主張したのは、従来のヘテロノーマティブな核家族形態をとっていない家族のほうが、子どもからカミングアウトされた際にも自分の子を寛容に受け入れる可能性が高いのではないかということである。

本章の最初に、近年のセクシュアルマイノリティの間での親密圏の形成のあり方として、「選び取る家族」という概念が着目されているという指摘をした。この選び取る家族は、一対一の血縁や性的結びつきには必ずしもよらない友人関係やコミュニティなどを広く含むものとして議論されてきた。この議論は、従来のヘテロノーマティブな核家族という「血縁家族」に対立する概念として提示されてきたという背景がある（Weston 1991）。

しかしながら本章の結論をふまえるならば、いわゆる血縁家族は選び取る家族と必ずしも対立するものではなく、血縁家族そのものがいったん解体され、それぞれの自立した個が選び取る家族として新たに編成し直される可能性があるのではないかということである。例えばキヨシのように、父と母が離婚寸前で、母がキヨシのうちに転がり込んできたことで、キヨシ、キヨシの母、そしてキヨシの彼氏という新しい家族形態が形成されていく可能性がある。この形態は、一方ではたしかに血縁家族であるが、他方では選び取る家族だとも言える。

以上の内容をふまえると、新しい家族形態としての選び取る家族——例えば、同性間の家族等——は、両親が離婚や別居などをしているようなヘテロノーマティブな価値観の強くない家族から浸透していくのかもしれない。選び取る家族という形態は、従来のヘテロノーマティブな家族とまったく折り合いを見出せずにそれぞれ水と油のように分離しているのではなく、個＝シングルを媒介にして相互に浸透し合う可能性がある。

本章は、調査協力者の年齢や調査を行ったY市の地域性なども反映された結果であり、その点は本調査の限界であるが、今後さらに広範なデータを収集することで、日本在住のセクシュアルマイノリティたちが、自らの生まれ育った家族関係をどのように変容させていくのか、あるいは変容させることが難しいのかをさらに調査していく必要があるだろう。

注

（1）非難の矛先がジェンダー化されているという視点は興味深い。例えば異性愛者の不妊治療の際、不妊の原因が夫にあるとされる場合、夫の母が責任を感じる場合があるという。柘植（二〇一二：二二〇）を参照。

（2）同性愛者に向けて書かれた入門書等は多い一方、同性愛者の親に向けて書かれた本はほとんどない。同性愛者の子から異性愛者の親に書かれた手紙を集めた本としては、例えば、砂川ほか（二〇〇七）を参照。

（3）その一方、子から同性愛者だとカミングアウトされたことによって、その子に暴力をふるったり、その子を捨てたりする親もいる（河口　一九九九）。

（4）アキラへのインタビューは、二〇一〇年一〇月三日におこなった。

（5）タロウへのインタビューは、二〇一二年九月七日におこなった。

（6）タイチへのインタビューは、二〇一三年六月五日におこなった。

（7）テツヤへのインタビューは、二〇一三年五月三一日におこなった。

（8）ケンタへのインタビューは、二〇一三年五月二七日におこなった。

（9）ゴロウへのインタビューは、二〇一三年六月二日におこなった。

（10）キヨシへのインタビューは、二〇一三年一〇月二七日におこなった。

（11）ケンジへのインタビューは、二〇一二年八月二五日におこなった。

（12）タツヤへのインタビューは、二〇一二年五月二一日におこなった。

（13）コウジへのインタビューは、二〇一三年一一月二五日におこなった。

（14）今回の事例においては、カミングアウトされた母親自体も、家父長制に対する抵抗を示しているようにもみてとれる。したがって、離婚や別居を「母親も問題を抱えている」と解釈するよりも、ヘテロノーマティブな家族規範との決別に積極的な意味を見いだすことも可能かもしれない。しかしこの点に関しては、母親に対するインタビュー調査を実施していないため、予測の域を出ることはできない。

参考文献

赤川学　一九九六　『性への自由／性からの自由――ポルノグラフィの歴史社会学』青弓社。

ヴィンセント、キース、風間孝、河口和也　一九九七『ゲイ・スタディーズ』青土社。
釜野さおり　二〇〇八「レズビアン家族とゲイ家族から『従来の家族』を問う可能性を探る」『家族社会学研究』二〇巻六号：一六―二七。
――　二〇〇九ａ「日本における家族研究――クィア・スタディーズの視点からのサーベイ」『家族社会学研究』二一巻二号：一八八―一九四。
――　二〇〇九ｂ「性愛の多様性と家族の多様性――レズビアン家族・ゲイ家族」牟田和恵（編）『家族を超える社会学――新たな生の基盤を求めて』新曜社、一四八―一七一頁。
金田智之　二〇〇三「『カミングアウト』の選択性をめぐる問題について」『社会学論考』二四：六一―八一。
河口和也　一九九九「エイズ時代における『同性愛嫌悪（ホモフォビア）』――『ゲイ・ストリート・ユース』の事例を通して」『解放社会学研究』一三号：二七―五二。
風間孝　二〇〇三「カミングアウトのポリティクス」『社会学評論』五三巻三号：三四八―三六四。
草柳千早　二〇〇四『「曖昧な生きづらさ」と社会――クレイム申し立ての社会学』世界思想社。
牟田和恵編　二〇〇九『家族を超える社会学――新たな生の基盤を求めて』新曜社。
大坪真利子　二〇一三「言わなかったことをめぐって――カミングアウト〈以前〉についての語り」『ソシオロジカル・ペーパーズ』二二号：七五―八二。
三部倫子　二〇〇九ａ「『悲嘆の過程』の批判的検討――『ゲイの息子』を持つ親の語りと『縁者によるスティグマ』概念をもとに」『論叢クィア』二号：七一―九三。
――　二〇〇九ｂ「『同性愛（者）を排除する定位家族』再考――非異性愛者へのインタビュー調査から」『家族研究年報』三四号：七三―九〇。
――　二〇一〇「〈かぞく〉に何を求めるのか――血縁家族、選びとる家族、ゲイコミュニティ」『解放社会学研究』二四号：三五―五五。
――　二〇一二「レズビアン・ゲイ・バイセクシュアル家族の質的研究――可視性をめぐるジレンマと親子の相互行為」お茶の水女子大学人間文化創成科学研究科人間発達科学専攻博士論文。
新ヶ江章友　二〇一四「性的欲望・性行動・性的アイデンティティのずれと『孤立』――日本における同性愛の事例から」

椎野若菜編『シングルの人類学1　境界を生きるシングルたち』人文書院。
杉浦郁子、釜野さおり、柳原良江　二〇〇八「女性カップルの生活実態に関する調査分析――法的保障ニーズを探るために」『日本＝性研究会議会報』二〇巻一号：三〇―五四。
砂川秀樹、RYOJI　二〇〇七『カミングアウト・レターズ』太郎次郎エディタス。
柘植あづみ　二〇一二『生殖医療――不妊治療と再生医療は社会に何をもたらすか』みすず書房。
柳原良江　二〇〇七「『親になること』におけるジェンダーの力学――レズビアン・マザーたちのライフヒストリーの語りから」『F-GENSジャーナル』九：一三五―一四三。
Weston, Kath. 1991. *Families We Choose: Lesbians, Gays, Kinship.* New York: Colombia University Press.

関係性のなかのシングル

——現世を放棄したヒジュラたちがつくる親族の紐帯

國弘暁子

1　婚活と脱婚

結婚相手を見つける活動が就職活動になぞらえられて「婚活」と言われ始めたのは二〇〇八年のことだが、その五年後の今年二〇一三年九月に婚活現象を議論する特集が『現代思想』で組まれた。その掲載論文の一つ、石田光規氏の論考は、結婚情報サービス企業を「婚活の商人」と称し、商人たちが現代人の弱みにつけ込む構図を次のように指摘する。家連合やムラといった人間関係の拘束力から解放された日本社会の現代人は、自分を受け入れてくれる他人を自分自身で探しだす必要があり、と同時に、そういった人が見つからないかもしれないという不安を抱えている。そのようなシングルたちの空虚感に群がる「婚活の商人」は、結婚生活こそが情緒的安定を提供する場であると謳い、シングルたちの婚活を煽っているという[1]。

婚活のために奮闘するのは日本のシングルだけではなく、人間関係の拘束力が強いインド社会のシングルのあいだでも同様である。ただし、インドの婚活は個人の問題ではないため、選択判断の基準として相手の帰属に関する情報が重視される傾向が強い。インターネットを媒介とする婚活も普及しており、親類縁者のネットワークを超えて、インド国外で暮らすＮＲＩｓ（non resident Indians）を結びつけるに至っている。世界で最大級の規模を誇るインドの婚活サイト「シャーディー（*shaadi*＝結婚）ドットコム」では、会員登録の際に年齢、身長、肌の色などの個体の特徴に加えて、母語や出身地、カーストなど、己が帰属する親族の情報も求めており、日本の「商人」たちのように結婚を単なる個人

写真１　結婚式を終えた夫婦への言祝ぎ

の情緒的な場として商品化していないことがわかる。

インドの婚活は親族にとっての一大イベントである反面、結婚を真っ向から否定する価値観もインドの世俗社会には存在する。それは現世放棄の思想である。現世放棄者として生きる者は、結婚制度による異性との性の営みに関与しないが、それは親族の期待に反し、子孫をもうける義務を放棄することにつながる。それだけでなく、己に付与された親族とのつながりを剝離して、世俗での生活そのものを捨て去ることになる。その姿勢が己を律する修行と認識される限りにおいて、現世放棄者は世俗の人々から畏敬の念を抱かれるが、修行でないとなれば、その同じ行為や姿勢が世俗の規範からの逸脱と見なされる。よって、現世放棄者に対する敬意と侮蔑とは紙一重といえる。

本章では、世俗の生を捨てた現世放棄者であるが、修行者ではなく、逸脱者として人々から見下されることが多いヒジュラに焦点をあてる。ヒジュラとは、親族男子に課せられた義務を捨てただけでなく、男性であること自体を辞めた人々の総称である。ヒジュラとして生きる者の集合体は、結婚制度に反する領域に身を置きながら、結婚制度に従って子を授かった者たちに対して言祝ぎを行う。そして、その共同体の内部では、結婚制度によって築かれる親族のネットワークと同様な仕組みが築かれている。その共同体のあり方を明らかにしていくなかで、結婚による他者とのつながりをもたない独身、つまりシングルでありながらも、決してシングルとして特化され、切り離されることなく、他者との関係において生きられる、関係性のなかのシングルについて考えてみたい。

2　ヒジュラの匿名性と複数性

本章においてヒジュラと称して取り上げる人々は、〈未知なるもの〉を〈既知なるもの〉へとカテゴライズしようとするグローバルな意図により、これまで様々な表現を用いて紹介されてきた。例えば、英国支配期の記録では、「両性具有、あるいは気味の悪い奴ら（hermaphrodites or disgusting objects）」（Forbes 1834: 359）、「ユーナック（宦官）となった不能な男（impotent men who became eunuchs）」（Kirparam 1901: 506-507）と記される。独立以降の文献においては、「制度化された同性愛（institutionalized homosexuals）」（Carstairs 1956）、「ユーナック・コミュニティ（a eunuch community）」（Mukherjee 1980）、「異性装のユーナック（transvestite eunuchs）」（Jani and Rosenberg 1990）として紹介されており、見知らぬ者たちの身体的特徴に関心がむけられていたことがわかる。ジェンダー研究の領域で注目を浴びてからは「第三のジェンダー」（Nanda 1996）と表象され、西洋社会におけるセクシュアル・マイノリティに等しい存在として位置づけられる。今日では「第三のジェンダー」という表象が定着してきた感があるが、しかし、ジェンダー主体としてカウントされ、また三つ目としての地位が確立されている「第三のジェンダー」はローカルなレベルにおいては存在しない。

本章で用いるヒジュラという名称自体も、外部からの関心の積み重ねによって一つに確立してきたものだが、インド国内では地域ごとに異なる名称によって知られており、そのうえ同地域内においても発話者の立場に応じて複数の名称が使い分けられる。インド北西部に位置するグジャラート地域においては、一般にファータダー（*fātadā*）という名称で知られるが、差別的な意味合いが含まれるため、報道関係者はウィヤンダラ（*wyāndhala*）という名称を使用する。また、ヒジュラのあいだでは別の称号も用いられており、南部で活動する者たちはヒージャダー（*hījadā*）という称号を、北部ではパーワイヤー（*pāvaiyā*）という称号を用いて、己の帰属を明示する。

ヒジュラとしての活動内容も決して一様ではなく、市街地と農村地域では活動する時期や対象が異なってくる。人口の多い市街地においては、新たな生命を迎えた家、花嫁を迎えた家、または新居など、人生の門出にある家々を探しまわることを日々の活動とする。それらの家を探し当てた際には家の玄関に印付けをし、それから数日後に他の仲間を引き連れてその家で歌と踊りを披露し、その家の住人から現金と穀類を受け取ることになっている。農村地域では、年に一度の収穫時期に村々をまわって各農家から収穫の一部を受け取るしきたりがある。それ以外では近くの市街地で活動するヒジュラの仲間に加わるか、あるいはヒジュラが帰依する女神寺院に赴いて巡礼者から喜捨を受け取り、寺院で人生儀礼を遂行する者たちに対して言祝ぎをする。

写真2　剃髪儀礼を終えた男児への言祝ぎ

以上のような場面で遭遇するヒジュラに対して、人々は名前や年齢、生い立ちなど、目の前の見知らぬ他人を特定するような情報を求めることはない。なぜなら、目の前に存在するヒジュラは、一人であろうと、二人あるいはそれ以上であろうと、三人称複数の匿名的な異人として認識されるためである。その匿名性において、彼らは異人とその場限りの係わり合いをもつことができるのであり、それ以上の関係を築くことは極力避けようとする。ヒジュラの側も同様であり、ものを受け取る以上の係わり合いを求めることはない。あくまでも慣習としての限定された関係を築くことで、ヒジュラは返礼を必要としない贈与を受け取ることができる（國弘 二〇一四）。

俗世に生きる人々からは画一的なイメージで捉えられ、時として避けるべき相手として認識されるヒジュラであるが、当然ながら、その内部には異なる固有名をもち、様々な生い立ちからシングルになった者が存在する。そのようなヒジュラという名称の傘下にある複数のシングルたちは、もともと無縁であった仲間と共に生きるために、親族の関係名称によって互いを呼びあい、それぞれの義務を遂行するルールを取り入れている。それは俗世における親族のルールと同様であり、親族の関係名称によって互いの立ち位置を規定し合い、その立ち位置に応じた義務・役割を担うことになっている。以下では、インド、グジャラート地方の女神寺院で活動するシルパさん[2]とその仲間たちの事例をもとに、その仕組みを明らかにしていく。

3　ヒジュラのキンシップ

ヒジュラの仲間に加わるためには、いくつかの条件をクリアしていなければならない。まず、生まれながらの親族との間で定められている義務・役割の関係を断ち、俗世における帰属を捨てることに対しての承諾を、親兄弟から得ているかどうかが問われる。結婚する年齢に達していない青年であることが望ましいが、すでに幼児婚をしている者の場合は、妻である（あった）女性と同居しながらヒジュラとして生きるということもあり得る。そして、ヒジュラとなるうえで最も重要なことは、その身を引き受けてくれる人物と出会っているかどうかである。

女神寺院において巡礼者に乞食《こつじき》を行うようになってから一〇年以上になるシルパさんは、一〇代の時に一人のヒジュラのもとでガーガロ（*ghāgharo*：サリーを巻きつけるためのスカート）を履いた。ガーガロを履くとは、ヒジュラの仲間入りすることを意味する表現である。幼い頃に両親を失くしたシルパさんは、ヒジュラとなる前は食堂などで働きながら独りで生活を営み、自分がヒジュラとなることに異を唱える親族は身近にいなかった。シルパさんには兄三人と姉二人がいるが、一番年上の兄とは連絡を取り合うものの、その下の二人の兄とは口もきかない関係にある。そして、自分を育ててくれた二人の姉たちはすでに別の村に嫁いで行ってしまっていた。初めてヒジュラとしての活動に加わったのは二人の姉たちが嫁いだ村に近い市街地だった。そこではティニという名前で呼ばれていたが、活動する仲間との生活に馴染めず、グジャラートの地を点々としてまわった。その後、女神寺院近くに家を構えるガヤトリさんのもとに身を寄せることになった。そこで、ガヤトリさんからシルパという名前を与えられ、そして、ペニスと陰嚢を切り落とす去勢儀礼に臨み、俗世との境を跨いだ。

ヒジュラの傘下に入る者は、自分の身を引き受けてくれる人物との関係を基軸にして、すでに築かれている序列関係の中に組み込まれていく。その序列のあり方は親族の関係名称によって表される。まず、己に名前を与えてくれた人物は己の「グル」（*guru*：師匠）であり、その人物に衣食住を与えられて、そして様々なルールを教えてもらう。そのグルに対する「チェロ」（*chelo*：弟子）の務めとは、グルの命に従い、グルの世話をすることである。自分と同じ人物をグルと呼ぶ仲間たちは対等な地位にある「グル・バーイ（*bhāī*：兄弟）」であり、日頃行動を共にすることも多い。また、自分のグルにとってのグル・バーイは「カーカー（*kākā*：オジ）・グル」となり、グルと同じ立場にある者として逆らうことは許されない。自分のグルにとってのグルは「ダーディー」（*dādī*：父方祖母）と呼ぶことになり、その人物からすると自分は「ポウトラ」（*poutra*：息子の男児、孫）という立場におかれる。以上のように、グルのグルを父方の祖母ダーディーと呼ぶ点を除き、師弟関係を取り巻く周囲とのつながりは、すべて父系の男性親族として関係が結ばれる。しかし師弟の間柄に関しては、「バープ」（*bāp*：父）と「ディーカロ」（*dikaro*：息子）というように男性親族の関係名称があてられることはなく、「パットニー」（*patnī*：妻）と「パティ」（*pati*：夫）の夫婦の関係に喩えられ、妻《パットニー》である弟子は、夫《パティ》にあたる師匠に献身的に尽くすことが義務づけられる。

ガヤトリさんのところに身を寄せることになったシルパさんであるが、ガヤトリさんにはすでに複数のチェロがいたため、ガヤトリさんのチェロの一人、ミナさんのチェロにされた。よって、シルパさんは、師匠の師匠であるガヤトリさんを「ダーディー」（父方祖母）と呼び、ガヤトリさんとは直接的なやり取りを必要としない間柄となった。しかし、シルパさんはガヤトリさんのほうに好意をもっており、自分のグルとなったミナさんとは折り合いが悪かった。ミナさんもシルパさんに嫌気がさし、大喧嘩の末に家から出ていってしまった。そして、ガヤトリさんもミナさんを止めることはなかった。

ガヤトリさんの家を去ったミナさんは、別の人物のチェロとなった。ヒジュラの仲間内で帰属するグルを変えることは可能であるが、移籍の交渉には金銭の支払いが伴うことになっている。ミナさんの移籍の場合では、ミナさんの身を引き受ける人物がガヤトリさんに金銭を支払わなければならない。受取手のガヤトリさんが相手の申し出に応じたため、移籍の交渉は成立し、ミナさんは別の家に帰属することになった。支払われる金額は移籍する人物のキャリアに応じて異なるが、ヒジュラとしてのキャリアが一〇年以上もあったミナさんの移籍ではかなりの大金が支払われたと、ガヤトリさんの周囲の者たちは噂していた。

疎ましいミナさんを家から追い出したシルパさんは、ポウトラ（孫）から格上げされて、ガヤトリさんのチェロの地位に座ることになった。そのため、それまでシルパさんにとってカーカー・グル（オジ・師匠）であった者たちは、兄弟弟子、グル・バーイとなった。ガヤトリさんの弟子のなかで下っ端であることには変わりなく、家内部での序列そのものに変化はなかったが、シルパさんにとって、ガヤトリさんとの間に居座る邪魔者がいなくなったことは大変好都合であった。なぜなら、シルパさんは去勢儀礼を受ける前から優しく接してくれたガヤトリさんを慕っており、ガヤトリさんとセクシュアルな行動をとることも望んでいた。シルパさんが周りの目を気にすることなくガヤトリさんの体を愛撫することはしばしばであり、また、じっさい毎晩寝床を共にしていた（國弘 二〇〇九b）。シルパさんとガヤトリさんのように、グルとチェロの間での親密な関係は決して例外ではない。パティとパットニーという夫婦関係に喩えられるグルとチェロの間柄とは、セクシュアルな行為も含むものなのである。

ガヤトリさんの家に住んで一〇年以上の年月が経った今日、シルパさん自身二人のチェロをもつ立場となった。そのグルとしての地位は、稼ぎ手が増えたことを意味しており、ガヤトリさんの家の繁栄を象徴する。シルパさんについた二人のチェロの一人、コキラさんはシルパさんのことを慕い、互いに去勢した身体を擦り合わせる行為をもつほどの親密な仲になった。しかし、シルパさんがガヤトリさんとも親密な関係を続けていることに嫉妬したコキラさんは家内で一騒動を起こし、ガヤトリさんの家から出ていかざるをえない状況になった。コキラさんはしばらくした後にガヤトリさんの家に戻り、再びシルパさんのチェロとなった。しかし、パティ（夫）であるシルパさんと親密な関係をもつことはなく、兄弟弟子、自分のグル・バーイと、人目をはばかり愛撫を重ねる関係をもつのであった。

写真３　食事の支度

ヒジュラの師弟関係を夫婦関係に喩えて表現するのは、二者の性的な間柄を表しているだけでなく、二者間で生じる義務・役割をも表している。それは将来的に訪れるグルの死に際しての役割である。己の身を引き受けてくれたグルの死に際しては、チェロは、パティを失くしたパットニーであらなければならない。通常グジャラート地域では、夫を亡くした妻という立場にある者は、赤や緑のサリー[3]を纏《まと》い弔問客を迎えなければならないが、その時に纏うサリーは実家の兄弟から贈られることになっている。つまり、既婚男性の死に際しては、その男性が帰属する親族の成員のみならず、婚出した妻の実家側も儀礼における重要な役目を担う。それと同様に、ヒジュラの共同体においても、グルの葬送儀礼を遂行するうえでは、父系親族の関係名称では結ばれている仲間とは別に、もう一つ別のつながりが必要とされる。そのため、ヒジュラの共同体に加わる者は、己のパティをもった後に、今度は自分が婚出する前の親族に相当する「マンミ」（*mammi*：母）と「バーイ」（兄弟）を見つけて、それに対する「ディーカリー」（*dikarī*：娘）と「バヘ

写真４　午後の昼寝

ン」（*bahen*：姉妹）という立場をもたなければならないのだ。「マンミ」の選定は本人の意向で決まるものではなく、「マンミ」に相応しい人物とグルとの間柄や、グルと同等の立場にある者たちの意見など、周囲の仲間の賛同を得て初めて成立する。

シルパさんにも「マンミ」と「バーイ」と呼ぶ相手が存在する。彼らもヒジュラの傘下にあるが、シルパさんのグルとは別の親族組織に加わっている。二〇〇キロほど南に下った市街地で活動しており、日頃はその者たちとまったく係わり合うことがない。しかし、シルパさんが己のグルのために死の儀礼を遂行する際には、シルパさんのマンミ（母）とバーイ（兄弟）は己が帰属する組織のメンバーを引き連れて死の儀礼に参加することになる。つまり、一人のヒジュラの死を契機として、日頃は別々の街で活動する数百人の者たちが一つの場所の集結するのであり、そこにおいて、ヒジュラという匿名的な存在でしかなかった者たちの共同体が実体をなして出現するのである。

シルパさんにもいずれ己の死を迎える時が来る。その時までに、自分のチェロが「マンミ」と呼ぶに相応しい人物を決めておかなければならない。その相応しい人物とチェロとの間に、マンミとディーカリー（娘）の関係が成立したあかつきには、マンミの乳房にバッファローのミルクを垂らし、そのミルクをディーカリーが飲むという儀式が執り行われ、マンミの側から「マメル」（*mameru*）[4]と称される贈与がなされる。そして、マンミとなる人物のチェロとの間にバーイ（兄弟）とバヘン（姉妹）の関係を結び、世俗社会のならわしに従って、ヒンドゥーの祝祭日であるラクシャバンダン（*rakshabandhan*）にはバーイに対して腕に巻きつける飾り紐を贈ることになる。

このようにして、ヒジュラの共同体では、パティを見つけた後にマンミを選ぶのであり、それらの二つの関係に連なる他の成員たちが共に、ひとりの死の儀礼を遂行する。ただし、すべての死が完全なかたちで成員を召喚できるわけではなく、例えば、女神寺院で活動していたシルパさんの仲間の一人コキラさんのように、自分のグルがすでに他界し、チェロ、つまりパットニーをもたず、また、同じ立場にあるグル・バーイも存在せず、独りで死んでいく者もいる。コキラさんはかつて、自分のグルを看取った後に、何度かチェロを受け入れたがうまくいかず、ヒジュラとしての活動が終わると家で独りになるという生活が長年続いた。そして、そのコキラさんが亡くなった時には、コキラさんと同じ村で生活していたレカさんが急遽コキラさんのチェロとなり、コキラさんの死の儀礼を執り行った。レカさんはすでにパティを失くした寡婦《かふ》であったが、コキラさんのために再び赤いサリーを纏って儀礼を行ったのである。その後、コキラさんが残した家や財産はすべてレカさんに相続されるのだった。

4 「結婚-外-個人」

本章で紹介したシルパさんをはじめとするヒジュラのキンシップの傘下にある者たちは、恒久的な関係が自明視される親族との縁を絶ち、そのうえで、同様に結婚制度から外れたシングルたちと新たな集合体を形成する。本来無縁のシングルたちを束ねるために、そこには親族の関係名称と、それに伴う義務・役割が導入される。さらに、結婚制度を介さずしていつでも新たな成員を迎え入れることができ、それら新参者の居場所は親族関係の下層に据えられる。

そのうえ、シングルたちの親族としての結びつきは決して恒久的なものではなく可変的である。ひとつのグルとチェロの関係が解消することによって、その周囲にある者たちの相関関係がすべて無効となるが、即座に新たな関係が上書きされる。このように、無縁であった者どうしが身を寄せあう集合体に親族の関係名称を導入する意図とは、「本物」の親族を模した「虚構的」(fictive) な関係を形成することにあるのではなく、親族の呼称によって互いを規定し合い、序列関係における互いの在り処を確認することにある。その在り処に応じた立ち振る舞いが常に求められ、仲間の死を経験する際にも、その在り処に応じた任務を引き受けることになる。つまり、親族としての恒久的な〈かたち〉を形成することが重要なのではなく、他のなかで己を確立することが重要なのである。

かつて、インドの現世放棄者について言及したフランスの人類学者ルイ・デュモンによれば、世俗社会には「われわれの知る個人ではなく、拘束力の強い人間関係の束が見いだされる」のに対して、「現世放棄者の制度はその道を選ぶ者全てに、完全な独立を許している」。そこに西洋近代的な個があるとして、それを「世俗外個人(an individual-outside-the-world)」と呼んだ(デュモン 一九九三：四二)。確かに、現世を放棄したヒジュラとしての生き方は、生まれながらの親族に対する義務・役割を放棄して、自己のみに専念するかのように見えるかもしれない。しかし、世俗社会を捨てた者がヒジュラの傘下に収まるためには、ヒジュラ内部のしきたりに従う必要があり、それは拘束力の強い人間関係の束そのものである。たとえ孤立する者がいたとしても、その者が独りで死ぬことは決して許されず、その死は共同体によって回収される。つまり、ヒジュラの共同体は、現世を放棄したシングルたちに完全な独立を許すことなく、シングルたちが共にあることを要求する。そして、それは個を消滅させるのではなく、むしろ複数のなかで個を確立することを要請しているのである。

個としての在り処は、パティ(夫)とパットニー(妻)の関係を基軸として確立されるが、その中核としての結びつきのかたちは一つに限定されない。ヒジュラの場合、誰もがパティとパットニーの両方の地位に同時に立つことが可能であり、また、二人以上のパットニーをもつことも可能である。その重複したパティとパットニーの関係が、無縁であった複数の他人との間に多様な関係を築くことを可能とする。つまり、ヒジュラの共同体におけるパティとパットニーの関係とは、結婚制度が設定するような配偶者との対の関係であることを求めていない。むしろ、他人と係わり合ううえでの足がかりとして重要な意味がある。シルパさんさんの事例でも明らかなように、常に特定の誰かと対であらねばならない理由はなく、複数の者たちと関係をもつことによって、己の地位を固め、さらに、それら複数の人脈を通じて財を倍増させることができる。一方、コキラさんのように、たとえ独りでいたとしても「シングル」としてはじき出されることはなく、何らかの理由を契機につながれていく。世俗社会においてシングルであった者たちは、現世放棄の領域では、結婚制度を介さずに融通無碍に他人と親族としての紐帯を結ぶ。その格子状の組織のなかで、パティとパットニーの両方の地位をもちいて、可能な限り親族の規模を拡大していく。そのような企てをうまく実行できる者が、無縁のシングルたちのなかで己の地位を強固に確立することができるのである。

注

（1）石田の論考は、「婚活の商人」に踊らされるシングルたちは、己を受け入れてほしい相手から、皮肉なことに拒否されるというパラドックスが生じていると結論づける。
（2）本章では人物が特定できないよう仮名を用いており、それらはすべて女性名である。
（3）夫を失くした寡婦は、赤や緑のサリーを身に纏うことができず、白や青に限定される。
（4）マメルとは一般に、女性が結婚する際に「マーマー」（*māmā*：母方オジ）から受け取る贈与のことを指す。

参考文献

デュモン、ルイ　一九九三『個人主義論考』（一九八三）渡辺公三・浅野房一訳、言叢社。
石田光規　二〇一三「婚活の商人と承認との不適切な関係」『現代思想』九月号：一二〇―一三〇。
國弘暁子　二〇〇九a『ヒンドゥー女神の帰依者ヒジュラ――宗教・ジェンダー境界域の人類学』風響社。
――　二〇〇九b「ヒジュラとセックス――去勢した者たちの情交のあり方」、奥野克巳、椎野若菜、竹ノ下祐二編『シリーズ　来るべき人類学――セックスの人類学』春風社。
――　二〇一四「排他と歓待の分水嶺――ヒンドゥー女神寺院におけるヒジュラへの贈与行為に関する考察」『群馬県立女子大学紀要』三五号：八三―九〇。
ナンシー、ジャン＝リュック　二〇〇一『無為の共同体――哲学を問い直す分有の思考』（一九九九）西谷修、安原伸一郎訳、以文社。
Carstairs, George Morrison. 1956. "Hinjra and Jiryan: Two Derivatives of Hindu Attitudes to Sexuality." *British Journalof Medical Psychology* 29: 128-138.
Forbs, James. 1834. *Oriental Memoirs: A Narrative of Seventeen Years Residence in India*, vol. 1. London: Historical Collection from the British Library, British Library.
Jani, Sushma and Leon A. Rosenberg. 1990. "Systematic Evaluation of Sexual Functioning in Eunuch: Transvestites: A Studies of 12 Cases." *Journal of Sex and Marital Therapy* 16(2): 103-110.
Kirparam, Bhimbhai. Compiler. 1901. "Pavayas." In *Gazetteer of the Bombay Presidency*, edited by James M. Campbell, vol. IX,

Part I, Gujarat Population, Hindu, pp. 506–508. Bombay: Government Central Press.

Mukherjee, J. B. 1980. "Castration: A Means of Induction into the Hijirah Group of the Eunuch Community in India." *The American Journal of Forensic Medicine and Pathology* 1(1): 61–65.

Nanda, Serena. 1999 (1990). *Neither Man nor Woman: the Hijras of India.* Belmont, CA: Wadsworth.（セレナ・ナンダ『ヒジュラ——男でもなく女でもなく』蔦森樹、カルマ・シン訳、青土社、一九九九年）

———. 1996. "Hijras: An Alternative Sexand Gender Role in India." In *Third Sex Third Gender: Beyond Sexual Dimorphism in Culture and History*, edited by Gilbert Heards. New York: Zone Books.

アフリカ系アメリカ人の地域社会と家族
——宗教的家組織の形成からみるオリシャ崇拝運動

小池郁子

本章の目的は、アメリカ合衆国のオリシャ崇拝運動に携わるアフリカ系アメリカ人の宗教的家組織（イレ）を取り上げ、彼らが地域社会（community）や「家族」をどのように経験し、語り、また、いかに向き合おうとしているのかを考察することである。

具体的には、オリシャ崇拝運動の均質的、集合的な運動実践とは異なり、個々の宗教的家組織が展開する細やかな、運動外部に開かれた活動（男性結社の活動）に着目する[1]。そして、彼らの活動を家父長的、男性覇権主義的な制度、あるいは伝統的な実践と価値観の無批判な復興、再生産といったこれまでの分析とは異なる視点から検討する。と同時に、アフリカ系アメリカ人の家族のあり方を逸脱と捉え、社会から排除しようとする動きを再考する契機としたい。

1　家族——人種、階級、性の交錯

米国における家族とは、人種[2]、階級、性が複雑に交錯する社会空間である。家族という側面からアフリカ系アメリカ人を捉えると、二つの型が浮かんでくる。一つは、ひとり（single）にまつわる現象である。独身、未婚（未婚の母）、非婚（婚姻関係は不要）、別居（父の不在）（invisible/absent father）、離別などがその例としてあげられる。いま一つは、過剰な家族形成とも形容できる現象である。例としては、多数の子、父の異なる複数の子（複数の異父キョウダイ）の同居、複数ある母と子の住まいを不定期に訪ねる父、複数の婚外子を有する未婚者の組み合わせなどである。ここで用いた型や個々の例は、それぞれ排他的な関係になく、また特定の社会集団にのみ認められる現象ではない。にもかかわ

らず、しばしばアフリカ系アメリカ人のステレオタイプ化に貢献してきたということを強調しておかねばならない。こうした型と対照をなすものとして、婚姻関係にもとづいた男／父と女／母（とその子）からなる家族構成があげられる。たとえば、一九六五年の通称「モイニハン・レポート（The Moynihan Report）」（社会学者、労働省次官補（当時）ダニエル・P・モイニハンによる調査報告書）は、アフリカ系アメリカ人の家族は病理のもつれによって特徴づけられていると評し、彼らの地域社会にみられる問題は不安定な家族に起因すると分析した（Allen 1995）。つまり、アフリカ系アメリカ人の家族のあり方を規範的家族からの逸脱と捉え、社会問題が生じる要因の一つとみなすのである。

その際、社会問題として議論されてきたのは、家族構造と貧困（社会福祉）、家族構造と子の低学力・心理的発達・性活動の関係などの領域である[3]。パタソンは、米国では、アフリカ系アメリカ人だけではなく、ほかの民族についても婚外子が増加していることを指摘しながらも、現在もなお彼らの家族の規模と構造が貧困の一要因とするかのような立場から議論を展開している（Patterson 2010）。

こうした議論に従うと、規範的家族からの逸脱は貧困を招き、社会保障の拡大を引き起こす。そのため、国民の権利はさておき、国家として規範的家族を構成することを国民に要請することになる。ところが、米国の場合、例として奴隷制度や、人種隔離政策（institutionalized racial segregation）を基盤にした人種主義的差別制度（institutional racism）という歴史をふまえるだけで、家族という制度に人種的、階級的差異が生じるのは自明である。したがって、そのような社会的背景を無視して、主流（覇権）の規範的家族の構造を踏襲するようアフリカ系アメリカ人に求めることは問題の取り違えともいえる。

このような米国における規範的家族のあり方について二つ指摘できよう。一つは、家族をめぐる人種と階級の交錯である。ファステンバーグは、アフリカ系アメリカ人の家族にまつわる特徴は、彼らの属する人種ではなく、往々にして、階級（劣位な集団に共通の経済的、文化的要素の組み合わせ）が引き金となって生じていると論じる（Furstenberg 2007）[4]。しかしながら、アレンが問題視するように、米国では、アフリカ系アメリカ人の家族を社会的逸脱と結びつけて表象、議論する傾向がある（Allen 1995）。そうした表象や議論は、社会、制度、時勢に起因する問題でさえも、彼らの家族の問題かのように提示し、結果として、彼らの家族をとりまく諸現象を人種という枠組みでのみ捉える視点を再生産してしまう。

いま一つは、家族をめぐる人種と性（ジェンダー、セクシュアリティ）の交錯である。米国の規範的家族を構成するには、特定の性規範がともなう。そこには、男らしさ（manhood, manliness）、より具体的には、白人中産階級男性の男らしさという要素が欠かせない。白人男性は、奴隷制度時代をはじめ、人種主義的差別制度時代、それ以降現在に至るまで、「性的に野蛮」な黒人男性から白人女性を表象的、身体的に保護することで、男らしさ、ひいては規範的な家族を形成しようとしてきた側面がある（Wendt 2007）。

このことは、実際に、白人男性が規範的家族を形成してきたということを必ずしも意味するのではない。換言すれば、白人男性は規範としての自己を確立するために、野蛮な他者を必要としたのである。つまり、米国の規範的家族を構成する基準の一つは、男性（人種／民族、階級を問わず）が、白人中産階級男性の男らしさを表象的、身体的に獲得することであるといっても過言ではないだろう。これは、黒人男性を表象的、身体的に他者化することである。このため、アフリカ系アメリカ人男性がこうした男らしさを体現するには矛盾をはらむ。彼が獲得すべき男らしさには、彼自身の野蛮性が欠かせないからである。

以上の問題意識をふまえ、本章では、オリシャ崇拝運動の宗教的家組織の活動をもとに、アフリカ系アメリカ人の家族のあり方に迫り、家族という枠組みについて考えてみたい。

本章の構成は次のとおりである(5)。まず、オリシャ崇拝運動と宗教的家組織を概観する（第2節）。次に、この宗教的家組織に属する男性結社の活動を取り上げる。その際、成員が地域社会との関係をいかに築こうとしているのか、また、彼らが実際に経験してきた家族のあり方を語りとともにみていく（第3節）。つづいて、「地域社会の父」構想に着目する。成員の地域社会や家族にまつわる経験をもとに、男性結社の活動としてどのような構想が練られているのかを示す（第4節）。最後に、規範的な家族を形成することに執着しないという観点から、男性結社の活動を、（一）男らしさからの解放、（二）「ひとり」に認められる価値、（三）男性本位の視点という三つの側面から検討する（第5節）。

地図1　アメリカ合衆国東部

2　オリシャ崇拝運動

アフリカ、ヨルバの神々を求めて

オリシャ崇拝運動の基盤は、一九五〇年代半ば、公民権運動の潮流が高まるなかニューヨークで形成された。運動の唱導者たちは、二〇世紀初頭から前半にかけて、すなわち、アフリカ帰還運動（UNIA主導）やハーレム・ルネサンス（黒人文芸運動）の時代に少年期を過ごしている。その後、一九六〇年代末から七〇年代初頭にかけて、オリシャ崇拝運動は米国南東部にコミューン（生活実践共同体）を形成するようになる。同時代の運動（活動）として、結成時期は異なるが、ネイション・オブ・イスラム[6]（Nation of Islam）、ブラック・パワー運動（Black Power Movement）、ブラック・パンサー・パーティ（Black Panther Party for Self Defense）などがあげられる。

今日のオリシャ崇拝運動の中心地は、米国南東部サウスカロライナ州のシェルドンにある「アフリカン・オヨトゥンジ・ビレッジ」（African Oyotunji Village）（以下、オヨトゥンジ村と略記）である（地図1参照）。この村は、運動の成員が西アフリカのヨルバ[7]の宗教・文化を実践しながら集団で生活をした空間であり、ここを出生地として公的に登録している成員もいる[8]（地図2参照）。このように、運動はヨルバの宗教・文化実践を拠り所としている。さらに、オヨトゥンジという名称には、オリシャ崇拝運動を興したアフリカ系アメリカ人たちの願望（使命）と歴史観が込められている。その願望とは、アフリカの偉大な王国の一つであるオヨ王国を米国で再び蘇らせることである。それゆえに、運動の指導者はオヨトゥンジ村の「王」となり、成員とともにその実現を呼びかけた。また、彼らの歴史観とは、彼らが「オドゥドゥワの子孫」（Omo Oduduwa）、すなわち、この世に人類を誕生させた偉大なヨルバ人の子孫であるということである。

写真1　オヨトゥンジ村で開催される年中行事。運動を率いる指導者（2代目の王）が，王家，年寄結社などの成員とともに，宮殿から寺院に向かう。2005年。

ここで肝要なのは、オリシャ崇拝運動は、一九五〇年代後半、米国で「反白人・反キリスト教」主義を標榜して組織されたものの、その運動理念は時代とともに変容し、オヨトゥンジ村（コミューン）を中心とした一極集中型の運動形態から、米国の各地に点在する成員個人の宗教的家組織を軸にしたものへと移行しているということである（Koike 2005：小池 二〇一二）。かつてのオヨトゥンジ村は、運動の象徴であるとともに、年中行事など諸儀礼を執行する際に成員が集う「聖地」的な機能をもつ空間へと変容している（小池 二〇一一）（写真1参照）。

そのため、一九八〇年代末以降、運動が一時衰退した後の運動の理念としてあげられるのは、「反白人・反キリスト教」主義や、「国家内国家の建設」に代表されるような実体としての分離主義ではない。一九八〇年代末以降の運動に通底している思想哲学は、端的に述べるならば次の二つである。一つは、大西洋奴隷貿易とキリスト教には密接な関係があるということ、いま一つは、米国の白人覇権体制（system of White hegemony）は過去から現在にわたり形式を変えながらも維持されているということである。

宗教的家組織（イレ）――非集合的な運動実践の基盤

変容しつつあるオリシャ崇拝運動の新たな基盤となっているのが、イレと呼ばれる成員個人の宗教的家組織である。まず、イレを理解するためにも、ヨルバの神々と崇拝者の関係について簡潔に述べておこう。

ヨルバランドではオロドゥマレ（Olodumare）と（あるいは）オロルン（Olorun）と呼ばれる至高神がみられる。オロドゥマレ／オロルンは宇宙の万象を司る神で、大地や人類を創造する能力を備えている（Awolalu 1979）。ただしこれらの至高神は崇拝の対象ではない。

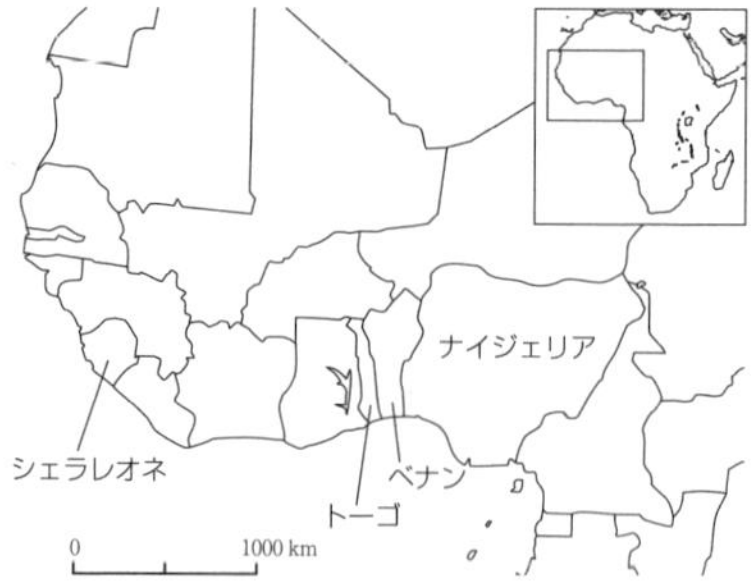

地図2　西アフリカ

崇拝の対象となるのは、オリシャと呼ばれる人格化された神々で、至高神と人間との間を媒介する。オリシャは、大地や人類が創造される前から至高神と関わっていた神、歴史上の人物が神格化された神、自然現象が人格化された神の総称であり、その数は四〇一とも、それ以上ともいわれる（Awolalu 1979）。オリシャ崇拝では、すべての人は数あるオリシャのうちのいずれかと親密なつながりがあり、そのオリシャから精神的、身体的に影響を受けると理解されている。このことは、人の頭にはオリシャが宿っていると考えられ、そのオリシャを頭頂部に授かるという儀礼（以下、イニシエーションと略記）を執行することで、「オリシャを授かった人」（received Orisa, Olorisa）、つまるところオリシャの司祭となる（Koike 2005）。

オリシャ崇拝運動では、イニシエーションを執行する司祭と、その司祭によってイニシエーションを受けた人は、宗教上の親子（師弟）関係を結ぶ。この関係がイレを構成する基本単位となる。オリシャ崇拝運動の組織は、基本的には宗教上の親とその子から構成されている。この子には、潜在的な子、つまり将来的にイニシエーションを受けようとしている人も含まれる。オヨトゥンジ村を軸にした集合的な運動形態が変化した以降、イレは、成員個人（司祭）が自主自立的に組織でき、集合的な運動実践との関係はイレごとに異なる（小池 二〇一二）。留意しておきたいのは、イレ[9]（ile）という単語は、ヨルバ語で家を意味するが、本章で批判的に検討しようとしている「規範的な家族」の要素を前提、必要としているわけではないということである。イレの長には、男性司祭と女性司祭のいずれもがなることができる[10]。同様に、イレの長の性別によって、子の性別は限定されない。また、多くのイレは下部組織として、祖先結社、男性結社、女性結社、若者結社などを有する。

3　男性結社の始動

この章で取り上げるイレの男性結社は、名称をローカントリー・カルチュラル・ヴァイブレーション・ソサエティ

(Lowcountry Cultural Vibration Society) といい、米国南東部のサウスカロライナ州沿岸部で活動している(地図1参照)。この名称には、後述するローカントリー地域の文化を、アフリカの太鼓の音(リズミカルな振動)のように地域社会に響かせよう、そして、その文化の振動とともに、自分たちも響き、躍動しようという意味が込められている。

イレの長は、サウスカロライナ州出身の五〇代の男性で、運動歴約三〇年、司祭歴約二〇年をもつアデミワである。アデミワは、二〇〇九年の初秋、転職による移転にともない、移転後の土地でイレを新しく組織した。彼は、自身の人生経験から、男性結社の役割や可能性を重要視し、本格的な活動に向けて、約半年の準備期間を設けることにした。

イレの非司祭を中心とした成員約一〇人が、この準備作業に従事し、成員の一人が経営する雑貨店に週に一回から二回の頻度で集まり、打ち合わせ、試験的な活動をおこなう。この定期的な会合に平行して、男性結社と地域社会との交流の場として新規に購入したスタジオを成員たちの手で改築するとともに、そこで実験的な集会を開催している。作業は、男性成員が中心となって進めたが、準備の段階ということもあり女性成員が参加することもあった。この準備作業は、イレに新たな成員を勧誘する機会を兼ねていた。

男性結社の活動は、将来的には「若者結社」として運営したいという希望とともに、性別を問わず地域社会に開かれた活動を目指している。二〇一〇年二月には、地域社会のあらゆる人々に開かれた実験的な集会に、約五〇人の参加がみられた[11]。男性結社の活動は、必ずしもオリシャ崇拝の実践と関わりがあるわけではないが、あらゆる活動は、祖先への詠唱歌から始まり、献水や献酒がつづくという形式で始められる。

イレの成員と地域社会——奴隷、叛乱、わたしたち

新しく組織されたイレで男性結社を始動させた目的の一つは、結社の英語名にみられるように、ローカントリーの地域社会におけるアフリカ系アメリカ人の歴史文化を学ぶことである。ローカントリー地域には、大西洋奴隷貿易の入港地がみられ、ガラあるいはジーチーと称される地域特有の文化が培われてきたとされている[12](地図1参照)。以下に示す事例は、この歴史的背景が不可欠な鍵となっている。

イレの長であるアデミワは、男性結社の旗揚げとして、市の公共施設に展示されている絵画（油絵、カラー、制作者・制作年不詳）の修復計画と、絵画の文化的背景の調査を成員に提案した。アデミワによれば、その絵画は奴隷制度時代を描いたものである。アフリカ系アメリカ人の司祭が室内で説教しており、三〇人程の聴衆が長椅子に腰掛けている。

アデミワは、次に示す点を強調して成員に語り聞かせた。聴衆の服装（様式、彩り）に、アフリカ文化の影響がみられる、また、その絵画は、奴隷制度時代に白人のいないアフリカ系アメリカ人の自治的な社会空間が存在した一例として理解できる。さらに特筆すべきことは、この司祭がデンマーク・ヴィージー（Denmark Vesey 一七六七～一八二二）と考えられうるのではないか、ということであった。デンマーク・ヴィージーは、奴隷の叛乱を企てたとされ、絞首刑に処された人物である。そのため、アフリカ系の、とりわけ米国のアフリカ系アメリカ人の社会運動（黒人運動）において極めて重視される人物である。彼は奴隷叛乱の立役者、つまり抵抗の象徴とみなされている。

こうした点をふまえて、アデミワは、市にたいして、額縁の修復、制作者（不詳）の調査、説明文の掲示を申し出ると述べ、以下の言葉で締めくくった。「市長から修復の許可を得るのではなく、「寄付」するのだ。こちらが修復してあげるのだ」（二〇〇九年一〇月）。彼の弁舌が示唆するのは、市長は奴隷プランテーションの経営者の末裔であり、米国の白人覇権体制の象徴であるということである。

まとめよう。男性結社を始動させるために吟味して選ばれた活動の目的は、大きくわけて五つある。一つに、自己（成員）と地域社会との結びつきを築くこと。二つに、個人が公としての地域社会に関わり、変化させられることを身を以て学ぶこと。三つに、公共の場にある、アフリカ系アメリカ人の表象に日頃から注目し、議論、是正すること。四つに、奴隷としての過去と抑圧された現在をつなげること。最後に、サウスカロライナ州の地域社会の特性（奴隷入港地、ガラ文化など）を理解することである。

第四と第五の点について補足説明するために、アデミワの議論をみてみよう。それによれば、当時、デンマーク・ヴィージーの叛乱によって、駐屯部隊が配備されることになった。時代を経て、その駐屯部隊が士官養成学校（The Citadel）（一八四二～）となり、現在に至るというのである。こうして、それぞれの時代を制する権力とその権力による抑圧のもとで、「奴隷」と「わたしたち」がつながっていることを知る。男性結社を始動させる活動として、「絵画の修復計画と文化的背景の調査」が選定された理由はここにある。すなわち、奴隷を含む地域社会の歴史文化を学ぶことによって、奴隷とわたしたちのつながりを、権力による抑圧だけではなく、権力への「叛乱」（抵抗）の必要性や可能性へと変化させていくような「気づき」の社会空間、さらには自己認識や思考の変容を促す社会空間を創造するためである。

家族を語る——男性結社の打ち合わせでの交流

ここでは、三つの事例をもとに、イレの男性結社の成員が、「家族」をどのように経験し、語り、また「家族」といかに向き合おうとしているのかに注目する（写真2参照）。

写真２　男性結社の打ち合わせのために集う成員。2009年。

一つ目の事例は、三〇代の未婚男性、タイロウである。彼は、アデミワがイレを新たに組織しようと構想を練っていた頃に出会い、行動力や企画力を見込んで勧誘してきた人物である。このことからもわかるように、タイロウはオリシャ崇拝運動に関わって日が浅く、司祭ではない。

タイロウは、サウスカロライナ州出身で、一、二歳の頃に、母と共にニューヨークへ移った。そこで、タイロウは母と、母の同居人である男性と過ごしていた。ただし、その男性はあくまで母の同居人であり、彼とは関係がなく、接点は乏しかった、と彼は当時を振り返る。実父とは、二、三年前に、サウスカロライナ州のスーパーで出会った。そのときのことを以下のように回顧する。

ああ、忘れもしないさ。あるとき、いつもどおり、スーパーに行ってたんだ。そこで、なんか知ってる顔だなと思う人がいて、ずっと見てたんだ。すると、向こうもこっちを見てるわけ。しばらく時間がたって、ひょっとして「息子じゃないのか」、「え、もしかしてオヤジ」という感じで出会ったんだ。なんていうか、偶然、奇跡。〔……〕ほんと不思議だった。会ったことのない父とバッタリ会うんだもんね。そんなことってあるんだよね。葬儀でしか会わないだろうと思ってたのにね。（二〇〇九年一〇月）

二つ目の事例は、イレの長、アデミワ（五〇代男性）である。彼は離婚を二回経験し、六人の子（婚外子一人、妻の子二人を含む）がいる。彼は、一〇代半ばの未婚の母のもとで生まれ、幼少期を母方の祖父母とサウスカロライナ州で過ごした。就学前に、彼は母のいるニューヨークへ移る。

アデミワは生まれて以来、実父とは疎遠であったが、二〇〇五年夏、縁者伝いで突然、父の葬儀日程を知ることとなった。形式上参列した葬儀にて、彼は父への想いを変える出来事に巡りあう。棺を埋葬する際に、埋葬用のクレーンで支えている棺が定められた空間に収まらなかった。そのため、葬儀業者の幾人かが棺の位置を手で調整するということを何度も、何度も繰り返していた。それでも埋葬はうまくいかなかった。すると、参列者の中列にいたアデミワが前へ飛び出して、一人膝を折って、素手で赤土を掘崩して、掻き出すという作業を始めた。しばらくして、棺を埋葬することができ、固唾を呑んで見守っていた筆者を含む参列者一同が安堵した。アデミワは、このときのことを男性結社の成員に語り聞かせた。

父が死んだと聞いたって、なんの感情もわかなかった。一緒に暮らしたこともないし、何の関係もなかったに等しいからね。私には祖父がいたから、今日までやってこられたけど、無責任なもんだよ。知ってるだろ、ありとあらゆることにおいて、僕の師はおじいちゃんだってことをね。〔……〕自分がいなければ、父は埋葬されなかった。父は私を必要としたんだ。最後の最後にはね。長年、自分は不要な子と思われていたんだろうなと思ってたんだけど。今日考えを改めたよ。葬儀に参列してよかった。（二〇〇九年一〇月）

ここで留意しておきたいことがある。アデミワの祖父は著名な伝統工芸家である。彼の祖父は、アフリカ系アメリカ人の伝統技能、芸術、文化の継承者であり、アデミワに伝統（アフリカ）への気づきをもたらした人物である。ただし、語りにみられる「祖父」は、母方の祖父という血のつながりの尊さや重要性を示唆しているのではない。端的には、年長男性や人生の師を意味している。

三つ目の事例は、三〇代の既婚男性、テランスである。彼は、オリシャ崇拝の司祭であり、同じく司祭である妻との間に子が一人いる。彼は、米国北東部ペンシルバニア州出身で、ドイツ系アメリカ人の母とアフリカ系アメリカ人の父の間に生まれた。母方の親族は、テランスの母が「黒人の男」と性的関係をもち、妊娠したことをこのうえなく否定的に捉えた。親族の大反対により、テランスの母は、黒人男性（父）と引き裂かれ、未婚の母となった。そのため、テランスは、父親を知らず「白人」として育てられてきた。こうした家庭環境によって、彼は人種的な苦悩や屈折した感情と常に向き合ってこなければならなかった。

〔オリシャ崇拝の根幹をなす〕祖先崇拝の手解きをうけたとき、やっと父の存在を受け入れることができた。父とつながったんだ。僕の家では、父は存在しなかったからね。言葉にするのは難しいけど、これまでの重苦しい気持ちが薄れ、わだかまりがなくなった〔……〕。そして自分のなかの黒人性（blackness）を、というか、ありのままの自分を受け入れることができるようになったんだ。（二〇〇九年一〇月）

上述した三つの事例に限っては、男性成員は、生物学的な父との関係が稀薄であるといえよう。とりわけ青少年期までの間に限ると、男性成員は生物学的な父の存在なしに人生を歩み始めているといっても過言ではない。それゆえに、生物学的な父との接点は、「葬儀」、すなわち父の死として語られることもあながち極端な例とはいえない。このように、男性結社は、自身をとりまく家族の環境について語り、家族をめぐる経験や価値観、意見を互いに述べ合う場を提供する。そこでは、自己と家族の関係をめぐる語りが、逸脱した家族か否かという二元論的な価値観や、規範的な家族を形成するための方法論の伝授とは距離をおくかたちで展開されている。

4 「地域社会の父」構想

ここからは、イレの男性結社の成員が、彼らアフリカ系アメリカ人の地域社会や家族に関して、どのようなことを問題として意識しているのか、また、そうした問題をいかに改善し、乗り越えていくことができると考えているのかを、彼らの会合での議論をもとにみていきたい。以下で取り上げる語りは、「地域社会の父」構想（Community Father Project）に関する議論の場で語られたものである（二〇〇九年一〇月）。「地域社会の父」構想は、イレの男性結社が将来的に展開しようとしている企画の一つである。

ロール・モデルの不在

はじめに指摘されたのは、「家族」の問題である。なかでも、男性にとって年長男性（男親的存在）が不在であることが議論の的となった。男性結社の成員は、不安定な青少年期に、アフリカ系アメリカ人男性が抱える特有の問題を共有したり、相談したりする相手がいないことを問題視している。たとえば、先にも触れたタイロウ（三〇代男性）は次のように述べる。

彼ら〔薬（違法ドラッグ）の密売人〕は、ピッカピカの車に乗って、綺麗な女の子たちをいつも引き連れている。学校には、おしゃれな靴をはいてくるのさ。小さな子供が憧れてしまうのも不思議じゃないよね。

タイロウによれば、子供たちは、貧しく、常に空腹を感じている。家に帰ったとしても、食べるものが用意されているわけではない。だからといって、子供たちにはそのほかに何かすることがあるわけでもなく、結局ブラブラすることになってしまう。ところが、周囲を見渡すと、薬の密売人が暗躍している。彼らは週に二〇〇〇～三〇〇〇米ドル（一八～二七万円）稼ぐこともめずらしいことではないという。

写真３　課外学校など，男性結社と地域社会との交流の場として新規に購入したスタジオ。結社の活動のため，成員が出揃うのを待つひとときき。2009年。

男性結社の成員は、このような状況では、悪事に手を染めることが、子供の憧れとなってしまいかねないと指摘する。彼らは、こうした状況を変えていくために、地域社会にロール・モデルが必要だと説く。くわえて、子供には、学校教育とは別に、「教育」を受け、対話や交流をする機会を創るために、地域社会に課外学校（Saturday School）を創設する必要があると述べる（写真３参照）。なぜ、学校教育ではなく、自前の教育を施す機会が必要とされるのだろうか。この点をつづいてみていきたい。

学校教育にみる問題

男性結社の「地域社会の父」構想に関する会合で、成員のクワシは次のように学校教育の問題を指摘する（五〇代男性、非司祭）。クワシは、サウスカロライナ州の郡の教育委員会に属する下部組織の職に就いている。彼によれば、米国の公教育には、「アフリカ系アメリカ人＝奴隷」という図式が埋め込まれている。そのため、アフリカ系アメリカ人の子供にとって、公教育は目を背けたくなる内容ばかりであるという。アフリカ系アメリカ人の子供が学校教育から得るのは、彼らの細かく縮れた髪が「〔白人と違って〕汚い」ということだけだとさえ、クワシは落ち着いた語り口ながらも、はっきりと言い放つ。こうした指摘は、少なくとも学校教育の一面を語っており、あながち不条理な批判だとは言い切れないだろう[13]。学校教育にこのような問題がみられる原因を、クワシは次のように認識している。「アフリカ系アメリカ人がほぼ一〇〇％を占める学区であるにもかかわらず、教員の約九五％が白人である」。つまり、学校教育では、誤った価値観でもって教育されてしまうというのである。

同様の問題を、トラヴィスは別の観点から指摘する（三〇代男性、非司祭）。トラヴィスは、高校生になるまで、マーカス・ガーヴェイ（Marcus Garvey　黒人運動における主要人物の一人、アフリカ帰還運動などで著名）について何も知らなかったと、みずからが受けてきた教育を振り返った。学校でこのような教育をしているため、落第者が絶えないとトラヴィスは持論を述べる。さらに、地域社会の教会が受け皿としての役割を果たしていないことを次のように説明する。

アフリカ系アメリカ人の子供は、〔学校で居場所がなく、〕教会に行ったとしても、白人だらけなわけ。そこで、「なに、この変なヤツ」という視線に晒される。そんな視線に耐え切れず、行き場がなくなるのさ。

教会は、アフリカ系アメリカ人の歴史において、宗教的側面だけでなく、社会的、政治的、経済的、文化的に重要な役割を担ってきたことは周知の事実である。ここでは包括的に言及できないが、比較的新しくは、公民権運動が高まる時代、キング牧師たちは、南部キリスト教指導者会議（ＳＣＬＣ）を基盤に後世に残る数々の活動を展開した。また、歴史的には、組織としての教会設立に先立つニグロ・スピリチュアル（Negro Spirituals）や、それとともに培われてきた呼応様式（call and response）を通じて、祖先とともに海を渡らざるをえなかったアフリカのソウル（魂）と文化を伝承、変容させながら、創造的に発展させてきた。

ただし、二一世紀を迎えた今日、地域社会における教会の役割に変化がみられることは想像に難くない（Evans 2008）。たとえば、若者は教会で執り行われる葬儀や結婚式に参列するために、思い思いのおしゃれな服に身を包んで出向くことはあっても、彼らのすべてが毎週教会に通うわけではない。また、州に占めるアフリカ系アメリカ人の人口率が相対的に高くても、地域社会に根づいたアフリカ系アメリカ人教会に「めぐり逢う」とは限らない[14]。上述したような理由から、男性結社の成員は、現在の社会環境にみあった、換言すれば、彼らが生活する地域社会の状況にみあった方法（組織）と内容（教育）でもって、子供に対話や交流の機会を提供したいと考えている。

「地域社会の父」構想が目指す教育

それでは、男性結社の成員は、地域社会にどのような教育が必要と考えているのか、それは学校教育とはいかに異なるのであろうか。

まず、クレイグ（三〇代男性、非司祭）は、意見を求められると、自身には学がないためみんなに聞いてもらえるようなことは言えないと恥ずかしそうに述べた。ただ、ほかの成員から、一人一人の経験から生まれる意見が大切なのだと説得されると、以下のように発言した。

「教育」という言葉がそもそもよくない。アフリカ系アメリカ人の若者は、教育がすでにコワイのに、そんな言葉を使ったら誰もがビビってしまう。逃げ出したくなるよ。教育なんていうと、この活動〔男性結社の活動〕もシステム〔米国の白人覇権体制〕の一部かと思われてしまう。

クレイグはいったん話しだすと、勇気が出たのか説明を続けた。

たとえばね、自動車について知りたければ、実際に車の内部を見て技術を学ぶんだよね。だから、車の内部を見てみようと呼びかけるべきじゃないかと思うんだ〔車両整備士の教育を施すと呼びかけるのではない〕。あと「教育」じゃなくて、カッコよくしなきゃダメだよ。

クレイグの率直な意見は、ある種的を射ているようである。男性結社のある地域社会には、アフリカ系アメリカ人研究で著名な研究所がある。この研究所では、「アフリカ系アメリカ人の歴史と文化」に関する講座特集を定期的に組み、地域社会に公開している。毎回の受講者はおおよそ二〇～二五人であるが、アフリカ系アメリカ人は少なく、男性〔青少年〕は多くても数人であると、主催者側は、親しい間柄にあるアデミワが訪れるたびに一種の嘆きをもらしている。[15]

いま一つの事例は、地域社会を経済的、かつ精神的に潤わすような日々の行動についての喚起である。オシュンラデ〔三〇代女性、司祭、イレの成員〕は、アフリカ系アメリカ人は世界のマイノリティを搾取することで成り立つ現代のグローバル資本主義経済の構造について学ぶべきであると持説を明快に説く。具体的には、彼女は、大量生産、消費の枠組みで物欲を満たすことを人生の目的とし、それによって充足感を得ていることの虚しさに気づくべきだと主張する。のみならず、彼女は、農薬、添加剤まみれの食品の摂取量を減少させることで、特定の疾病にたいするアフリカ系アメリカ人の高い罹患率を改善できると考えている。

「無知では社会は変わらない」とオシュンラデは断言する。オシュンラデの辛辣な批判は、とりわけアフリカ系アメリカ人の男性に向けられている。下層階級の男性は、虚無主義と利那主義というなかば相反する価値観に埋もれて人生を送ることに終始している、と。また、生活に少し余裕がでてくる層になってくると、体裁ばかり気にして、車高の高い大型の自動車（sport utility vehicle など）を乗りまわし、それで充足感を得てしまうという例をあげる。

アフリカ系アメリカ人の男性にたいする典型的かつ手厳しい批判ではあるが、オシュンラデの真意はそこにはない。すなわち、地域社会を変化させようとしない、というよりその必要性すら自覚させないという社会的、制度的な闇を覆す教育の必要性を訴えている。と同時に、所有欲、顕示欲によって他者と男らしさを競うだけでは、地域社会になんら変化をもたらさないという社会の仕組みについて教育すべきだというのである。

警察権力への対処法

最後に、アフリカ系アメリカ人の地域社会が抱える問題にいっそう寄り添った実践についてみていきたい。警察権力（不当逮捕）への対処法である。フレッチャ（五〇代男性、非司祭）は、自身に降りかかった経験を次のように語った。フレッチャは、夜にスーパーの駐車場で友人と会話中に、突如現れた警官に「違法ドラッグをやっている」と手錠をかけられた。フレッチャは振り返り、静かに憤る。

ジャマイカ〔出身地〕ではこんな扱いはまず受けないね。それで、結局ね、公衆で薬物〔違法ドラッグ〕のにおいをさせていた嫌疑で取り締まった、なんてふざけた理由を警察は言いやがるんだ。

つづけて、彼は警察権力の不当な行使から身を守ることができた理由を説明した。

わたしはもう若くないし、ここで生まれ育ったわけじゃないから〔米国の価値観を身につけていないから〕、対処できるけど。若い子があういう扱いを受けると、まずダメだろうね〔何らかの理由で逮捕される〕。

地域社会において、警察権力への対処法が問題となることはめずらしいことではない。なかでも、アフリカ系アメリカ人の青少年は、警察権力の問題を避けて通ることは難しい[16]。そのため、所持品検査や職務質問から生じる不当な逮捕からいかに身を守るかについて、先の世代の経験をもって伝授することが肝心となる。

警察権力への対処法は、警察権力の不当な行使から身を守ること、すなわち、地域社会の成員を守ることを意味する。ただし、これは、一九六〇年代半ばから七〇年代に、ブラック・パンサー・パーティが実践していたような権力にたいする「自衛（自己防衛）」行為とは、次の二つの意味で異なる。一つは、銃やライフルを象徴とした心理的、身体的自衛をともなわないこと。いま一つは、地域社会の「女を守れ（Protect Your Women）」という男らしさを助長するような価値観が込められていないことである[17]。

5　男らしさからの解放と「ひとり」に認められる価値

以下では、男性結社の活動について、規範的な家族を形成することに執着しないという観点から、（一）男らしさからの解放、（二）「ひとり」に認められる価値、（三）男性本位の視点という三つの側面にわけて検討したい。

まず、男らしさについて考える。本章で取り上げたイレの男性結社では、その活動をみるかぎり、規範的な家族の形成を指標として掲げていない。それゆえに、男性結社では、家族の構成に、生物学的、社会的側面からみた「父」が不在であったとしても、規範から逸脱した家族とは認識されない。換言すれば、家族との同居や、家族内で父が経済的責任を果たし、家族を養うという役割は想定されていない。

つまり、男性結社では、米国の主流社会にみられる禁欲主義的価値観でもってアフリカ系アメリカ人男性を束縛することはない。禁欲主義的価値観は、米国の「自由労働イデオロギー（free labor ideology）」と密接な関係があるので、それとの関連から考えると理解しやすい。

自由労働イデオロギーとは、一例をあげれば、生産者的な男らしさを有する階層と、生産者的な男らしさが欠如し、消費の快楽におぼれる階層への階級分化を促すものとして作用する（兼子 二〇〇八：一二三―一二七）。そして、生産者的な男らしさを有するもののみが、白人中産階級へ合流できるということになる。この自由労働イデオロギーに従えば、社会的、経済的機会は平等であるため、アフリカ系アメリカ人男性が白人中産階級に仲間入りすることができないのは、快楽に抗し、労働に価値を見いだす禁欲主義的価値観が欠如しているからだということになる。つまるところ、社会の不均衡は、己の努力不足が原因というわけである。

男性結社の活動では、成員は、このような禁欲主義的価値観と結びつけられた経済的能力にとらわれることはない。それゆえに、彼らは白人中産階級男性の男らしさを身につけて成功するか、快楽に溺れ脱落するかという二元論的な価値観の選択に身を委ねることからいったん留保される[18]。

ただしこれには問題もみうけられる。男性結社の活動が、アフリカ系アメリカ人男性を規範的な家族（白人中産階級男性の男らしさ）から解放するだけでは、たとえば、男性の周囲にいる女性が現状で抱えている経済的負担、あるいは子がある場合は、子の母や、母方の祖父母の経済的、養育的負担を軽減させることはないに等しい。すなわち、白人中産階級男性の男らしさから解放するだけでは、過去から現在に至るまでの社会制度の帰結として、社会的、経済的領域にみられる人種主義的不平等を、社会の構造問題として問うことは難しい。だからこそ、男性結社の「地域社会の父」構想が目指す教育が相互補完的に必要とされているのである。

次に、「ひとり」に認められる価値について検討する。先述の点と密接に関わるが、男性結社の活動では、婚姻歴、子の有無、年齢、性別を問わず、「ひとりもの」を規範的な家族からの逸脱とは捉えていない。そこには、既成のカテゴリーに束縛されることのない「ひとり」が存在可能となる。換言すれば、ひとりが集まることで、同世代、異世代を問わず、他者と関われる枠組みを提供しているのが、男性結社の活動の場という社会空間である。くわえて、結社の活動は、ひとりのまま、他者と連携することで、地域社会を変化させられる枠組みへと発展する可能性を秘めている。

このように、男性結社の活動は、ひとりでいることに価値を認め、ひとりのまま他者との関係を築く場を提供する。それゆえに、ほかの時代のアフリカ系アメリカ人の社会運動（黒人運動）に認められた家族形成や性をめぐる規範（ジェンダー規範）から、女性だけでなく、男性をも解放するのではないだろうか。[19]つまり、女性は男性に保護されるべきではなく、服従する必要もない。同様に、男性は女性を保護するべきではなく、管理監督する（服従させる）必要もない。したがって、ほかの時代の社会運動と異なり、男性は奴隷制度や人種主義的差別制度で失われたとされる権威、とりわけ社会的、性的な権威を回復することに努めたり、誇示したりする必要に迫られないのである。

そのうえ、オリシャ崇拝運動のイレの男性結社でみられるジェンダー規範は、かつてコミューンを拠点とした集合的な運動のジェンダー規範とも異なる様相を呈している。とりわけ、運動が一九七〇年代半ばに興隆した後、一九八〇年代末にいったん衰退するまでは、運動はヨルバの伝統的な実践と価値観を再現することに主眼をおいていた。よって、ひとりは一人前と見なされなかった。端的に述べるならば、未婚の男性成員は、納税や土地取得の面で不利益を被った。また、一定の年齢以上の女性成員は、ひとりでいることは許されず、必然的に運動の指導者（「王」）の妻とならねばならなかった。[20]このような集合的な運動と異なり、この章で取り上げたイレの男性結社では、婚姻歴、子の有無、年齢、性別によって、人の価値を定めることはなく、ひとりでいることを咎められたり、異なる性への従属を求められたりすることはない。

最後に、男性本位の視点について考えたい。男性結社の活動の目的は、地域社会にアフリカ系アメリカ人の社会空間を創造することである。ただし、男性結社であるゆえに当然かもしれないが、どちらかというと、女性の空間というよりは、男性の空間を創ることに主眼がおかれている。同じく、中産階級というよりは、下層階級の空間を創造することが重視されている。

「地域社会の父」構想で取り上げた警察への対処法は、まさにその典型に映る。地域社会の父構想の目的の一つは、「逮捕、収監」、「地域社会からの離脱」、「酒・薬物依存」という人生の悪循環から、男性が脱出できるよう支援することである。そのために、不当に行使される警察権力から身を守るフッド（アフリカ系アメリカ人の集住地区）の知恵を他者と共有し、次の世代に伝授する必要性を強調する。むろん、女性や下層階級に属さない人々も、不当な理由を契機とした逮捕、収監を経験し、結果として地域社会から離脱することもある。[21]また、男性が先に述べたような悪循環から逃れることで、地域社会という社会空間を共有する人々への影響も変わってくるであろう。したがって、地域社会の父構想は、その表層的理解から想像してしまうような男性や下層階級のみを対象とした活動とはいえない。

ただし、地域社会の父構想には、米国の主流社会との境界を強調しかねないという側面もある。すなわち、米国社会を支配と従属の二元論で捉える傾向である。また、あえて言うならば、男性同士の関係構築に重きがおかれている。このようなことからは、地域社会の父構想に、家父長的、男性覇権主義的な価値観が培われるようになったり、あるいは、男性結社の活動が、「地域社会の父」という概念を巧妙に利用して、規範的家族の拡大版として機能したりするおそれもあろう。

しかしながら、次の理由から、かつての均質的、集合的な運動の実践やほかの時代の社会運動にみられた家父長的、男性覇権主義的な価値観は影を潜めている。その理由とは、男性結社は、将来的には男女の成員を迎える「若者結社」として運営したいという希望とともに、性別を問わず地域社会に開かれた活動を目指しているということ。また、男性結社の活動の準備作業に、少ないながらも女性成員が関与しているということである。そしてなによりも、イレには宗教的位階の高い(司祭として活動している)女性成員がおり、彼女たちの存在が一定の抑止力として機能しているからである。

本章では、オリシャ崇拝運動の非集合的な運動実践の基盤として形成されているイレの男性結社に注目し、結社の活動がアフリカ系アメリカ人の地域社会や家族のあり方とどのような関係にあるのかをみてきた。

イレの男性結社の活動が求めているのは、国家権力の下部に位置し、個人を国家へと吸収する地域社会への参加を促すことやその再生産ではない(22)。彼らの活動は、主流の地域社会に重なりつつも、そこから距離をおくアフリカ系アメリカ人の地域社会を築き、同時に、主流の地域社会に異議申し立てをしようとする試みである。

こうした男性結社の諸活動には、意図する目的を実現できるかどうかという評価とは別に、準備作業の活動プロセスそのものに、他者との関係構築(世代間の橋渡し)が埋め込まれている。そのため、結社の活動は、人と人のつながりを編み出し、共通の知を蓄積し、それによって、地域社会を変化させていくとともに、従来の米国の規範的家族にとらわれない「生」のあり方を生み出す原動力となりうるであろう。

注

(1) オリシャ崇拝運動の集合的な運動実践については、拙稿で論じたことがある(小池 二〇一一)。また、本章で取り上げる宗教的家組織の活動のように、非集合的な運動実践の事例については、以下を参照。Koike 2005、小池 二〇一二。

(2) 民族の分類基準や呼称は、米国の国勢調査 (US Census Bureau 2011) をみてもわかるように、それぞれの社会的文脈において名付けや名乗りを通じて社会政治学的に構築される (Omi and Winant 1994: 3, 53-76)。米国では、大西洋奴隷貿易の時代から現在に至るまで、生物学的決定論は「人種」概念の構築と再生産に重要な役割を果たしてきた。本章では、生物学的決定論にもとづく名付けや、名乗り(戦略的本質主義にもとづく名乗り)の文脈において、人種(race)、黒人(black)、白人(white)という用語を用いる。

(3) なかには、家族の構造と社会問題の間には必ずしも相関関係は認められないという分析がなされていることを確認しておきたい (Wu and Thomson 2001)。

(4) ただし、アフリカ系アメリカ人のひとりにまつわる現象(規範的な家族を構成しないという現象)は必ずしも下層階級だけの特徴とは限らない。たとえば、二〇世紀末からの傾向として、とりわけ大都会では、高学歴を有し経済力のある男性が「非黒人女性」(non-Black women) を選択することによって、従来彼らを婚姻対象としていた社会階層の女性の未婚率が上昇しているという検証もある (Crowder and Tolnay 2000)。

(5) 本章は、二〇〇一年から二〇〇九年にかけておこなった文化人類学的調査にもとづいている。文中で示す名前はすべて仮名であり、言及する年齢や経歴などは調査時のものである。紙幅の都合上、参考文献は最小限の構成であり、詳細については拙稿を参照されたい。

(6) オリシャ崇拝運動の初期から興隆期の成員の多くは、ネイション・オブ・イスラムに参与した経験がある。

(7) ヨルバとは、ナイジェリア連邦共和国の主要三大民族の一つである。ヨルバ語を母語とするヨルバ人が分布する地域は、現在のナイジェリア南西部を中心に、その西側に隣接するベナン共和国東部、さらにその西側に隣接するトーゴ共和国の一部にまたがる。オリシャ崇拝運動におけるヨルバの時間的、地域的な重層性、複合性については、小池(二〇一一:三〇五—三〇八)を参照。

（8）オリシャ崇拝運動の正確な規模を知ることは難しいが、米国でヨルバの神々を崇拝する宗教実践（おもにサンテリア）の規模については、小池（二〇一一）を参照。なお、オリシャ崇拝とサンテリア（キューバ共和国でみられるアフリカ系宗教の一つ）との関係に関しては、小池（二〇一二）の議論を参照。

（9）イレという用語の代わりに、英語の house、temple、スペイン語の casa（サンテリアの影響が大きくみられる組織の場合）が使われることもある。

（10）イレの長の性別やヨルバの神々から導かれるオリシャ崇拝のジェンダー規範は、米国社会だけではなく、ネイション・オブ・イスラムのジェンダー規範との差異としても位置づけられている。これは、運動を変容させながらも発展的に持続させている特徴の一つとして無視することはできない（小池二〇一一）。

（11）ここでいう祖先とは、集合的祖先を意味し、現在を生きるアフリカ系アメリカ人と「アフリカ」、中間航路、奴隷を結びつける意義がある。くわしくは、小池（二〇一一）の議論を参照。

（12）アフリカ系アメリカ人の多くは出自を辿ることが極めて難しいとされる。そうしたなか、一部の例外として、ガラ（Gullah）、またはジーチー（Geechee）と呼ばれる民族文化が、シーアイランド（Sea Islands）と呼ばれる島々とその周辺地域にみられる。この島々は、サウスカロライナ州から、ジョージア州、フロリダ州北部にかけての沿岸部にみられ、奴隷制度の時代、亜熱帯域の疫病を理由に白人の出入りが他地域と比べて極端に限られていたため、なかば隔離された状況にあった。こうした地政学的な理由から、ガラ文化の基盤の一つは、現在の西アフリカシェラレオネ共和国の地域に辿ることができると分析されている（地図2参照）。ガラの人々の自治性や文化の明示性は、二〇世紀のアフリカ系アメリカ人研究の潮流と、ガラ文化を継承する人々によるアイデンティティ政治の高まり（ガラ運動）との相互作用の現れとしても理解できる（Holloway ed. 1990: ix–18）。

（13）実際、筆者の友人の一人は、彼女の髪の形質について心を悩ませている。「わたしの髪の毛、醜い？　汚い？　でも、どうしようもないんだ。汚いでしょ」（一〇代女性、二〇〇九年）。こうした悩みは思春期特有のものとも言えよう。ただし、公教育の問題を回避するために、オリシャ崇拝運動の拠点で独自の教育（小池 二〇一一）を受けて育った成員（友人）からは、類似の嘆きは聞こえてこない。

（14）国勢調査（US Census Bureau 2011）によれば、サウスカロライナ州の黒人人口率は二八・八％（Black or African American alone or in combination）、米国全体では一三・六％である。ただし、そのような地域においても、人口率に圧倒的に不釣り合いな人種構成の社会空間（学校、職場、社交界、公共の場など）は時と場所に応じて生じ、人種主義的差別や人種にもとづく苦痛に晒される。さらに、観光地として賑わう街や住宅街の一角に、奴隷制度時代の奴隷市場（現在の Old Slave Mart Museum）、奴隷が幽閉されたとされる牢獄などが保存され、現存している。こうした地域特有の歴史、文化とどのように向き合うかによって、自己にたいする認識、人生観、人種意識などが左右されることはいうまでもない。

（15）クレイグのような見解については、後述の女性成員をはじめ、アフリカ系アメリカ人の女性から、そのような甘い考えでは、現実の過酷な社会では生き抜けないとして痛烈に批判されることがある。このような考え方の違いは、性だけでなく、階級、地域、学歴、職歴などの差異によっても生じる。それでもなお、イレの長は、男性成員が、女性成員に気兼ねすることなく、自由に意見を交わすために、男性結社のような男性だけの空間が必要であると考えている。

（16）全国都市同盟（ＮＵＬ）によれば、米国の全収容者（prison inmates）の三七％は黒人であり、人種別人口にたいする収容率は白人の六倍以上である（二〇〇六年の資料）。また、収容率（incarceration）が最も高いのは、二五～二九歳の黒人男性で、その七％以上が収容されている。同年齢層の白人男性の値は一％にすぎない（National Urban League 2008: 63-64）。犯罪に関する資料を人種の枠組みから捉えることで生じる問題については、Covington（2002）を参照。

（17）その一方で、ブラック・パンサー・パーティの自衛行為と共通するような側面もある。その側面とは、警察権力への対処法を教育することで、「警察権力（米国、白人）による支配」、「従属させられるアフリカ系アメリカ人（黒人）」という二元論的な構図にもとづく自己認識や人種意識を植えつけてしまう可能性を否定できないということである。

（18）オリシャ崇拝運動には、性、嗜好品、散財などめぐる快楽を禁欲主義的価値観とは異なる視点から捉える傾向がある。それが、男性結社の活動や、男らしさとどのような関係にあるのかについては稿を改めて論じたい。

（19）公民権運動時代の男らしさと自衛、暴力、非暴力との関係については、Wendt（2007）やフックス（二〇一〇）が詳しい。

（20）当時の運動が核としていた伝統的な実践と価値観は、アメリカ人である彼らの非西洋文化にたいする一方的な眼差しによって構成されていたが、その後変容しつつある（小池 二〇一二）。その一方で、調査時においても、古参の主要な成員の子供同士が、成員の義務として（儀礼的に）婚姻関係を結ぶ事例もみられる。集合的な運動における家族のあり方については、稿を改めて検討したい。

（21）フロリダ州中部では、たとえば、薬の密売人の疑いがあるとして、夕刻に西アフリカ出身の大学教授（五〇代）が所持する鞄の検査を求められている（二〇〇五年一〇月）。警察権力をめぐる問題は下層階級や青少年だけの問題にとどまらない。

(22) 米国の個人と国家の間に存在する「中間的団体や存在」の特徴、二大政党制における政治的役割については、久保（二〇〇七：二九四―三〇三）が詳しい。

参考文献

兼子歩　二〇〇八「セルフ・メイドの男と女――全国黒人実業連盟における人種・ジェンダーおよび階級」、樋口映美・中條献編『歴史のなかの「アメリカ」――国民化をめぐる語りと創造』二二五―二四五頁、彩流社。

久保文明　二〇〇七「個人と国家のあいだからアメリカを考える」、久保文明・有賀夏紀編『個人と国家のあいだ〈家族・団体・運動〉』二九一―三〇五頁、ミネルヴァ書房。

小池郁子　二〇一一「想像／創造されたアフリカ性の時間――アフリカ系アメリカ人のオリシャ崇拝運動の初期から衰退期をめぐって」、西井凉子編『時間の人類学』三〇一―三三二頁、世界思想社。

――　二〇一二「コンタクト・ゾーンとしてのオリシャ崇拝運動――アフリカ系アメリカ人の社会運動とキューバのアフリカ系宗教との境界をめぐって」、田中雅一・小池郁子編『コンタクト・ゾーンの人文学Ⅲ　宗教実践』一七六―二一一頁、晃洋書房。

フックス、ベル　二〇一〇『アメリカ黒人女性とフェミニズム』(1981) 大類久恵監訳、明石書店。

Allen, Walter R. 1995. "African American Family Life in Societal Context: Crisis and Hope." *Sociological Forum* 10(4): 569-592.

Awolalu, J. Omosade. 1979. *Yoruba Beliefs and Sacrificial Rites*. London: Longman.

Crowder, Kyle D. and Stewart E. Tolnay. 2000. "A New Marriage Squeeze for Black Women: The Role of Racial Intermarriage by Black Men." *Journal of Marriage and Family* 62(3): 792-807.

Evans, Curtis J. 2008. *The Burden of Black Religion*. New York: Oxford University Press.

Furstenberg, Frank F. 2007. "The Making of the Black Family: Race and Class in Qualitative Studies in the Twentieth Century." *Annual Review of Sociology* 33: 429-448.

Covington, Jeanette. 2002. "Racial Classification in Criminology: The Reproduction of Racialized Crime." In *Race Odyssey*:

African Americans and Sociology, edited by Bruce R. Hare, pp. 178–200. New York: Syracuse University Press.

Holloway, Joseph, ed. 1990. *Africanisms in American Culture*. Bloomington: Indiana University Press.

Koike, Ikuko. 2005. "Embodied Orisa Worship: The Importance of Physicality in the Yoruba American Socio-Religious Movement." In *Orisa: Yoruba Gods and Spiritual Identity in Africa and the Diaspora*, edited by Toyin Falola and Ann Genova, pp. 335–353. Trenton, NJ: Africa World Press.

National Urban League. 2008. *The State of Black America 2008: In the Black Woman's Voice*. New York: National Urban League.

Omi, Michael and Howard Winant. 1994 [1986]. *Racial Formation in the United States: From the 1960s to the 1980s*, 2nd ed. New York: Routledge.

Patterson, James T. 2010. *Freedom is Not Enough: The Moynihan Report and American's Struggle over Black Family Life — from LBJ to Obama*. New York: Basic Books.

United States Census Bureau. 2011."The Black Population: 2010."

Wendt, Simon. 2007. "'They Finally Found Out that We Really Are Men': Violence, Non-Violence and Black Manhood in the Civil Rights Era." *Gender & History* 19(3): 543–564.

Wu, Lawrence L., and Elizabeth Thomson. 2001. "Race Differences in Family Experience and Early Sexual Initiation: Dynamic Models of Family Structure and Family Change." *Journal of Marriage and Family* 63(3): 682–696.

ケニアの村落と町・都市をまたぎ生きるシングル女性たちの素描

椎野若菜

「シングル」とはどんな人たちか、またその「シングル」のおかれた状況とはどのようであるか——。この問いは、当該社会において本来、成人男女はこうあるべき、という成人像、家族像と対極にある場合が多い。故意に伝統的な家族親族関係から逃れるためにひとりになることもあるし、ひとりになったあとで、当人があらたに自分に合った別の関係性をみつけてシングルではなくなっている、というケースもある。

本章では、ケニアというひとつの国の村落と都市に暮らすルオの人びとに注目し、既存の家族・親族関係における女性の地位を確認したうえで、近年の新しいシングル女性のありかたについての素描を試みたい。セクシュアリティ、また都市・町・村落という空間と文化的基盤のギャップと、それを利用しながら生きる場を見出しつつあるシングル女性の姿を描く。

1 ルオ村落のシングル男性

ルオはナイロート系の民族で、ケニア西部のヴィクトリア湖沿いに暮らす人びとである。人口は約四〇〇万人である(Kenya National Bureau of Statistics 2009)。かつては牧畜にも力をいれていたが、近年は主に農耕、湖沿いでは漁で生計を立てている人も多い。父系の一夫多妻社会であり、既婚男性とその妻たち、子どもたち、あるいは孫の代までダラ(*dala*)という居住集団を構成し、同じくダラとよばれるコンパウンドを生活の拠点にしている。ダラ内では序列をはじめ、宗教的信念が支えるさまざまなルオの慣習的規範のもとに暮らしている。

ルオ村落における男のひとり者——すなわちシングルは、(1)結婚していない男、(2)妻に逃げられた男[1]、(3)妻に死なれて結婚せずにひとりでいる男である。序でもふれたように、(1)の未婚の男性は、中年になってからでも未婚である場合はとくにミスンバ(*misumba*)とよばれ、どこか馬鹿にされているような感じである。結婚は男性にとって、ルオ社会で最も価値があり重要とされるウシを数頭、またはそれ相応の現金、もしくはその両方を婚資として女性側の親族に支払わねばならない人生の一大行事であり、大変なことである。結婚をして妻をもち、男子を得て自らのダラを建ててこそ、一人前の成人男性として認められる。そして婚資を払って妻となった女性が子ども産み、その子どもが自分の名を引き継ぎ、ウシや土地を継ぐことが期待されている。それゆえ、もしある男が男子をもたずに死ぬと、残された妻は、亡き男の兄弟を代理夫としてレヴィレートの関係をむすび、家庭を守り続け、死んだ男の名のもとで男子を産むことを期待されるのだ。他方、正式に結婚せずに代理夫として生きる男性も少ないながら存在することも本巻の序においてふれている(本書序:椎野 二〇〇七)。

2 ルオ村落のシングル女性

父系社会ルオの女性の処遇

ルオ社会は父系的思考が強く、慣習のレベルでは女性には土地の相続の権利はない。一六、七歳といった年頃になると、女性は両親と暮らしていた土地を出て別のクラン(氏族)に婚出し、夫に自分の家屋を建ててもらい土地をあてがわれ、耕して生きていく。そして死ぬのも「誰それの妻」としてであり、既婚男性のダラの敷地内に埋葬されることになっている。女性は結婚によってはじめて、土地の使用権、死んだあとに埋葬される権利を得るのである。息子も、自分の母を通じて父の土地を相続する。ルオの女性は、結婚しなければ生きていく地盤が得られないのである。

ルオ村落社会において認識されている女性のカテゴリーは未婚女性(*nyako*)に対し既婚女性(*dako* あるいは *migogo*)であるが、さらに既婚女性のなかでも第一夫人、第二夫人、第三夫人、と呼び方が異なる。

実際のところ結婚前の未婚の女性は、女性というよりも少女に近い場合が多い。女性は結婚適齢期を迎えると、親族の仲介人をとおし結婚の話もでてくるようになる。また近年は、そうした年頃の少女たち自身が、葬式の夜に開かれるディスコや村と村をつなぐような位置にある「センター」で開かれる青空マーケットで、結婚できるクランの男の子との出会いを求め、結婚にいたる場合もある。女子の場合、小学校八年間をおえて間もなくか、場合によって小学校の途中で結婚して村を出る人が多い。かつては女性が自分で相手を見つけることはほとんどなかったので大きな変化ではあるが、ケニアがイギリスの植民地化から解放された一九六三年ごろから半世紀たった現在も、村の女性の結婚年齢は一六～一七歳とほとんど変わりはない。

ルオ村落社会では、既婚か否かがとりわけ女性にとって大きなステイタスの違いであり、とりわけ男子を産んでいない女性は一人前には扱われない。その扱いの差は激しく、婚入順によって決められるダラ内の家屋の位置、また死んでからの埋葬の場や葬送儀礼の数も異なる。万が一未婚のまま女性が生家で死んだ場合、彼女はダラの外に埋められる。未婚の女子は生家にいるべき人間ではないからだ。逆に何十年も家をあけていた妻であっても、死期が近い状態、あるいは遺体で戻ってきた場合、夫やその兄弟らは彼女を受け入れて、粗末な臨時小屋を建ててその脇に妻として埋葬するのである。

写真１　村の生活は電気・水道・ガスなしで女性の日常の労働も大変多い。便利な都会の生活に慣れると，村には戻れない女性もいる。

いてはならない存在

このように未婚女性の居場所がないルオ村落において、女性がシングルであるとは、どんなケースがありうるだろうか。そもそも、女性のひとり者は村にはいてはならないのだが、現実として考えられるのは、さきにふれた未婚女性（少女）のほかに（１）夫を亡くした寡婦、（２）出戻り女性、（３）シングルマザーである。

（１）については、ルオ社会では夫を亡くしたとしても、

「墓の妻《チ・リエル》」（*chi liel*）と呼ばれ妻でありつづけるので既婚女性である。夫を亡くした直後は物理的にひとりであるが、やがてレヴィレートによって代理夫をもつこととなっているので、実際には村人の認める公的なパートナーのいる生活である。成人女性がひとりでいることは好まれない。同じ女性たちのあいだでも、やや警戒される——なぜなら、ひとりでいる女性は夫を誘惑する存在になりうるし、男たちの間でも彼女をめぐっての喧嘩が起きるかもしれないからだ。固定したパートナーのいない成人女性のセクシュアリティはとりわけ、婚外の不穏な事件を起こす可能性が高いのだ。

（2）の出戻り女性は「戻ってきた女性」（*odhi oduogo*）とよばれる。説明的な呼び名しかないのは、もともと離婚が許されないルオでは存在しないカテゴリーだからであろう。一時的に戻ってくる人も多くはないがいる。しばらくすると、いつの間にかいなくなっていることが多い。一般に、夫との間に何か問題があっても、いわゆる生家への出戻りはよくないとされ、里帰りのときも長居をすることはない。長期になればなるほど、兄弟たちからも疎まれる。長居して土地の権利を要求しはしないかと、恐れられるからである。二〇〇九年には大きく民法が変わり、女性も裁判をすれば男性と同様に土地を相続できるようになった。例えばキプシギスの社会では、実際にシングルマザーが兄弟相手に土地の権利を裁判で主張するケースもでてきているようだが（小馬 二〇一四）、ルオ人の場合、裁判にまで持ち込むケースはごく稀である。女性が暴力夫などから逃げる場合も、直接に生家に戻ったりはせず、まずはほかの親戚に一時的に頼りつつ家においてくれる男性（多くの場合、ひとり者の老人など）を探すことになる。村には一人や二人、一緒になった経緯のよくわからない、素性も知れない女性が、老人や家庭の管理能力に欠けるような男と暮らしているものである。

（3）のシングルマザーは、かつては、まさにあってはならない存在であった。夫のいないシングルマザーの産んだ非嫡出子は、婚外子と同様に[2]「キミルワ」（*kimiruwa*＝問題を持ち込んでくる存在）と呼ばれ侮辱的にとらえられていた。もともとは、母親が子連れで婚入してくる際、新しい父のところへ母とともにきた男子のことをさし、女子に対しては使わない言葉だったという。とくにイギリスによる植民地化前は、妊娠して婚入してきた女性がお産をむかえるとき、産婆が夫に頼まれて新生児を殺し、キミルワを誕生させないようにしていた、とも聞く（椎野 二〇〇八：一二五—一二六）。私が調査を始めた一九九五年当時、村にシングルマザーはほとんどいなかった。というより、彼女たちの存在は隠されていたのかもしれない。しかし私の身近な家族に、ある事件がおきた。

【エレンの場合】

一九九七年～一九九八年ごろ、私のホストファミリーの二女エレンが体調不良で村近くの医者にみてもらったがよくならず、私立病院に入院することになり、エレンの母は入院費の工面に走った。叔父によると、出血があるらしく、母親もエレンもくわしく言わないが、産婦人科にかかっていることは分かっていた。母親も寝泊まりし看病し、一週間ほどの入院で落ち着いて帰ってきた。私は安心して帰国したが、半年ほどたってまた村に戻ると、エレンがいなくなっていた——。話を聞くと、彼女はやはり妊娠していたらしく、ハーブ等で堕胎を図り、体調を崩したらしい。私が日本に帰ったあと、エレンは台所として使っていた小屋で出産したが死産だった。しかもエレン自身も間もなく亡くなってしまった。エレンは未婚で亡くなったので、ダラの外に、亡くなった子どもとともに埋葬された。ケニアでは堕胎は違法であるので、未婚で妊娠するとあからさまに体調不良も訴えられず、エレンのような悲しい結末を迎える女性も少なくない。ひどい堕胎法を試みて命を落とす少女もいる。

私がフィールドワークを始めた一九九〇年代後半、村にはセカンダリースクール（日本でいう高等学校）に進む女子が一人か二人ほどしかいなかった。二〇〇〇年代になって、もう少し増えてきたが、まだ一〇人にも満たない。そして残念ながら、せっかくセカンダリースクールに行っても、途中で妊娠してしまい学校をやめるケースがじつは少なくない。忌避される存在であったシングルマザーが近年、増えてきているのである。出産してから結婚できればいいのだが、うまくいかないことも多く、女性側の家族が団結して策を練る場合もある。私の調査の手助けをしてくれていた現地青年の親戚の土地で結婚式があるというので参加したことがある。当日のパーティも盛大に行われたのだが、半年後にまた訪ねると、どうやら花嫁は結婚式当時にすでに妊娠しており、結婚後間なしに出産したため、「騙された！」という婿側と嫁側とのあいだで大ゲンカになったという。幸い生まれてきたのが女の子で、将来は異なるクランに婚出するので問題にならなかったらしい。

シングルマザーの子どもは「シンバの子」（*nyathi simba*）、すなわち「少年の小屋（*simba*）の子ども」と呼ばれ、社会的父のいない子どもをさす。とりわけ生まれてきた子が男の子の場合、その子の所属問題が生じるのである。いまだ決まった解決策はなく、個々に長老などの意見をききながらその対処が探られている。二〇〇〇年に入ってからの大きな変化として、子連れ結婚もしばしばみられるようになってはきている。だが、こうした村の親族や慣習のしがらみ、対処の困難を避けて、両親にも言わず村から数十キロ離れた町や、四〇〇キロ以上離れた都市に出る女性たちがいる。その多くが、こうしたシングルマザーのほか、夫のもとを逃げた女性、よほどのことで亡夫の土地を嫌う、なにか村において不都合のある寡婦たちである。こうした、かつては存在しなかったシングルマザーや代理夫をもたずに村をでる寡婦は、次に扱う娼婦すなわちオチョデ（*ochode*）と同じ呼ばれ方をする。固定的なパートナーがいない、危険な存在……それは娼婦の存在を想起させるようだ。

娼婦と町

サハラ以南アフリカに現金で身体を売ることを商売にする娼婦が現れたのは、植民地化、貨幣経済、都市化、近代化の産物であることはいうまでもない。ケニアはイギリスによって植民地化され、ナイロビも一八九四年から、植民都市として建設された。全国から強制的に集められた単身の男性の労働者によって、サバンナのウシの水場につくられたモンバサ港とヴィクトリア湖を結ぶ拠点として、首都となった。そのいびつな人工的な都市空間をつくる背景に、娼婦も生まれたのである。植民地時代のナイロビの娼婦の研究があるほどだ（White 1990）。ナイロビで生まれた娼婦という仕事は、その後植民地化政策のなかで徐々に作られていった、ローカルな町空間においても広まるようになったと考えられる。ケニアのあちこちで、地元の人びとが物々交換の場としていた「いちば」、すなわち小さな青空市を基に植民地行政の拠点がつくられた。教会、病院や学校、マーケットプレイス、商業地域が区画され、いわゆる町が出来た。その町、都市という空間が、村の慣習のしがらみを断ってやってきた女性たちが集まる場にもなった。

ルオ社会においてもかつては娼婦という存在がなく、町空間の誕生とともに娼婦が村の女性と対照的な存在として位置づけられるようになった。村と村をつなぐ町という新たな空間は「センター」と呼ばれ、週に数回開かれるマーケットプレイス、少々の商店街——薬局、仕立て屋、大工、文具屋、農協、園芸屋、肉屋、雑貨屋、粉ひき場、バーや安食堂などが店を構える――がある。バーには決まって娼婦がおり、客を待っていた。ルオでは、娼婦のことをオチョデ（*ochode*）というが、*chodo* とは伝統的な服装で女性が腰にまいていた紐のことで、男が女と性行為をする際にはそれを切ることになっていたことに由来する。村の女性はしない化粧やマニュキュアをし、アクセサリーやつけ毛を施したり、髪を染めたりしていて、さらに男性にとっての女性のセクシュアルポイントであるお尻の形がはっきりと浮き出るジーンズをはいている、というの典型的なイメージだ。

一夫多妻であるルオでは、まだ複婚率が高かった一九七〇～八〇年代、夫が妻たちを村と町とに分けて住まわせることがあった。夫は出稼ぎ先であるナイロビを始めとする都市や町に第二人か第三夫人を連れていき、食事洗濯、身の回りのことをしてもらう。第一夫人は、夫の故郷の家や畑を守る、夫の両親や兄弟など親族との関係を保ち、村でのプレゼンスを守る、また夫としかるべきときに儀礼的性交を行うというもっとも重要な役割を担った。ルオ社会には夫婦が行うべき儀礼的ともいえる性交が農事暦や人生のさまざまな節目に設定されており、夫と妻が出稼ぎ先と家のあるダラに分かれて暮らしているときは、儀礼的性交をするために夫は帰らねばならないのである（椎野 二〇〇九）。現在でも、ルオの男性は町で出会った女性は遊んでいるから、とか、信用できない……と言う。ほかの民族ともめったに結婚しないが、第一夫人を選ぶのは慎重である。一九六〇～七〇年代にナイロビに暮らすルオの調査をしたD・パーキンは、ケニアのほかの民族、たとえばキクユとは異なり、ルオ男性は都市で出会った女性とは結婚せず、親族によって紹介された女性と結婚していたと報告している（Parkin 1969: 94–95）。その趣向は、現在もあまり変わらないといえる。

3　村を出るシングル女性の生きる選択肢

女性が生計をたてる現実――娼婦という道

女性にとって村を出る、ということは家族・親族とのつながりを絶つということに近い。小学校を中途退学もしくは修了という普通の女性が町で生きるには、違法の酒の醸造、安食堂の給仕、若干の資本があればキオスクや安食堂の経営を始めるくらいしかない。その場合、客の相手をしているうちに、誘われることが頻繁に起こる。その気がないのに誘われて困る、というのが寡婦の本音で、会話でもよく聞く。売春と恋人関係の境目が微妙であることも多い。性関係をむすぶとその対価のように、男性が金銭的援助をすることも多いからだ。また昼間はキオスクやマーケットなどで小物を売って、夜間はお決まりのバーに行って客とりをするというケースもよく聞く。

ヴィクトリア湖の港町で魚の仲買売りをする女性も多い。その場合は漁師からいい魚をいい値で買うためにいい関係をむすぶ必要があり、多くの場合、身体の関係をもつ。こうした関係性はヴィクトリア湖周辺地域の、エイズ感染率の高さの原因ともされている（e. g. Béné and Merten 2008）。

【アリスの事例】

アリスは私のホストファミリーで「妹」にあたる女性で、私も彼女が幼い頃から知っている。彼女が乳飲み子だったときに父親が亡くなり、寡婦になった母親と兄弟たちと育った。母が学費を工面し村から離れた寄宿舎制の高校に進学したのだが、なんと、勉強はいやだ、と二年目で勝手にやめてしまった。どうも、妊娠してしまったことが原因らしい。彼女が懇意にしていたのが亡き伯父の妻で、寡婦になってから村を出てアリスの寄宿舎近くの町で商売をしていた。兄弟たちによると、その寡婦がアリスに、夜の仕事をすれば簡単に稼げる、と教えたのだという。そしてアリスは妊娠してしまった。

久しぶりにアリスに会ったのは、出産のあとに家に帰ってきたときだった。まだ生後一週間の赤ん坊をつれていて、みなが新しい命を喜び、兄はアリスに仕立て屋の訓練をさせたい、そうしたら食べていける、と私に語った。

翌年訪ねたとき、「アリスはどうしてる？」と聞くと、残念ながらその赤ん坊は亡くなり、H町に暮らしているという。「何しているの？」と聞くと、兄はクールな顔で「娼婦をしてるのさ」と言った。この間も彼女を連れ戻そうと説得に行ったが、かたくなで聞かないのだという。一晩に客を何人も客をとりたいがあまり、自分の都合のよいように男性をだまし金を盗ったらしく、男にひどく殴られたという。見かねた兄が何度足を運んでも、町の暮らしに慣れた彼女は村に戻りたくないと言う。村から近い小さな町の場合、一度客をとると相場は一〇〇シリング（ksh）くらいだ。ちなみに砂糖が二キロで七〇シリング、主食のトウモロコシが二キロで八〇シリング、村では畑仕事を五、六時間して六〇～七〇シリングである。このような「安い」女性をルオでは「マジェンゴ」（*majengo*）とよぶ。

ナイロビの夜の街角

町という空間は、村の伝統的慣習から解放された場であり、シングルマザーや寡婦のイメージも伝統的慣習に対立したイメージが作られ、そのように語られる。とはいえ、村から町は、自転車や徒歩で行き来できる圏内であり、村を出たとしても、村人に会う確率は高い。いつでも引き戻されうる、あるいは自分が望めばすぐに帰ることができる村の延長線上にある場所でもある。しかし首都ナイロビは、村から四〇〇キロ以上離れた、異なる文化をもつ多民族が混淆した空間である。まだ連続的であった村―町の域を超え、断絶された世界であるかのようだ。ルオであればルオが住んでいる地域に行けばよいのであるが、町のように自分が欲さずとも村人が見かけて気にしてくれるということもない、より他者性の強い厳しい世界である。東アフリカ全体でもナイロビは大都会であり、ナイトライフを楽しみにくるヨーロッパの観光客も少なくない。だが治安は悪く、夜に女性が一人で歩くことはよほどのことでなければありえない。そのようなナイロビの夜の街角に超ミニスカートの女性がひとり、ふたり、とぽつりぽつり立っている光景もよく目にする。近づく車にもアピールしてくる。スワヒリ語で娼婦のことを「マラヤ」という。ナイトクラブや酒場には必ず、彼女たちがいる。お互いの縄張りがあり、それを邪魔するほかの普通の女性に対しても厳しい。

村から出て、村人との関係、村での慣習的規範を断ち切ってより遠い、まったく関係のない都市空間、ナイロビにやってくるシングル女性たち。村と村のあいだ「センター」である町空間は、キョウダイたちに連れ戻される可能性が高いが、ナイロビは広くて人も多く、匿名性が高いため、なかなか見つからない。

4　都市に暮らすエリートシングル

イギリス植民地期（一九六三年の独立まで）に生まれた世代の女性のなかにも、当時はまだ女子への教育は珍しかったにもかかわらず、キリスト教系の学校へ進学する機会を得て、さらにアメリカ留学というより高い教育へのチャンスをつかんだ稀有な例がある。ノーベル平和賞をうけたワンガリ・マータイ（一九四〇―二〇一一）である。しかし独立以降に生まれた女性は、独立後のビジネスなどで裕福になった家庭で、また教育を重んじる両親であったり、肥沃な土地の出身であったりすると、進学も不可能なことではなかった。また古くからキリスト教が入っていた町に近い地域では、キリスト教系団体の教育への援助が比較的得やすいところもあった。マータイはアメリカ留学で学位をとり、学問だけでなく国際的に活動するノウハウを学び、帰国後、さまざまな困難に立ち向かいつつナイロビ大学で初の女性教授になった。その困難のひとつがプライベートライフであった。彼女があまりに賢く、活動的で、次々にステップアップしていくのにたいし、同じくエリートだった夫が嫉妬からか、味方から敵にまわり、離婚した。ある意味、ケニアのエリート女性の典型的なケースであろう（マータイ 二〇〇九）。

ケニアにおいてエリートのキャリア女性といえばシングルである場合が多い。結婚していないか、あるいはしたことはあっても別れている。男性のほうが、自分よりもキャリアが上、給料が上である女性にたいし引け目を感じることが多いのである。女性のほうも男性に自分と同じ教育レベル、給料のレベルを求める。

最近よく聞くのは、女性たちのさらなる高学歴志望である。短大や大学卒ですでに教員や企業職を得ている女性が、ビジネススクールに通い受験勉強して国家資格をとったり、学士や修士課程に入ったりしている。その方がより給料があがるのだという。しかし、こうして新たな学校に通っていることや、給料があがったことを夫やパートナーには言わずにいることもあるという。嫉妬され、喧嘩や別れる原因にもなるからだ。エリートのシングルマザーの事例は、すでに椎野（二〇一〇）で紹介しているが、やはり、彼女たちのキャリアアップ、それにともなう要求等から、パートナーや夫との齟齬、嫉妬が生まれ、別れるケースが多い。

こうして選ばれた人たちが、首都ナイロビのオフィス街に集まっている。政府機関や企業に勤める女性たちはスーツを着て、美容院で髪型を整え、ネイルサロンでネイルを整え、毎日異なったおしゃれをしてオフィスに向かう。男性もスーツにネクタイ、よく磨かれた革靴で歩いている（写真2）。二月一四日のヴァレンタインの日には、男性から女性へのプレゼントの花束が、オフィスからオフィスへと運ばれているのをよくみかける。いまやナイロビアンと呼ばれる、ナイロビ生まれで両親の出身村にもあまり行ったことのない人びともでてきている。エリートクラスは、エリートの子どもを再生産するのである。

夜の街角でマラヤが外で客引きをしているいっぽうで、クラブではスマートな恰好をした男女がナイトライフを楽しんでいる。どのクラブもとりわけ金曜はデートする男女でにぎわう。ライブミュージックやダンス専門の店である。友達の友達も連れてきて小グループで楽しむことも多い。朝方まで飲んで踊って踊って——そうこうしているうちに、あるカップルがいつの間にか消えていることもある。相手を探して、夜は忙しいのだ。エリートシングル女性も相手を探しつつ、しかし学歴や給料のレベルなどでマッチングすることは諦めているのか、あまり真剣にステディな人を探しているようにも見えない。自らの生活力が基盤にあるため、その必要もない。

シングルマザーのつくる同居「家族」＝シングル家族

完全に自立しているようにみえるエリートシングル女性たちだが、彼女たちの母としての生活を支えているのは誰か——。それは村から出てきたメイドやハウスガールである。

都市にいるキャリア女性は、自分と同じ民族の出身者か、女性親族をたどって、子どもや留守宅を安心して預けられる女性を探す。スラムから通うタイプのメイドもいるが、とりわけハウスガールと呼ばれる彼女らは、家事、子守などをしながらキャリア女性と家族の一員のような立場で同居するのだ。シングルマザーや、寡婦たちが、慣習一般から逃れられる都市空間で自分の過去を封印し、血縁がなくとも地縁、同民族、知人などを介した関係で同居する「家族」を構成しているのである。

写真２　ナイロビの中心街を歩くオフィスレディたち。好きなものも，大型スーパーでいつでも買える，村とは別世界に生きる。

エリート女性らは伝統的な村空間を飛び出るものの、基本的にひとりではなく、女性親族や、やはり村を出てきたメイド、ハウスガールらに支えられている。メイドとその主人の家族とは、子どもを中心にほとんど家族のようになっていることも多い。乳幼児でも、母親が一、二週間いなくても、まったく問題ない。家族同然のメイドがいるからだ。子どもによってはハウスガールになついて、毎晩彼女と一緒に寝る子もいるという。外で働くエリート女性は朝家を出て職場にむかい、夕方に戻ると、家はきれいになっており、料理は準備されている。それゆえキャリア女性は、家のことはすっかりハウスガールに任せて、しばしば夜も友人に会いにでかけることもできるのだ。

村落と都市というまったく異なる空間をまたぎ、訳あって村からでてきた女性、もしくは大学に行く前に時間的余裕のある女性などが都市部のキャリア女性を支えている事実がある。

おわりに

村における慣習的規範と親族関係、女として、母としてのジェンダー役割、強い父系的思想による女性の排除、といった事柄に支配された村落空間から脱したシングル女性たちには、極端すぎる二極化の道があった。村落社会において結婚適齢期に入る一六、一七歳ごろのふるまいと、教育の機会とそれを支える経済的背景が、人生を大きく異なる二つの方向に導くのである。教育を受けエリートの道に進み始めると、職を得てキャリアウーマンへの道へ。いったん採用されたなら、そこは男女平等の世界である。国家議員の数をはじめ、ジェンダー指数は日本に比べケニアのほうが上である。(3) しかし、職場でもそれなりの働きをしてキャリアを積むことが期待され、母親業を同時にするのはたやすいことではない。そこで家庭運営は、自らの親族や出身民族、出身地縁を辿って得た、メイドあるいはハウスガールの多大なるアシストが必要となる。いっぽう高等学校以上の教育の機会を得られなかった、あるいは自らドロップアウトしてしまった女性たちは、村から町にでて、多くの場合は娼婦になるかハウスガールになるか、という究極の選択に立たされる。いうまでもなく後者が得られる、安定した住まいと家族のような安定した関係性は、何物にも代えがたい。

ケニアのキャリア女性が日本の働く女性と大きく異なるのは、子どもについても、世話をしてくれる人を見つけるのが非常に簡単であることだ。手伝ってくれる多くの親族がおり、またメイド、ハウスガールを雇うことも、けして特別なことではない。いわゆる特権階級だけでなく、学校教師でも、メイドは雇えるのである。日本の場合を考えてみると、個人でベビーシッターを雇うのはコストがかかり一般の人には難しい。公立認可の保育園も少なく、認定外の保育所であれば、給料の半分は飛んでいってしまう。こうした状況も含め、大卒の女性が仕事か家庭か、子どもか、などという選択に迫られている。その状況は妙木のエッセイ（本書、妙木）で紹介されているいくつかの記事からも明らかだ。しかしケニアでは、これまでみてきたように、エリート・キャリアウーマンとハウスガールの大きな処遇の違いから、両者の求めるものを補い同居生活が可能となっているのだ。そしてナイロビには、人類学でいわれてきた母中心家族、あるいはシングル家族、ともいえる形態が生じているのである。この状況を楽観視はできないが、現状として、キャリア組とドロップアウト組のシングル女性同士の、両者の圧倒的な格差に基づいて成立している相互扶助のマッチングであるといえる。

今回は素描を描くにとどまったので、今後もより詳しく、村の慣習と都市の空間をまたぎ、背景の異なる女性たちの築く新たな形を追っていきたい。

注

（1） 伝統的に離婚はないので、夫との生活がやりきれなくなった妻が逃げ出す、というケースはまれにある。逃げて、実家に戻るのではなく第二夫人などとしてまた別の男のところに嫁ぐケースも多い。のちに述べるように出戻り女性にとって生家は、土地の使用権もなく肩身が狭い。

（2） 既婚女性が夫以外の男性の子を産んだとすると、それは婚外子である。しかし妻である女性が産んだ子どもは、その夫のもの、と理解されるので、所属がなくて困ることはない。しかし夫にしてみれば、受け入れがたく、婚外子キミルワは差別して扱われることもある。あるいは、男子がいない夫の場合は喜んで自分の息子として受け入れることもある。

（3） 二〇一三年のデータでケニアは七八位、日本は一〇五位である。

「グローバル・ジェンダー・ギャップ・レポート（The Global Gender Gap Report）」とは、世界経済フォーラムから毎年発表されている世界各国の男女格差に関するレポートで、⑴給与、参加レベル、および専門職での雇用 Economic Participation and Opportunity）、⑵初等教育や高等・専門教育への就学（Educational Attainment）、⑶寿命と男女比（Health and Survival）、⑷政治への関与、意思決定機関への参画（Political Empowerment）という項目を指数化して比較している。日本はケニアに比べても(1)と(4)が半数近くの数値になっている。

参考文献

小馬　徹　二〇一四　「ケニアの新憲法とキプシギスのシングルマザーの現在」、椎野若菜編『境界を生きるシングルたち』二五三―二七四頁、人文書院。

椎野若菜　二〇一〇　「シングルをはじく村、シングルの都・ナイロビ」、椎野若菜編『「シングル」で生きる――人類学者のフィールドから』二一一―二二五頁、御茶の水書房。

――――　二〇〇七　「くらしに埋め込まれた『レヴィレート』――ケニア・ルオ社会」、椎野若菜編『やもめぐらし――寡婦の文化人類学』三八―六三頁、明石書店。

――――　二〇〇八　『結婚と死をめぐる女の民族誌――ケニア・ルオ社会の寡婦が男を選ぶとき』世界思想社。

――――　二〇〇九　「ケニア・ルオ社会の『儀礼的』セックスとは」、奥野克巳、竹ノ下祐二、椎野若菜編『セックスの人類学』三九―六九頁、春風社。

Béné, Christophe and Sonja Merten. 2008. “Women and Fish-for-Sex: Transactional Sex, HIV/AIDS and Gender in African Fisheries.” *World Development* 36(5): 875–899.

Kenya National Bureau of Statistics. 2009. “Census 2009 Summary of Results, Ethnic Affiliation”. 〈http://www.knbs.or.ke/index.php?option=com_content&view=article&id=151:ethnic-affiliation&catid=112&Itemid=638〉 Accessed March 8, 2014.

Parkin, David. 1969. *Neighbours and Nationals in an African City Ward*. Berkeley and London: California University Press, Routledge and Kegan Paul.

White, Luice. 1990. *The Comforts of Home: Prostitution in Colonial Nairobi*. Chicago: University of Chicago Press.

World Economic Forum. 2013. *The Global Gender Gap Report 2011*.

おわりに

本書は、東京外国語大学アジア・アフリカ言語文化研究所（ＡＡ研）の共同利用・共同研究課題／共同研究プロジェクト「『シングル』と家族――縁の人類学」（二〇一〇年四月〜二〇一三年三月）の成果である。その前年度までには同じくＡＡ研のプロジェクト「『シングル』と社会――人類学的研究」（二〇〇七年四月〜二〇一〇年三月）が実施された。その成果は、本書と姉妹版の『シングルの人類学２　境界を生きるシングルたち』として出版されている。

本書では、「シングル」と家族、そして縁というキータームを設定した。その際、まずは親密圏として家族親族をみる社会学の視座、社会の縮図として家族親族をみてきた人類学とのあいだに、「シングル」という存在、視点を導入することで両者をむすぶ多様な「縁」をもって個から社会全体を展望し、社会のなかの個としての生き方を分析したい――これが当初からのひとつの目論見でもあった。達せられたかは定かではないが、一巻、二巻をとおしてみていただいてもわかるように、「シングル」は、横に地域的ひろがりをもってみる場合、特異なコミュニティに注目する、縦に通時的に／歴史的視点でみる、移民に代表されるように移動という視点でみる、住居やその暮らし方に注目する、セクシュアリティに注目する……等々、分野も交差させてみていくことのできるテーマである。「『シングル』と社会」、「『シングル』と家族」、両プロジェクトともに、立ち上げ時から人類学だけでなく、ほかの人文・社会科学の方々と、この「シングル」について議論しあいたい、そのためには人類学側でまず発信しなければ、と思っていた。『シングルの人類学』１、２をもとに、議論を始められればと期待している。

一巻の序でもふれたが、現代日本を取り上げる際、「シングル」は社会問題とともにつねに現れる。とりわけ二〇一〇年にNHKで放送された「無縁社会」シリーズはインパクトを人びとに与えた。三万二千人の行旅死亡人――引き取り手のない遺体、すなわち無縁死。三万二千人の無縁死とはいえ、そのほとんどが、身元がわかり家族親族もいるのに引き取り手がいないケースだという（NHK 二〇一〇：七二）。出稼ぎで東京にでてきた人びとなど、戦後日本の経済成長を支えてきた世代である。自分から、故郷との連絡を絶ってしまったり、細々と寺だけに連絡をとっていたが、寺も次世代になりつながりが途切れたりしていた例もあるという。本書の馬場論文の主人公だったサトウさんのように、嘘をくりかえしながらでも新たな縁をつくりながら、第二の人生を紡いでいける人は少ないだろう。

藤森によると、日本では「友人、同僚、その他の人」との交流が「全くない」あるいは「ほとんどない」と回答した人の割合が一五・三％おり、欧米やラテンアメリカなど二〇ヶ国の中で最も高い割合になっている。(1) 日本人は家族以外の人びととの交流があまりさかんでなく、「社会的孤立」に陥りやすい人がいるという（藤森 二〇一〇：二二四―二二六）。まさに、人がシングルであることを保ちつつ、いかなる人間関係を築き、社会における縁をはりめぐらせているかをみていくかが、当該社会の仕組み、変化をみていくうえで必須になってこよう。

これは、ケニアの首都ナイロビで、かつてのナイロビの町の状況の調査をしたときに気付いたことだが、ナイロビの昔話を知っている人、老人を見つけるのが難しい。ナイロビは、イギリスに植民地化されたとき強制労働であらゆる村々から多くの男性が連れてこられ、一九六三年に独立したあとは、建設ラッシュとなり、田舎からの出稼ぎ者でごった返した。日雇い労働者も多く、そういった人びとによっていまのナイロビの中心街に建つ高いビルを有した近代都市も出来上がったといえる。彼らは早いと一〇代後半にはナイロビにでてきてスラムに暮らし三〇～四〇年働いて、歳をとると村に帰っていった。ほとんどの人は村に帰り、もとの地元親族たちとの付き合いのなかに戻るのである。ナイロビ近くに住むキクユ民族のおじいさんだけが、毎日、かつて働いていたナイロビ街中界隈を散歩に来て、店の人と話したりしていた。現在問題になっている日本の老人の孤独死や無縁死（予備軍）も、都市にでてきて高度経済成長を支えた世代が、ケニアのように故郷に帰らず、仕事とは異なる縁をつくらずに都市にい続ける場合に生じやすい事象である。

インターネットを駆使できる人びとは、上野千鶴子のいう選択的な「女縁」、また女だけでなく老齢者同士の「シルバー縁」、もしくは年齢にこだわらずSNS等のネットでつながる「ネット縁」によって、ひとりといっても大きく異なった状況にいる可能性がある。オンラインだけでなくオフラインでもつながる仕組みを気軽に利用することもできる。新たに作ろうと思えば、すぐ作ることもできる。すでにひとりで逝くための、またみんなで見送るためのシングルのためのＮＰＯも存在し、自らの死にむけて準備する人たちも増えてきた。

インターネットによる情報の供給も共有も、ＳＮＳといった技術も、例えばさまざまな商業活動、社会運動やプライベートライフで駆使され活躍することからわかるように、圧倒的な力をもった。本書ではあまり触れなかった縁ではあるが、ネット縁がもたらす利点や弊害、ネット縁とリアル縁の併用やそのありかたの特徴については、とりわけ都市的世界をみていくうえではとくに重要になってこよう。

米山俊直が、はやくに次のように述べている。「独身貴族という言葉は、しばしばやっかみ半分のあざけりとして用いられている。しかし、ひょっとしたら、そう呼ばれる人たちのおそれを知らぬ冒険的行動が人類全体をさきにすすめる力になるのかもしれない。血縁地縁のくびきやあしかせにしばられた大人たちは、どうしても現状維持の保守派になりやすいのであるが、彼らにはそれがない。ひとりものこそが、現代をにない、それを未来につぐ人たちなのである」（米山 一九九九：一八一）。

ここには、ひとり者、シングルに未来をみていることがみてとれる。社会問題であることが前面にでている「シングル」であるが、シングルから社会をみる、シングルの人類学の試みは、やっと始まったばかりなのである。世界の多様な社会においてシングルがどう考えられ、受け入れられ、どう縁をつくり、使いながら生きているか、その具体的事例を参考に、また日本に立ち戻って私たちの社会への応用も考えたい。

最後に、これまでのプロジェクト運営と本書の刊行が可能になったのは、私の勤務先である東京外国語大学ＡＡ研のバックアップによるものであることを記しておきたい。そして、本書がこうして世にでることができたのは、人文書院の編集者、伊藤桃子さんの全面的な協力のおかげで、まさに共編者・編集者である。彼女のリーダーシップなしに出版は不可能であった。細かなチェックと鋭いコメントには執筆者の多くが勉強させられた。体調不良の書き手も多く出て、最後はひとりひとりの状態をみながら、丁寧にお付きあいくださった伊藤さんに、この場をかりて心から御礼申し上げたい。
そして、『シングルの人類学』1、2とあわせて装丁を手掛けてくださったデザイナーの山形まりさん、アートディレクターの西ノ宮範昭さんにも、心から御礼申し上げたい。

二〇一四年三月一〇日

桜の待ち遠しい東京にて
椎野若菜

参考文献

ＮＨＫ「無縁社会プロジェクト」取材班編　二〇一〇『無縁社会――〝無縁死〟三万二千人の衝撃』文藝春秋。
藤森克彦　二〇一〇『単身急増社会の衝撃』日本経済新聞出版社。
米山俊直　一九九四『新版　同時代の人類学――21世紀への展望』ＮＨＫブックス。

花渕 馨也（はなぶち　けいや）
1967年生。一橋大学大学院社会学研究科博士課程修了。博士（社会学）。北海道医療大学看護福祉学部教授。文化人類学・コモロ諸島の民族誌学，マルセイユのコモロ人移民研究。『精霊の子供――コモロ諸島における憑依の民族誌』（春風社，2005年），『宗教の人類学』（共編著，春風社，2010年），『文化人類学のレッスン――フィールドからの出発』（共編著，学陽書房，2011年）。

谷口 陽子（たにぐち　ようこ）
1975年生。お茶の水女子大学大学院人間文化研究科修了。博士（社会科学）。専修大学など非常勤講師。文化人類学，民俗学。『コンタクト・ゾーンの人文学―― Problematique/問題系』（共著，晃洋書房，2011年），『高齢者のウェルビーイングとライフデザインの協働』（共著，御茶の水書房，2010年），「女性の奉公経験と家族および地域共同体における評価――山口県豊北地方の漁業集落矢玉を事例として」（『日本民俗学』253号，2008年）など。

新ヶ江 章友（しんがえ　あきとも）
1975年生。筑波大学大学院人文社会科学研究科修了。博士（学術）。2014年4月より名古屋市立大学男女共同参画推進センター特任助教。医療人類学，ジェンダー・セクシュアリティ研究。『日本の「ゲイ」とエイズ―コミュニティ・国家・アイデンティティ』（青弓社，2013年），「男性ジェンダーとセクシュアリティを架橋する――「クィア人類学」の可能性を探る」（『社会人類学年報』37号，2011年），「HIV／エイズ研究におけるスティグマと差別概念」（『解放社会学研究』23号，2009年）など。

國弘 暁子（くにひろ　あきこ）
1972年生。お茶の水女子大学大学院人間文化研究科博士後期課程修了。博士（人文科学）。群馬県立女子大学文学部総合教養学科准教授。文化人類学。『ヒンドゥー女神の帰依者ヒジュラ――宗教・ジェンダー境界域の人類学』（風響社，2009年），'The Masculinity of Sons and the Preference for Sons: A study on the Hijras of Gujarat, India'（『群馬県立女子大学紀要』34号，2013年），「異装が意味するもの――インド，グジャラート州におけるヒジュラの衣装と模倣に関する研究」（神奈川大学21世紀COEプログラム研究推進会議『非文字資料研究の可能性　若手研究者育成成果論文集』2008年），「ヒジュラ――ジェンダーと宗教の境界域」（『ジェンダー研究』8号，2005年）など。

小池 郁子（こいけ　いくこ）
1977年生。京都大学大学院人間・環境学研究科博士後期課程単位修得退学。博士（人間・環境学）。京都大学人文科学研究所助教。文化人類学，アメリカ研究，アフリカン・ディアスポラ研究。『コンタクト・ゾーンの人文学 III』（共編著，晃洋書房，2012年），『時間の人類学』（共著，世界思想社，2011年），『20世紀〈アフリカ〉の個体形成』（共著，平凡社，2011年），*Orisa: Yoruba Gods and Spiritual Identity in Africa and the Diaspora*（共著，Africa World Press，2005年）など。

田中 雅一（たなか　まさかず）
1955年生。ロンドン大学経済政治学院（LSE）修了。PhD（Anthropology）。京都大学人文科学研究所教授。文化人類学，ジェンダー・セクシュアリティ研究。『癒しとイヤラシ――エロスの文化人類学』（筑摩書房双書 Zero，2010年），『ジェンダーで学ぶ文化人類学』（共編著，世界思想社，2005年），『ジェンダーで学ぶ宗教学』（共編著，世界思想社，2007年），『フェティシズム研究』全三巻（編著，京都大学学術出版会，2009-14年），『コンタクト・ゾーンの人文学』全四巻（共編著，晃洋書房，2011-12年）など。

岡田 浩樹（おかだ　ひろき）
1962年生。総合研究大学院大学文化科学研究科修了。博士（文学）。神戸大学国際文化学研究科教授。文化人類学。『共在の論理と倫理――家族・民・まなざしの人類学』（共著，はる書房，2012年），『可能性としての文化情報リテラシー』（共編著，ひつじ書房，2010年），『ふるさと資源化と民俗学』（共著，吉川弘文館，2007年），『両班――変容する韓国社会の文化人類学的研究』，（風響社.2001年）など。

村上 薫（むらかみ　かおる）
1967年生。アンカラ大学大学院行政政治学研究科修士課程修了。修士（都市環境学）。日本貿易振興機構アジア経済研究所研究員。トルコ地域研究。「トルコの都市貧困女性と結婚・扶養・愛情――ナームス（性的名誉）再考の手がかりとして」（『アジア経済』54巻3号，2013年），「トルコの公的扶助と都市貧困層――『真の困窮者』をめぐる解釈の政治」（『アジア経済』52巻4号，2011年），『イスラームの性と文化』（共著，東京大学出版会，2005年），『後発工業国における女性労働と社会政策』（編著，日本貿易振興会アジア経済研究所，2002年）など。

妙木 忍（みょうき　しのぶ）
1977年生。東京大学大学院人文社会系研究科博士課程修了。博士（社会学）。北海道大学大学院文学研究科応用倫理研究教育センター助教。社会学，ジェンダー論。『女性同士の争いはなぜ起こるのか――主婦論争の誕生と終焉』（青土社，2009年），『観光の空間――視点とアプローチ』（共著，ナカニシヤ出版，2009年），『上野千鶴子に挑む』（共著，勁草書房，2011年）など。

植村 清加（うえむら　さやか）
1974年生まれ。成城大学大学院文学研究科博士課程単位取得退学。修士（文学）。東京国際大学人間社会学部専任講師。文化人類学，都市人類学，移動。「パリ郊外から生まれ出ようとするもの――今を生きる「記憶」のかたち」（森明子編『ヨーロッパ人類学の視座――ソシアルを問い直す』世界思想社（近刊），「シングルをひらく――フランス・パリ地域のひとり×ひと・びと」（椎野若菜編『「シングル」で生きる――人類学者のフィールドから』御茶の水書房，2010年），「市民社会を生きる人びと――フランス，マグレブ系移民の場合」（田沼幸子他編『ポスト・ユートピアの人類学』人文書院，2008年），など。

執筆者紹介

（執筆順。★印は編者）

椎野 若菜（しいの　わかな）★
1972年生まれ。東京都立大学大学院社会科学研究科博士課程単位取得退学。東京外国語大学アジア・アフリカ言語文化研究所准教授。博士（社会人類学）。社会人類学，東アフリカ民族誌学，近年はフィールドでの出産と子育てに関心。近年は。『結婚と死をめぐる女の民族誌―ケニア・ルオ社会の寡婦が男を選ぶとき』（世界思想社，2008年），『やもめぐらし――寡婦の文化人類学』（編著，明石書店，2007年），『セックスの人類学』（共編著，春風社，2009年），『「シングル」で生きる――人類学者のフィールドから』（編著，お茶の水書房，2010年）など。

馬場 淳（ばば　じゅん）
1975年生。東京都立大学大学院社会科学研究科修了。博士（社会人類学）。東京外国語大学アジア・アフリカ言語文化研究所ジュニアフェロー。社会人類学，オセアニア民族誌学，パプアニューギニア地域研究。『結婚と扶養の民族誌――現代パプアニューギニアの伝統とジェンダー』（彩流社，2012年），「法に生きる女性たち―パプアニューギニアにおける法と権力作用」（塩田光喜編『知の大洋へ，大洋の知へ』彩流社，2010年），「植民地主義の逆説，女たちの逆襲――パプアニューギニアにおける扶養の紛争処理とジェンダーの政治学」（『アジア経済』50巻8号，2009年）など。

田所 聖志（たどころ　きよし）
1972年生。東京都立大学大学院社会科学研究科博士課程単位取得退学。博士（社会人類学）。2014年4月より秋田大学国際資源学部准教授。文化人類学，医療人類学，オセアニア地域研究。「夫を亡くした女が困らないわけ――ニューギニア・テワーダ社会」（椎野若菜編『やもめぐらし――寡婦の文化人類学』明石書店，2007年），「セックスをめぐる男性の『不安』――パプアニューギニア・テワーダ社会から」（奥野克巳他編『セックスの人類学』春風社，2009年），「ニューギニアの『もてない男』」（椎野若菜編『シングルを生きる――人類学者のフィールドから』御茶の水書房，2010年）など。

八木 祐子（やぎ　ゆうこ）
1959年生。甲南大学大学院人文科学研究科博士課程単位取得退学。宮城学院女子大学学芸学部教授。文化人類学，インド地域研究。『カーストから現代インドを知るための30章』（共著，明石書店，2012年），『南アジアの文化と社会を読み解く』（共著，慶応大学出版会，2011年），『「シングル」で生きる――人類学者のフィールドから』（共著，御茶の水書房，2010年），『現代南アジア第5巻　社会・文化・ジェンダー』（共著，東京大学出版会，2003年），『社会変容と女性：ジェンダーの文化人類学』（編著，ナカニシヤ出版，1999年）など。

〈これまでのシングルのプロジェクトにかかわる出版物〉

●『民博通信』113号（2006年）特集：寡婦の現在

●『やもめぐらし――寡婦の文化人類学』（椎野若菜編，明石書店，2007年）
⇒さまざまな社会の「寡婦」の存在について注目。寡婦が可視化する社会，そうでない社会，離婚者などと同様のカテゴリーに入る社会などを比較。

●『Field ＋』no. 1（2009年）巻頭特集：「シングル」で生きる
（http://www.aa.tufs.ac.jp/ja/publications/field-plus/1） ⇒シングルマザー，非婚者，寡婦，現世放棄者などさまざまなシングルを描いた。

●『「シングル」で生きる――人類学者のフィールドから』（椎野若菜編，お茶の水書房，2010年） ⇒結節点になることとして結婚していない人，としての「シングル」を描いた。

●『シングルの人類学1　境界を生きるシングルたち』（椎野若菜編，人文書院，2014年）

〈プロジェクトサイト〉

●「シングル」と社会――人類学的研究　URL：http://single-ken.aacore.jp/

●「シングル」と家族―縁の人類学　URL：http://single-ken2.aacore.jp/

シングルの人類学2　**シングルのつなぐ縁**

2014年4月 5日　初版第1刷印刷
2014年4月15日　初版第1刷発行

編　者　椎野若菜
発行者　渡辺博史
発行所　人文書院

〒612-8447　京都市伏見区竹田西内畑町9
電話　075-603-1344　振替　01000-8-1103
アートディレクター　西ノ宮範昭
装幀者　山形まり
印刷所　創栄図書印刷株式会社
製本所　坂井製本所

落丁・乱丁本は小社送料負担にてお取替えいたします

ISBN978-4-409-53047-4　C3039